진리의 탐구 1

감각에 대하여

나남
nanam

한국연구재단 학술명저번역총서
서양편 469

진리의 탐구 1

감각에 대하여

2026년 2월 10일 초판 발행
2026년 2월 10일 초판 1쇄

지은이 니콜라 말브랑슈
옮긴이 이충훈
발행자 趙相浩
발행처 (주) 나남
주소 10881 경기도 파주시 회동길 193
전화 (031) 955-4601 (代)
FAX (031) 955-4555
등록 제 1-71호 (1979.5.12.)
홈페이지 http://www.nanam.net
전자우편 post@nanam.net

ISBN 978-89-300-4220-8
ISBN 978-89-300-8215-0(세트)

책값은 뒤표지에 있습니다.

이 책은 2021년 대한민국 교육부와 한국연구재단이 우리 시대 기초학문의 부흥을 위해 펼치는 학술명저번역사업의 지원을 받은 책입니다(2021S1A5A7079632).

한국연구재단
학술명저번역총서
서양편 469

진리의 탐구 1

감각에 대하여

니콜라 말브랑슈 지음
이충훈 옮김

나남
nanam

De la recherche de la vérité

by

Nicolas Malebranche

옮긴이 머리말

《진리의 탐구*De la recherche de la vérité*》는 평생을 신앙과 기도에 전념했던 한 신부 니콜라 말브랑슈Nicolas Malebranche(1638~1715)의 첫 번째 책이다. 그 역시 데카르트와 파스칼처럼 어린 시절 몸이 약해 병치레를 했다. 그러나 신과 진리에 대한 사랑과 깊은 사유가 그를 신부의 길로 이끌었다.

짧은 인생을 허황한 논쟁으로 보내는 것은 그의 성향과는 어울리지 않는 것이었다. 다른 사람의 의견을 의심하고 비난하기보다 그는 자신의 체계를 굳건하게 구축하는 것으로 책의 목적을 삼았다. 그러나 그 역시 수많은 논쟁의 대상이 되었으니 이에 답변하지 않을 수 없었다. 그것은 그에게 맹렬하거나 달뜬 열정을 불러일으키기는커녕 맡겨진 숙제처럼 고된 일이었다. 그에게는 어디에서나 자기 뜻을 분명하게 말하고 있는 신의 목소리를 듣는 편이 더 좋았다.

그의 방대한 첫 번째 책《진리의 탐구》는 그가 1660년에 입회한 오라토리오 수도회의 성 아우구스티누스 전통과 그가 신부가 된 1664년에 우연히 발견하고 입문한 데카르트의 새로운 철학을 깊이 사유한 후 내놓은 것이다. 책 내내 말브랑슈는 자신의 철학과 신학의 두 기둥이라 할 수 있는 이 두 사람의 사상을 조화시킨다. 성 아우구스티누스가 그의 신앙의 원천이라면, 데카르트는 그를 흔들리지 않는 철학적 방법으로 훈련시켰다.

아리스토텔레스를 따르는 스콜라 철학이 여전히 지배적이었지만 천 년 동안 굳건해 보였던 종교가 뿌리부터 흔들리던 시대였다. 진리와 믿음의 근거를 잃은 세상은 갈대처럼 속절없이 이리 휘고 저리 휘었다. 말브랑슈는 그 시대를 성 아우구스티누스의 신앙과 데카르트가 내놓은 새로운 방법으로 견뎠다. 이들은 그의 든든한 두 기둥이자 서로 별개의 것이 되어 버린 신앙과 철학을 봉합하는 유일한 모범이었다. 그에게 자칭 모든 새로운 진리는 무지한 자의 눈을 부시게 할 뿐 청맹과니가 된 자를 이끄는 길잡이가 못 되었다. 인간은 감각과 상상력, 그리고 정념의 노예일 뿐인가? 신은 인간을 창조하면서 창조주의 의도를 따르게 하지 못하도록 나쁜 선물만 준 것일까? 이 시련과 시험을 인간에게 견디게 하는 그런 신이 무한히 선하고 완전하고 자비로운 존재일까? 그렇다면 인간은 신이 내려 줄 은총을 통해서만 구원받을 수 있는 수동적이고 무력한 존재일까?

말브랑슈는 자신의 피조물에 한없이 자비로운 신의 덕성을 의심하지 않는 것으로 자신의 철학을 시작했다. 신이 세상을 창조했을 때 그 세상은 완벽했으며 그를 가장 닮았기에 아꼈던 피조물인 인간은 우리의 지금 모습처럼 오류와 악덕에 젖어 있지 않았다. 그러나 신에 대한 불복종이 인간을 영원히 전락의 상태에 놓이게 했으며, 그 전락은 영원히 세대와 세대를 거쳐 유전될 것이다. 그렇다면 신은 인간의 불복종을 예상하지 못했는가? 그렇지 않다. 그는 언젠가 인간이 자신의 명령과 인간이 지켜야 할 의무를 다하지 못할 것을 알았다. 그럼에도 신은 특수한 의지를 발휘하여 이를 막을 수 없었다. 그가 마련한 질서는 상황에 따라 변할 수 없는 것이니 인간의 불복종을 예상했던들 이를 억제할 수 없었다.

그렇다면 신은 자신이 예견한 인간의 불복종조차 제어할 수 없었던 나약한 존재란 말인가? 일단 세상을 창조한 뒤에 세상 뒤로 물러나 더 이상 세상의 불행에 개입하지 못하고 세상 뒤로 나앉아 자신이 창조한 세상이 삐걱대고 인간이 죄악을 저지르는 것을 그저 응시하는 '숨은 신'이라는 말인가?

말브랑슈에 따르면 모든 불행은 최초의 인간인 아담의 원죄에서 시작되었다. 그는 원죄 이전에 자기 보존을 위한 신체의 필요를 영혼과 신이 마련한 한계 내에서 행복하게 그리고 충분히 충족할 수 있었다. 그러나 신과 영혼(정신)의 관계가 멀어지면서 그의 영혼은 신이 아니라 자신의 신체에 종속되었다. 이것이 불행의 시작이다. 이상적인 에덴의 세상에서 그의 영혼은 신의 뜻과 모순되지 않았으니 항상 조화로웠다. 말브랑슈는 원죄 이후 이 관계가 굳건하고 고정적인 것이 아니라 유동적이 되었다고 본다. 신의 뜻과 말씀에 가까울수록 인간의 영혼은 신과 합일하지만 신체의 욕망과 필요에 이끌릴수록 한없이 추락하여 신과의 합일을 전혀 고려하지 않는 동물의 상태에 놓이게 된다.

요컨대 신은 인간에게 영혼을 마련하여 자신을 사랑하고 자신이 제시하는 보편선에 이르도록 하였으니 동물의 상태에 빠질 염려는 없다. 그러나 신은 단지 인간을 그러한 이유로 창조하지 않았다. 인간의 영혼은 신을 사랑하고 신의 의지를 따를수록 더욱 높아져 결국 신과 합일하게 될 가능성을 가졌다.

본 번역은 니콜라 말브랑슈의 첫 번째 책 《진리의 탐구》와 이 책에 대한 저자의 주해가 담긴 《진리의 탐구의 주해》를 모두 번역한 것이다. 번역의 대본으로는 준비에브 로디스-루이스가 편집과 주석을 맡은 플레이아드 판을 사용했다.

말브랑슈는 1674년에 《진리의 탐구》의 1권부터 3권을, 이듬해 4권부터 마지막 6권을 출간했다. 로디스-루이스는 그녀의 《진리의 탐구》 플레이아드 판본에서 말브랑슈 생전에 나온 여러 개의 판본을 알파벳 A에서 G까지 분류했다. A는 1675년 판, B는 1676년에 나온 2판, C는 1677년의 3판, D와 E는 1678년에 주해 일부를 덧붙여 출판한 4판, F는 1700년에 나온 5판, G는 지금 우리가 보고 있는 1712년의 마지막 판본이다. 로디스-루이스의 판본은 이 7개의 판본을 모두 비교하여 이들의 차이를 세밀하게 분석한 노작勞作이다.

그러나 본 번역에서는 최종판본인 1712년판을 기준으로 할 수밖에 없었으니 이런 과정에서 젊은 시절 말브랑슈의 첫 번째 책이 저자가 죽기 직전까지 어떻게 변화되었으며 수정되었는지 드러낼 수 없는 한계를 지닌다. 그러나 말브랑슈의 책이 처음 국내에 소개되는 상황에서 그의 최초의 대작이자 주저의 완전한 모습을 그대로 보여 주는 것이 옳은 선택이라 믿는다.

2026년 2월

이 충 훈

머리말

인간의 정신은 본성상 창조주와 신체를 가진[1] 피조물들 사이에 놓인다. 성 아우구스티누스가 그 위로는 신뿐이요, 그 아래로는 신체뿐이라고 한 것이 그런 이유이다.[2] 하지만 인간의 정신이 물질 만물 위에 드높이 솟아 있다고는 하나, 그럼에도 그 물질들과 하나를 이루고 얼마간 물질의 일부에 의존할 수도 있는 것처럼, 지고至高한[3] 존재와 인간 정신 사이의 거리가 무한히 멀다 하나, 인간 정신도 지고한 존재와 즉

---

1 [옮긴이] 《퓌르티에르 사전》(1690)은 "실체는 신체적(corporel) 부분과 정신적(spirituel) 부분으로 구분"되어 있고, "인간이 신체를 가졌다는 것(corporel)은 물질에 잠겨 있다"는 뜻이고, "추론이 동물적 본성 이상으로 나아가지 않는다는 말이다"라고 설명한다.

2 "이성을 갖춘 존재라고 부르는 이 피조물보다 더 강한 존재도, 더 숭고한 존재도 없다. 그 존재 위에 신이 존재하는 것이다."(《요한복음 강해》, XXIII, 6) "모든 이가 인정하는 바에 따르면 이성을 갖춘 영혼 위에 존재하는 것은 오로지 신뿐이다."(《영혼불멸》, XIII, 22)

3 [옮긴이] 《퓌르티에르 사전》에서 이 단어 l'Etre souvrain는 "자기 위에 아무도 없는(qui ne voit rien au dessus de luy) 제일의 존재, 전능한 존재"로 정의되는데, 흔히 신을 뜻하는 말로 썼다. 말브랑슈는 머리말의 첫 부분에서 '그 위'(au dessus)와 '그 아래'(au dessous)의 수직적 비유를 반복하면서 정신과 신체의 관계를 강조하는데, 이는 직접적으로 성 아우구스티누스의 체계를 따르는 것이다.

각적으로[4] 또 대단히 밀접히 하나를 이룰 수도 있는 것이다. 인간의 정신은 지고한 존재와 결합함으로써 만물 위로 높아진다. 그 결합을 통해서 생명이며, 빛이며, 지복을 얻는다. 그래서 성 아우구스티누스는 그의 책 곳곳에서 우리에게 이 결합에 대해 말하면서[5] 이것이 인간 정신의 가장 자연적이고 가장 본질적 결합이라고 했다. 반대로 인간 정신은 신체와 결합함으로써 인간을 무한히 낮춘다. 오늘날 인간의 모든 오류와 모든 비참의 핵심 원인이 그것이다.

나는 영혼에 대해서 대다수의 사람들이나 이교도 철학자들이 영혼과 신체의 관계 및 결합만을 고려할 뿐 영혼과 신이 맺는 관계 및 결합은 인정하지 않는 것을 보고도 놀라지 않는다. 그렇지만 인간 정신이 아니라 신의 정신을, 아리스토텔레스가 아니라 모세를, 한 이교도 철학자의 형편없는 주석자가 아니라 성 아우구스티누스를 우선시해야 할 기독교 철학자들 중 몇몇이 영혼을 신의 이미지에 따라, 신의 이미지에 맞게[6] 지어진 것이라기보다는 신체의 '형상'[7]으로 간주하는 것을

---

4 [옮긴이] 말브랑슈는 지고한 존재와 인간의 정신의 결합이 가능하다고 주장하면서 그 방식은 '직접적'(immédiatement)인 것임을 강조한다. 이 결합의 방식은 고생스러운 정신의 연마 및 신체의 고행을 통해서 가능한 것이 아니다. 무한히 떨어져 있는 이 둘이 아무런 장애물을 만나지 않고 가장 짧은 길을 따르는 것이다.

5 [옮긴이] "그러므로 모든 철학자들은 지고하고 진실한 신에게서 창조된 만물의 저자이자, 우리가 가진 지식의 빛이자, 우리의 행동이 향하는 선(善)을 알아보았다. 신으로부터 우리를 위한 자연의 원리, 지식의 진실, 삶의 행복이 비롯된다." (《신국론》, VIII, 9) "하느님, 당신에게서 나감은 죽음이요 당신에게 돌아감은 소생이요 당신 안에 거처를 정함은 삶입니다."(《영혼불멸》, I, I, §3)

6 [옮긴이] 〈창세기〉 1장 26절.

7 [옮긴이] 아리스토텔레스는 "영혼은 반드시 '생명을 잠재적으로 가지는 자연적

보면 놀라지 않을 수 없다. 성 아우구스티누스를 따라 보면,8 신의 이미지에 맞게 지어졌다는 것은 오직 영혼과 즉각적으로 결합된 진리에 맞게 지어졌다는 뜻이다. 영혼이 신체와 결합되었고, 그것이 본래 신체의 '형상'이라는 점은 사실이다. 그러나 영혼은 신과 훨씬 더 밀접하고, 훨씬 더 본질적으로 결합되어 있다는 것 역시 사실이다. 영혼은 자신의 신체와 그런 관계를 가질 수 없겠지만, 영혼과 신이 맺는 관계는 정말 본질적인 것이라 신이 정신을 창조할 때 이런 관계를 고려하지 않았다고 생각하기란 불가능하다.

신의 작용의 목적은 오직 자신을 위한 것이고, 신이 정신을 창조한 것은 그 정신이 오직 신만을 인식하고 사랑하게끔 하려는 목적에서였

신체'의 형상이라는 의미에서의 실체 '제일 현실태'여야 한다"고 주장했다.(《영혼론》, 2권, 1장 412a, 유원기 역, 궁리, 2009, pp.125~126) 그는 "'우리로 하여금 살게 하고 감각하게 하는 것'은 '우리로 하여금 인식하게 하는 것'과 마찬가지로 두 가지 의미가 있다. 한편으로는 지식을 말하며, 다른 한편으로는 영혼을 말한다. 왜냐하면 우리는 이 가운데 하나 때문에 안다고 말할 수 있기 때문이다. (…) 또한 영혼은 근본적 의미에서 우리로 하여금 살게 하고, 감각하게 하고, 생각할 수 있게 하는 것이다. 따라서 영혼은 형식 또는 형상이며, 질료나 주체가 아니다"라고 서술했다.(위의 책, 414a, p.136~137)

8 "세상 만물이 전부 이렇게 닮도록 지어진 것은 아니고, 오직 이성적인 단 하나의 실체만 그렇게 닮도록 지어졌다. 그것이 이 실체가 모든 것을 만들었지만 이성적 영혼을 제외하고는 모든 것이 그 실체에 맞게 지어지지는 않은 까닭이다. 이성적 영혼과 실체 사이에는 어떤 본성도 개입될 수 없다."(《본래 뜻으로 해설한 창세기에 대한 미완성 책》, 16장, §59~60) (이런 사물들 중의 어떤 것은 이 형상을 통해 존재할뿐더러 이 형상을 향해서 존재하고 있으니 이성과 지성을 갖춘 모든 피조물이 그러하며, 그 가운데) 사람을 두고는 옳게도 신의 모상에 따라, 신과 비슷하게 만들어졌다고 말한다. 그렇지 않았다면 불변하는 진리를 정신을 통해 응시할 수는 없을 것이다."(《참된 종교》, XLIV, 82)

고, 신은 자신이 아닌 어떤 지식도 정신에 부여하지 않았고, 자신을 향하지 않은 어떤 사랑도 새겨 놓지 않았음이 자명하다. 그런데 신은 지금은 정신을 신체와 결합시켜 놓았지만 애초에 정신과 신체를 결합시켜 놓지 않았을 수도 있었다.[9] 그래서 정신과 신이 맺는 관계는 자연적이고 필연적이며 절대 없어서는 안 되는 것이지만 우리의 정신과 신체가 맺는 관계는 우리 정신은 자연스럽게 받아들인대도, 절대 필연적인 것도 없어서는 안 되는 것도 아니다.

이 자리에 우리의 정신과 신체의 결합보다 정신과 신과의 결합이 더 자연스러운 것임을 믿도록 해줄 권위와 근거를 모조리 가져올 수는 없다. 이런 주제를 다루다보면 한도 끝도 없을 것이다. 이 진리를 밝히려면 이교도 철학의 근본 토대를 무너뜨리고, 원죄로 인해 어떤 혼란이 생겼는지 설명하고, 흔히 경험이라고 잘못 부르는 것과 싸우고, 편견과 감각으로 인한 착각을 깨뜨리기 위해 추론해야 할 것이다. 이 진리를 대다수의 사람들에게 완벽하게 설명하기란 너무도 어려운 일이니 머리말에서 이런 설명까지 할 수는 없다.

그러나 주의 깊은 정신을 갖고 올바른 철학을 공부한 사람들에게 이 진리를 증명하는 일은 어려운 일이 아니다. 그들에게는 신의 의지가

9 [옮긴이] 말브랑슈는 신이 왜 인간을 창조할 때 정신과 신체를 결합해서 오류를 범할 수 있도록 만들었는가에 대한 문제에 대해 전능한 신은 그렇게 할 수도 그렇게 하지 않을 수도 있었으나, 천지 창조부터 원죄에 이르기까지 세상 만물이 완전한 상태였을 때에는 인간의 정신이 자기 보존을 위해 마련된 신체가 아니라, 신에게 더욱 강력히 결합해있었음을 강조한다. 결국 인간이 범하는 오류의 원인은 신이 제공한 것이 아니라 인간의 타락 때문이다.

만물의 본성을 조절하고 있으니, 영혼이 신체와 결합하는 것보다, 진리의 지식과 선善의 사랑으로 신과 결합하는 일이 본성을 더욱 따르는 일임을 상기시켜 주는 것으로 충분하다. 방금 언급했듯이 신이 정신을 창조했던 것은 물체들에 '형상을 부여'[10]하기 위해서라기보다는 신을 인식하고 사랑하도록 하기 위함이 확실하기 때문이다. 이 증거로써 먼저 다소 양식 있는[11] 이들의 정신을 흔들어 주의를 집중시키고 설득할 수 있다. 그렇지만 피와 살로 된 정신이라면 감각으로 느껴지는 것밖에는 알 수 없으므로 이런 식의 추론으로 확신을 갖기란 필시[12] 불가능하다. 이런 유의 사람들에게는 섬세하지 않아도 두드러진 증거들이 필요하다. 감각에 무슨 자극이라도 받지 않는 한 그들에게는 그 무엇도 확고부동하게 보이지 않기 때문이다.

최초의 인간의 원죄로 인해 우리 정신과 신과의 결합이 대단히 약화되었으므로[13] 이 결합을 느낄 수 있는 사람은 마음이 정화되고 양식을

---

10 [옮긴이] 《퓌르티에르 사전》에 따르면 여기에 사용된 단어 informer는 "형상을 부여하다"라는 뜻이다. 퓌르티에르는 이 단어가 "영혼은 신체에 형상을 부여하는 것"(L'ame est ce qui informe le corps)이라는 철학적 문장에서만 그 의미를 갖는다고 지적한다.

11 [옮긴이] 《퓌르티에르 사전》에 따르면 이 단어 esclaré는 "어떤 사람이 대단한 재기와 엄청난 능력을 갖고 진리를 꿰뚫어 보고, 많은 것들을 알고 있을 때 양식 있다고 한다"는 설명이 있다. 1762년의 《아카데미 사전》에는 의미가 바뀌어 "엄청난 지식을 갖는"의 뜻으로 쓰인다. 여기서는 전자의 정의를 따랐다.

12 [옮긴이] 《아카데미 프랑세즈 사전》(1694)에서는 여기에 사용된 단어 moralement를 '필시'(vraisem blablement, selon toutes les apparences)의 뜻으로 풀이한다.

13 "정신은 더할 나위 없는 순수함과 더할 나위 없는 지복(至福)에서가 아니라면 느

가진 이들뿐이다. 감각의 판단과 정념의 움직임만을 맹목적으로 따르는 모든 사람들은 이 결합을 그저 상상에 불과한 것으로 볼 뿐이다.

반대로 원죄는 우리의 영혼과 신체의 결합을 너무도 강화해 놓았으니 우리 자신을 이루는 이 두 부분이 그저 하나의 실체로밖에 보이지 않는다. 더 정확히 말하자면 원죄로 인해 우리는 감각과 정념에 너무도 예속되어, 우리를 구성하는 두 부분 중에 신체가 더 중요하다고 생각하는 경향이 있다.

사람들이 전심을 다하는 다양한 일들을 고려해 보면 이들의 생각이 대단히 저속하고 거칠다고 믿을 이유는 충분하다. 모두들 지복을 누리고[14] 자기 존재가 완전했으면 하고, 지금보다 더 행복하고 더 완전해지기 위해서 노력을 경주한다. 그렇지만 십중팔구 신체와 관련된 일에는 전력을 다하면서도 완전한 정신을 갖추는 데 반드시 필요한 일들은 생각하지도 않는다는 점을 본다면, 사람들은 신체와 신체의 이득을 정신과 정신의 이득보다 더 높이 평가한다고 판단해야 하지 않겠는가?

꺼지지 않는 것으로 진리 자체가 아닌 그 무엇도 따르지 않는다. 그 진리를 성부(聖父)며, 지혜라고 부른다."(아우구스티누스, 《본래 뜻으로 해설한 창세기에 대한 미완성 책》, 16장, §60)

14 [옮긴이] 세네카는 《행복한 삶에 관하여》의 유명한 첫머리에서 "사람은 누구나 행복하게 살기를 원하지만 무엇이 삶을 행복하게 만드는지는 모르는 채 살아요. 그리고 행복한 삶에 이르는 것도 그리 쉽지는 않아요. 일단 길에서 벗어나면 서둘러 다가간다 해도 목표에서 점점 더 멀어지거든요. 반대 방향의 길로 들어섰다면 서둘러 갈수록 거리가 더 멀어지게 마련이고요. 그러므로 먼저 우리가 추구하는 것이 무엇인지 분명히 안 다음, 목표에 가장 빨리 도달할 수 있는 가능성을 찾아봐야겠지요"(《그리스 로마 에세이》, 천병희 역, 숲, 2011, p.338)라고 말한 바 있다. 이 주제는 성 아우구스티누스에서도 자주 등장한다.

절대다수의 사람들은 그저 비참한 삶을 견디고 아이들의 생명 보존에 반드시 필요한 도움을 마련하기 위해서 부단히, 힘들여 일한다.

운이 좋아서 혹은 출생의 우연으로 그렇게 일할 필요가 없는 사람들이라도 그들이 수행하는 훈련과 직무로써 영혼을 그들 존재의 가장 고상한 부분으로 간주한다는 점을 더 잘 보여 주지는 않는다. 그들은 일상적으로 사냥, 춤, 게임, 미식에 몰두한다. 신체의 노예가 된 그들의 영혼은 이 모든 여흥이 영혼에 전혀 어울리지 않는 것인데도 이를 높이 평가하고 소중히 여긴다.[15] 그런데 그들의 신체가 모든 감각대상과 관계를 맺고 있기 때문에 그들의 영혼은 신체의 노예임은 물론, 신체에 의해서 혹은 신체로 인해 모든 감각대상들의 노예이기도 하다. 그들은 신체를 통해 부모, 친구, 도시, 책무, 상당한 재산에 결합되어 있다. 그들은 이 전부를 보존하는 일이 제 자신의 보존만큼이나 필요하고 가치 있는 일이라고 생각한다. 그래서 재산을 관리하고 재산이 증식되기를 바라고, 영광과 권세를 얻고자 하는 열정에 자극된 이들은

---

15 [옮긴이] 파스칼은《팡세》에서 "인간의 유일한 행복은 자신의 조건을 생각하는 것에서 마음을 돌아서게 하는 데 있다. 이것을 생각할 여유를 주지 않는 어떤 활동에 의해서나 아니면 사람의 마음을 사로잡을 즐겁고 새로운 정열, 도박, 사냥, 흥미를 끄는 관극, 결국 여흥이라고 일컫는 것에 의해서 말이다. 도박, 여인들과의 대화, 전쟁, 높은 지위 등이 그처럼 추구되는 것은 이런 이유에서이다. 그 안에 과연 행복이 있는 것도 아니고 또 진정한 행복이 도박에서 따는 돈이나 뒤쫓는 토끼 안에 있다고 생각하는 것도 아니다. (…) 사람들이 찾는 것은 우리에게 우리의 불행한 조건을 생각하게 하는 맥빠지고 평온한 관습적 삶이 아니고 또 전쟁의 위험이나 직무의 노고도 아니다. 오히려 그런 생각에서 마음을 돌아서게 하고 우리의 기분을 전환시키는 소란, 바로 이것이다"(《팡세》, 이환 역, 민음사, 2003, pp.138~139)라고 말했다.

영혼을 완전한 것으로 만드는 것보다 앞에 열거한 일들에 훨씬 더 몰두한다.

심지어는 식자識者들이며, 재기를 뽐내는 사람들도 인생의 절반 이상을 순전히 동물적 활동을 하는 것으로 보내거나, 정신의 완전성보다 건강, 재산, 명성을 더 중시한다고 생각할 수밖에 없는 활동을 하는 것으로 보낸다. 그들이 공부에 몰두한다면 정신을 더 강하게 만들고 더 넓게 확장하기 위해서라기보다는 다른 사람들이 상상 속에서나 그려보는 공상적 위대함을 얻기 위함이다. 그들은 자기 머리를 보관창고 같은 것으로 만들어서 어떤 박식을 뽐낼 수 있는 모든 것, 다시 말하면 희귀하고 기이한 것처럼 보일 수 있어서 다른 사람들의 감탄을 자아낼 수 있는 것이라면 무엇이나 분별없고 두서없이 쌓아둔다. 그들은 훌륭하지도 않고 견고하지도 않고, 그저 일시적 욕망, 정념, 우연에 따라 가치가 달라지는 골동품이나 진기한 것들을 갖춘 연구실16을 닮아보려는 것으로 영광을 삼는다. 그러면서도 그들은 올바른 정신을 갖추고 마음의 소란스러운 굴곡을 조정해보려는 노력은 기울이는 법이 없다.

그러나 사람들이 자기에게 영혼이 있고 영혼이 자기 존재의 가장 중요한 부분17임을 전혀 모르는 것은 아니다. 그들 역시 이성과 경험으로써, 그저 몇 년 동안 명성, 부, 건강을 누리는 것이 대단한 이득이 아

16 [옮긴이] 퓌르티에르는 연구실(cabinet)에 대해 "보통 저택의 후미진 작은 공간인데 칸막이 같은 것으로만 막아놓는 경우가 대부분이다. 여기서 연구를 하고 값비싼 물건을 둔다"고 설명한다.

17 "영혼은 인간의 아주 작은 부분이 아니라 인간 전체의 실체이다."(성 암브로시우스, 《헥사메론》, VI, 7)

니며, 신체의, 신체를 통한, 그리고 신체로 인하여 발생하는 이득이란 상상적이고 덧없는 것일 뿐임을 수천 번도 더 확신했다. 사람들은 부자보다는 정의로운 것이, 식자가 되는 것보다는 이성을 갖는 것이, 민첩하고 날랜 신체를 갖는 것보다는 예리하고 통찰력 있는 정신을 갖는 것이 낫다는 것을 알고 있다. 이 진리들은 인간 정신에서 지워질 수가 없다. 진리를 사유하면서 기쁨을 얻는다면 틀림없이 그 진리를 발견하게 된다. 예를 들어 호메로스는 자기가 그리는 영웅이 달리기가 빠르다고 칭찬하는데18 그런 칭찬은 보통 말이나 사냥개에게나 하는 말임을 시인도 알았을 것이다. 대대적 약탈로 역사에 길이 남은 알렉산드로스 대왕은 자기 주변의 아첨꾼들의 왁자지껄한 찬사를 들으면서도 간혹 자기 이성 가장 깊은 곳에서 살인자나 도둑에게나 가해질 법한 비난을 듣곤 했다. 그래서 루비콘강을 건넜던 카이사르도 자기 야심을 위해 조국의 자유를 희생하고자 결심했을 때 그런 마음속 비난을 듣고 격렬한 공포에 빠진 모습을 내비치지 않을 수 없었다.19

영혼은 정말 신체와 단단하게 결합되어 있지만 신과 결합되어 있기

---

18 [옮긴이] "준족(駿足) 아킬레우스가 일어서서 그들 사이에서 말했다."(호메로스, 《일리아드》, 1권, 58행, 천병희 역, 숲, 2007, p.27)

19 [옮긴이] 1622년에 오라토리오회 교구장이었던 부르고앵 신부 후임이 된 스노 신부(P. Senault)는 알렉산드로스와 카이사르의 야심이 빚어진 불행한 결과를 비난했다.(《정념의 용례》(*De l'usage des passions*), 1641, 2e part., traité IV, disc. 2, pp.309~401) 또한 《범죄자》(*L'homme criminel*)에서 스노 신부는 "아담의 죄는 알렉산드로스의 이름으로 저질러진 것보다 결코 더 낫지 않고, 그를 눈멀게 한 정념은 한 국가를 강탈하는 것이 도둑질이고, 군대의 패배가 곧 살육이라고 생각할 수 없었다"(in-12 de 1660, n°413, traité IV, disc. 4, p.456)고 썼다.

도 하다. 정념이 불어넣는 격하고 혼잡한 감정을 신체를 통해 받아들일 때조차, 영혼은 정신을 주재하는 영원한 진리[20]로부터 자신이 지켜야 할 의무가 무엇이고, 방탕한 행동이란 무엇인지에 대한 지식을 수용한다. 신체가 영혼을 속일 때, 신은 영혼의 잘못을 깨닫게 한다. 신체가 영혼의 비위를 맞출 때, 신은 영혼에 고통을 준다. 신체가 영혼을 찬양하고 박수를 보낼 때, 신은 내면에서 통렬한 비난을 가한다. 신은 영혼이 따랐던 육肉의 법보다 더 순수하고 더 성스러운 법을 현시함으로써 영혼을 단죄하는 것이다.

알렉산드로스 대왕[21]이 필요로 했던 것은 스키타이인들이 이방의 언어로 그가 지켜야 할 의무를 가르쳐 주러 와주는 일이 아니었다.[22] 그는 스키타이족을 비롯한 세상에서 가장 야만적 종족들을 가르친 바로 그 존재로부터 자신이 따라야 했던 정의의 규칙들을 배워 알고 있었다. 온 세상을 비추는 진리의 빛은 알렉산드로스 대왕 역시 비추었던 것이다.

---

20 "진리이시여, 당신께서는 당신께 물음을 드리는 모든 이를 어디서든지 다스리시고, 제각기 다른 것을 묻더라도 모두에게 한꺼번에 답변을 주십니다. 당신께서는 명료하게 대답하시지만 모든 이가 명료하게 듣는 것은 아닙니다. 모두 원하는 대로 물음을 드리지만 항상 원하는 대답을 듣는 것은 아닙니다."(성 아우구스티누스, 《고백록》, 10권, 26장 37절, 성염 역, 경세원, 2017, p.383)

21 Vid. Quint. Curt., lib. VII, cap. viii.

22 [옮긴이] 말브랑슈는 여기서 로마 역사가 퀸투스 쿠르티우스의《알렉산드로스 대왕의 생애》7권 8절을 참조한다. 스키타이인 중에 뽑힌 스무 명이 알렉산드로스의 과도한 야심("자네는 어디에 닿을지도 모를 곳을 끊임없이 갈망하는군.")과 그의 불의("우리가 자네와 해결해야 할 것이 무엇인가? 우리는 단 한 번도 자네 나라에 발을 들인 적이 없네.")를 비난하는 부분이다.

자연의 목소리는 그리스어로 말하는 것도, 스키타이어로 말하는 것도, 야만인의 언어로 말하는 것도 아니다. 그 목소리는[23] 다른 모든 사람들에게처럼 그에게 대단히 명료하고 대단히 알아듣기 쉽게 말했다. 스키타이인들이 알렉산드로스 대왕의 행동을 두고 비난을 했더라도 그들은 그저 그의 귀에 대고 말했을 뿐이다. 신은 그의 마음에 대고 말하지 않았다. 더 정확히 말하자면 신은 그의 마음에 대고 말했지만, 그는 스키타이인들의 말밖에 듣지 않았고, 그들의 말은 그의 정념을 자극하기만 했다. 진리의 목소리에 소스라치게 놀랐기는 했어도 그는 그 목소리를 전혀 듣지 못했으며, 빛이 그에게 스며들었어도 그는 그 빛을 보지 못한 것이다.

우리와 신과의 결합이 우리와 감각으로 지각되는 사물과 맺는 관계가 증가하고 강화됨에 따라 감소되고 약화된다는 점은 사실이다. 그렇기는 해도 우리의 존재가 죽어 사라지지 않는 한 우리와 신과의 결합이 완전히 깨어지기란 불가능하다. 악덕에 빠지고 쾌락에 취한 사람들은 진리에 무감각하지만 그래도 그들은 진리와 결합되어 있기는 한 것이다. 진리가[24] 사람들을 저버리는 것이 아니라 사람들이 진리를 저버린다. 진리의 빛은 어둠 속에서 빛나지만,[25] 항상 그 어둠을 걷어내는

---

23 "'그가 참말을 한다'는 여부는 내면에서 저한테 알려줄 것입니다. 사유의 처소에서 내면으로 말해 줄 것입니다. 그것은 히브리어도 그리스어도 라틴어도 이방인의 언어도 아니고, 입이나 혀라는 기관을 쓰지 않고 음절의 소란도 없이 진리가 말해 줄 것입니다."(성 아우구스티누스, 《고백록》, 11권, 3장 5절, 앞의 책, p.423)

24 "필경 그가 당신을 저버리기라도 하는 것 같지만 당신이 그를 저버리는 것입니다."(성 아우구스티누스, 《시편 주해》, XXV, ii, 3)

것은 아니니, 이는 태양의 빛이 눈 먼 사람들과 눈을 감은 이를 밝혀 주지는 못하더라도 그들을 계속 둘러싸고 있는 것과 마찬가지이다.26

우리의 정신과 우리의 신체의 결합도 사정은 같다.27 이 결합은 우리와 신과 맺는 결합이 증가함에 따라 감소한다. 그렇지만 이 결합은 우리가 죽지 않는 이상 완전히 끊어지는 일은 없다. 우리도 역시 양식을 갖고 사도들처럼 감각으로 지각되는 모든 사물로부터 초연해진다고 해도, 원죄 이후에 우리의 정신은 신체에 의존하고, 육肉의 법칙이 정신의 법칙에 저항하고 그것과 끊임없이 대립하는 것을 느끼는 것임에 틀림없다.28

정신은 신과 맺는 결합이 증가함에 따라 더욱 순수해지고, 더욱 명

---

25 [옮긴이] "빛이 어둠에 미치되 어둠이 깨닫지 못하더라."(〈요한복음〉 1장 5절)

26 육은 껍데기였으니 그것이 무엇이었는지가 아니라 무엇을 가졌는지에 주의하라.(La chair fut l'enveloppe: Fais attention à ce qu'il avait, non à ce qu'il était.)(*Traité sur lévangile de saint Jean*, XXVII, 5)

27 내가 여기서 정신과 신, 정신과 신체의 두 가지 결합에 대해 말하는 내용은 사물을 생각하는 일반적 방법에 따라 이해되어야 한다. 정신은 오직 신과만 즉각적으로 결합할 수 있기 때문이다. 내 말은 정신은 진정으로 오직 신에게만 의존한다는 것이다. 정신이 신체와 결합되거나, 정신이 신체에 의존한다면, 그것은 신의 의지가 이 결합을 유효한 것으로 만들었기 때문이다. 그러나 이런 결합이 원죄 이후에 의존 관계로 바뀌었다. 이후 이 책에서 이 점을 충분히 이해할 수 있을 것이다.

28 [옮긴이] "그러므로 내가 한 법을 깨달았노니 곧 선을 행하기 원하는 나에게 악이 함께 있는 것이로다. 내 속사람으로는 하나님의 법을 즐거워하되 내 지체 속에서 한 다른 법이 내 마음의 법과 싸워 내 지체 속에 있는 죄의 법으로 나를 사로잡는 것을 보는도다. 오호라 나는 곤고한 사람이로다. 이 사망의 몸에서 누가 나를 건져내랴. 우리 주 예수 그리스도로 말미암아 하나님께 감사하리로다. 그런즉 내 자신이 마음으로는 하나님의 법을 육신으로는 죄의 법을 섬기노라."(〈로마서〉, 7장 21~25절)

석해지고, 더욱 강해지고, 더욱 확장된다. 바로 이 결합으로 인해 정신이 완전해지기 때문이다. 반대로 정신이 신체와 맺는 결합이 증가하고 강화됨에 따라 정신은 부패하고, 외곬이 되고, 약해지고, 옥죄인다. 정신은 신체와 결합함으로써 불완전해지기 때문이다. 그래서 감각으로 만물을 판단하고, 만물 속에서 자기 정념의 굴곡만을 따르고, 자기가 느끼는 것만을 알아차리고, 제 감각을 만족시키는 것만을 사랑하는 사람은 그보다 더 비참할 수 없는 정신 상태로 살아간다. 그는 이런 상태에서 진리며 축복으로부터 무한히 멀어진다.

그러나 인간이 정신의 순수한 관념을 통해서만 사물을 판단하고,[29] 피조물들이 왁자지껄 떠들어대는 소리를 세심히 피하고, 자기 내면으로 들어가 감각과 정념이 침묵할 때[30] 지고한 주님의 목소리에 귀 기울인다면 오류에 빠지기란 불가능한 일이다.

신은 진지한 열의로 정신을 온전히 신을 향하여 묻는 이들에게 항상 답변을 해주시는 것은 아니지만 그들을 속이시는 법은 없다. 그렇지만 정신이 신에게 등을 돌려 바깥으로 넘치고, 진리를 배우려 하면서 그저 제 신체에게만 묻고, 끊임없이 제게 말을 거는 감각, 상상력, 정념의 목소리만을 듣는다면 잘못 생각하지 않기란 불가능하다. 지혜, 완

---

29 "자기를 잘 성찰하는 사람이라면 지성의 주의를 신체의 감관으로부터 떼어 내고 이탈시킬수록, 자신이 참으로 어떤 사물을 더욱 깊이 있게 인식하였다는 점을 경험하지 못한 사람이 누구겠는가?"(성 아우구스티누스, 《영혼불멸》, 10장 17절)

30 [옮긴이] "정념이 침묵할 때"(dans le silence des passions)라는 표현은 감각으로부터 자유로워질 때 비로소 정신의 목소리가 들리기 시작한다는 점을 설명할 때 말브랑슈가 자주 사용하는 표현이다.

전성, 지복은 신체로부터 기대할 수 있는 재산이 아니다. 우리보다 높으시고 우리에게 생명을 주시고 우리 존재를 완전하게 만들 수 있는 분은 오직 신뿐이다.

이것이 성 아우구스티누스가 다음과 같은 아름다운 말로 우리에게 가르쳐 주신 내용이다.[31] 그는 이렇게 말했다.

"영원한 지혜야말로 지성을 갖출 수 있는 모든 피조물이 따라야 할 원리이며, 이 지혜는 끊임없이 동일한 것으로 남아서 피조물의 이성의 가장 깊은 곳에서 그들에게 끊임없이 말한다. 그렇게 하여 피조물들은 그들의 원리를 향하게 된다. 정신을 존재하게 하고, 말하자면 정신을 완성할 수 있고, 정신이 가질 수 있는 최고의 완전성을 마련해 줄 수 있는 영원한 지혜의 시선이 있을 뿐이다."[32]

사도 요한은 "우리가 신을 있는 그대로 볼 때 신을 닮게 되리라"[33]고 말했다. 우리는 이렇게 영원한 진리를 응시하는 것으로 모든 영적 피조물들이 그들의 본성의 필요에 부응하여 추구하는 저 위대한 단계까지 올라가야 한다. 그러나 우리가 지상에 머무는 동안 신체의 무게는

---

31 Principium craturae intellectualis est aeterna sapientia, quod principium manes in se incommutabiliter, nullo modo cessat occulta inspiratione vocationis loqui ei creaturae, cui principium est, ut convertatur ad id ex quo est; quod aliter formata ac perfecta esse non possit.(*De Gen. ad liit*, lib. I, cap. v)

32 [옮긴이] 말브랑슈는 성 아우구스티누스의 《창세기에 대한 미완성 책》(I, 5)을 번역하면서 문장을 조금 바꾸었다.

33 "그리스도께서 나타나시면 우리도 그리스도와 같은 사람이 되리라는 것을 우리는 알고 있습니다. 그때에는 우리가 그리스도의 참모습을 뵐 것이기 때문입니다." (〈요한1서〉, 3장 2절)

'정신을 무겁게 짓누른다.'34 그 무게로 인해 정신은 끊임없이 신의 현전이나 그 정신을 비추는 내부의 빛에서 비껴나, 감각으로 지각되는 대상과 더 강력히 결합하기 위해 끊임없이 노력하고, 모든 대상을 그것이 그 자체의 모습이 아니라 그 대상들과 생명의 보존의 관계에 따라 그려 보지 않을 수 없게 된다.

잠언에 따르면35 신체는 무수한 감각으로 정신을 채우기에 대놓고 드러난 사물도 알 수 없게 만든다고 한다. 신체의 시선은 정신의 시선을 눈멀게 하고 흐트러트린다. 어떤 진리를 알고자 신체의 눈을 사용하는 동안에는 영혼의 눈으로 그 진리를 명확히 알아보기란 어려운 일이다. 이 점으로 알 수 있는 것은 모든 진리를 발견하고 모든 학문을 익히는 일은 오직 정신을 집중하면서만 가능하다는 점이다. 사실 정신을 집중한다는 것은 우리의 유일한 주님이신36 신으로의 회귀이자 회심에 다름 아니기 때문이다.37 성 아우구스티누스가 말하듯38 오직 주님

---

34 "썩어 없어질 육체는 영혼을 내리누르고."(〈잠언〉, 9장 15절)

35 "이 세상살이는 온갖 생각을 일으키게 하여 사람의 마음을 무겁게 만듭니다."(〈잠언〉, 9장 15~16절)

36 Aug., De magistro.

37 [옮긴이] "우리가 이해하는 모든 것에 대해서 우리가 문의하는 대상은 (…) 내면에서 지성 자체를 주재하는 진리다. (…) 혹시라도 영혼이 오류에 떨어질 때에는 문의를 받은 진리 측의 결함에서 유래하는 것이 아니니 이것은 육안이 종종 오류에 떨어지지만 그 까닭이 밖에 있는 저 빛의 결함이 아님과 마찬가지다."(성 아우구스티누스, 《교사론》, 11장 38절) "내가 참된 것을 말하고 있지만 참된 것을 통찰하고 있는 그 사람을 내가 가르치는 것이 아니다. 그가 배운다면 내 말로 배우는 것이 아니고 신이 내면에서 펼쳐 보이시어 그에게 드러난 사물들을 통해서 배운다."(위의 책, 12장 40절) "우리는 지상에서 누구를 스승이라고 말해서는 안 되며 모든 이

만이 어떤 피조물의 중재 없이 자신의 실체를 현시하여 우리에게 모든 진리를 가르쳐 주신다.

이 모든 사실을 통해, 정신을 거스르고자 하는 신체에 끊임없이 저항해야 하며, 감각이 우리와 우리를 둘러싼 모든 물체를 맺는 관계를 믿지 않는 데 조금씩 익숙해져야 한다는 점이 분명하다. 감각은 항상 우리를 둘러싼 모든 물체를 우리가 열의를 쏟고 높이 평가해야 마땅한 것으로 제시한다.

감각적인 것 중 그 무엇도 우리가 온 주의와 온 힘을 기울여야 하는 것은 없다. 신의 영원한 지혜가 자신을 현현케 하면서 우리에게 가르쳐 주고자 했던 한 진리가 이것인 듯하다. 감각을 지닌 육肉을39 상상

의 한 분 스승이 하늘에 계시다는 가르침이 신적 권위로 기록되어 있는 터네. 그 말을 우리가 단지 믿기만 할 뿐 아니라 이제 차츰 이해하기 시작하였다. '하늘에' 라는 말 한 마디가 무슨 뜻인지는 그분이 몸소 가르쳐 주실 것이다."(위의 책, 14장 46절)

38 "지성의 빛이신 신이여, 지성으로 빛을 발하는 것 모두가 당신 안에서 당신으로 말미암아, 당신을 통해서 지성적 빛을 발합니다."(성 아우구스티누스, 《독백》, 1권, 3절) "그리스도는 인간의 영혼과 이성적 정신이 신의 실체 자체를 통해서만 생명, 빛, 완전한 행복을 갖는다는 점을 우리 마음속에 주입하셨다."(성 아우구스티누스, 《요한 서한 강해》, XXIII, 5) "자연은 전혀 개입되지 않는다."(성 아우구스티누스, 《83가지 문제에 대하여》, 51번째 문제)

39 "다음과 같은 권위를 신적 권위라고 불러야 한다. 우선 그 권위는 밖으로 드러나는 그 감각적 표지에서도 인간적 능력을 모조리 초월할 뿐더러, 인간을 부리면서도 인간을 위하여 신적 권위가 어디까지 자기를 낮추었는지 보여 주며, 신기한 것들이 감관에 나타날지라도 감관에 머물지 말고 오성을 향해서 도약하라고 명한다. 그러면서 그 권위가 이 세상에서 얼마나 위대한 일들을 행할 수 있는지, 그리고 왜 그것을 행하는지, 그러면서도 그런 신기한 일들을 얼마나 하찮게 여기는지 인간에게 가리켜 보인다."(성 아우구스티누스, 《질서론》, 2권, 9장 27절)

해 볼 수 있는 가장 높은 위엄으로까지 드높인 뒤, 신은 이 육을 전락에 이르게 하셨다. 다시 말하면 감각대상들 사이에 존재하는 더할 나위 없이 위대한 것을 전락에 이르게 하시며 우리가 감각의 모든 대상을 경멸해야 한다는 점을 알게 해주셨다. 사도 바울이 '예수 그리스도를 육肉적으로는 더는 알아보지 않는다'[40]고 말했던 것도 아마 같은 이유에서일 것이다. 주의를 집중해야 하는 것은 예수 그리스도의 육이 아니라, 육 밑에 감춰진 정신이기 때문이다.

성 아우구스티누스는 "육은 껍데기였을 뿐이니, 그것이 예전에 무엇이었는가가 아니라, 무엇을 가졌는가에 주의하라"[41]고 말했다. 예수 그리스도에게서 가시적이거나 감각적인 것이 있다고 해도 그것은 오직 영혼의 목적인 말씀과 결합한 것이므로 우리의 숭배를 받을 가치가 있다.

지혜와 행복을 추구하는 사람들이라면 내가 방금 말한 것을 틀림없이 납득하고 깊이 확신할 것이다. 그들이 내 말을 듣고 나를 믿는 것으로는, 그러니 그저 머물다 사라지는 빛의 광채에 비추어 확신하는 것으로는 충분하지 않다. 그들은 수많은 경험과 수많은 견고한 증명을 통해 그 점을 알아야 한다. 그들의 정신에서 이 진리는 결코 지워질 수 없으며 그들이 무슨 연구를 하든, 그들이 살아가면서 다른 무슨 일에 몰두하든 그들 앞에 늘 나타날 것임에 틀림없다.

---

40 "우리가 그리스도를 육적 판단으로 알아보았더라도 이제 더는 그렇게 알아보지 않습니다."(〈고린도후서〉, 5장 16절)

41 *Tract. in Joan*, XXVII.

이제 독자에게 내놓는 이 책을 부지런히 읽을 분들은 내가 잘못 생각하지 않는다면 그런 심사心思를 갖추게 되실 분들이다. 우리의 감각, 상상력, 정념이 진리와 우리의 이익을 발견하는 데 아무 소용이 없고, 반대로 우리의 눈을 부시게 하여 매번 우리를 유혹하고, 일반적으로 정신이 신체를 통해서나, 신체에서 이루어지는 어떤 움직임으로 인해 얻는 모든 지식은 신체의 보존과 신체와 관련된 이득에는 대단히 유익하더라도, 그 지식으로 대표되는 대상과의 관계를 통해 본다면 전부 거짓이거나 모호한 것임이 여러 방식으로 증명된 까닭이다.

사람들은 여러 오류들, 특히 가장 보편적으로 받아들여진 오류들이며, 엄청난 정신 이상의 원인이 되는 오류들과 싸우고들 있다. 그리고 그 오류들 대부분이 정신과 신체의 결합의 결과라는 점이 알려졌다. 이들은 여러 곳에서, 정신이 예속 상태에 있고, 모든 감각대상에 종속되어 있음을 깨닫기를 희망하므로, 그들은 정신이 마비 상태에서 깨어나고 구속에서 벗어나도록 노력을 기울이는 것이다.

우리가 어떤 대상에 빠지곤 하는지 그저 제시하는 것으로는 만족하지 못해서 부분적으로나마 정신의 본성을 설명한다. 예를 들어 감각이나 상상력에서 비롯한 모든 개별 오류들을 상세히 열거하는 일은 그냥 넘어가고 특별히 오류를 일으키는 원인에 골몰하는 것이다. 즉 감각이나 상상력의 기능을 설명하면서 흔히 빠지곤 하는 일반적 오류들이며, 빠질 수 있을 무한히 많은 개별적 오류들을 개괄하는 것으로 그친다. 그래서 이 책의 주제는 모든 인간의 정신이다. 정신을 그 자체로 고려하고, 신체와의 관계를 통해 고려하고, 신과의 관계를 통해 고려해 볼 것이다. 정신의 이 모든 기능들의 본성을 검토하고, 오류를 피하기 위해 써야 하는 방법을 지적하고, 인간의 지식을 확장하는 데 유용하다고 생각했던 대부분의 사실들을 설명할 것이다.

우리가 가진 모든 지식들 중에 가장 아름답고, 가장 즐겁고, 가장 필요한 것은 분명 우리 자신의 지식이다.42 인간의 모든 학문들 중에 인간에게 가장 잘 어울리는 학문은 역시 인간을 다루는 학문이 아니겠는가. 그런데 이 학문은 가장 많이 연구된 것도 아니고, 우리의 학문 중에 가장 완성된 것도 아니다. 대다수의 사람들은 이 학문을 완전히 무시한다. 학문을 뽐내는 사람들 중에서도 인간의 학문에 전념하는 사람은

---

42 [옮긴이] 명백히 "네 자신을 알라"는 소크라테스에 대한 참조이다. 성 아우구스티누스는《독백》에서 "신과 영혼을 알고 싶다. 그것 이외에는 전혀 아무것도 알고 싶은 것이 없다"(성 아우구스티누스,《독백》, 1권, 2장 7절)고 말했고,《질서론》에서 "철학에는 두 과제가 있다. 하나는 영혼에 관한 것이고 다른 하나는 신에 관한 것이다. 첫째 것은 우리 자신을 알자는 것이고 다른 하나는 우리 기원을 알자는 것이다. 전자는 우리에게 보다 친숙하고 후자는 우리에게 보다 소중하다. 전자는 우리를 행복한 삶에 적합한 사람으로 만들고 후자는 우리를 행복하게 만든다. 첫째는 배우고 있는 사람들에게 해당하고 둘째는 이미 배운 사람들에게 해당한다. 바로 이것이 지혜를 공부하는 순서다. 그 순서를 통해서 사람은 사물의 질서를 인식하고, 다시 말해서 두 세계를 구분하여 배우고, 우주의 어버이를 알게 된다. 그러면서도 영혼에 있는 지식이라곤 그분을 어떻게 모르는가 하는 지식뿐이다"(성 아우구스티누스,《질서론》, 2권, 18장 47절)라고 썼다. 데카르트는 친구 메르센에게 보낸 한 편지에서 "신께서 이성을 사용하도록 마련해주신 사람들은 신을 알고, 또 자기 자신을 알고자(à connoître 'Dieu' et à se connoître eux-mêmes) 노력하기 위해서 이성을 사용하지 않을 수 없다고 생각한다네"(메르센에게 보내는 편지, 1630년 4월 15일)라고 썼다. 다음 세기 중반에 루소는《인간불평등기원론》머리말을 "인간의 모든 지식 가운데 가장 유용한 것이면서도 가장 진척을 보지 못한 것이 있다면 나는 그것이 인간에 대한 지식이라고 생각한다"(이충훈 역, 도서출판 b, 2020, p.29)는 말로 열었다.

거의 없고, 개가凱歌를 올릴 정도로 전념하는 사람은 훨씬 드물다.

세상에서 학문에 능하다고 간주된 사람들도 정신과 신체의 본질적 차이를 정말 불분명하게 바라볼 뿐이다. 이 차이를 대단히 명확하게 구분했던 성 아우구스티누스조차43 오랫동안 자신도 이를 이해할 수 없었다고 고백했다.44 성 아우구스티누스가 자신에 앞서 나타났고 지금 우리 시대까지 그의 뒤를 이었던 사람들보다 영혼과 신체의 속성을 더 잘 설명했다는 점에 동의하지 않을 수 없지만, 그래도 우리 주위의 물체들에 우리가 신체의 방식으로 지각하는 모든 감각자질을 부여하지 않았던 편이 바람직했을 것이다. 결국 감각자질이라는 것이 성 아우구스티누스가 물질에 대해 가졌던 생각 속에 명확하게 포함되어있지 않았기 때문이다. 그래서 정신과 신체의 차이를 명확하게 이해하게 된 것은 고작 최근 몇 년 이래의 일이라고 확실히 말할 수 있다.

---

43 *Confess.*, lib. IV, cap. xv.

44 [옮긴이] "진리의 세찬 힘이 저의 눈으로 밀려들어왔으나 떨리는 저의 지성은 비물체적 존재로부터 눈을 돌려 선(線)과 색(色)과 늘어나고 줄어드는 질량으로 향하고 말았습니다. 또 영혼에서 선과 색과 질량 같은 이런 것들을 못 보던 까닭에 저로서는 영혼이란 볼 수 없다고 여기던 참이었습니다."(《고백록》, 4권, 15장, 24절, 위의 책, p.156) "저는 가변적 존재이니 그것은 제가 현자가 되기를 원할 때 더 못한 존재에서 더 나은 존재로 변해간다는 점에서도 제게 그 점은 분명합니다. 그런데 저는 저의 존재가 당신이 존재하시는 같은 존재가 아니라는 생각보다는, 차라리 당신께서도 저처럼 변하는 분이라는 생각을 품고 싶었습니다. 바로 그래서 제가 당신께 배척을 당했고, 당신께서는 허세 부리는 저의 목덜미를 역겨워하셨으며, 저는 여전히 당신을 두고 물체적 형상을 상상해 내는 데 그쳤고, 살덩이로서 살덩이를 탓하는 데 그치면서 바람처럼 떠돌며 당신께 돌아가지 않았으며, 허망한 영상들 주변을 떠돌아다니고 있었습니다."(《고백록》, 4권, 15장, 26절, 위의 책, p.158)

정신의 본성을 잘 알고 있다고 생각하는 사람들이 있는가 하면, 정신을 조금이라도 아는 것은 불가능한 일이라고 확신하는 사람들도 있다. 또 대부분의 사람들은 그런 지식에 어떤 유용성이 있는지 알아보지 못하고, 그런 이유로 그 지식을 무시한다. 그러나 이러한 통념은 명확하고 분명한 정신의 눈으로 본 결과라기보다는 인간이 갖기 마련인 상상력과 성향의 결과이다. 이들은 자기 내면을 들여다보는 일을 수고스럽게 생각하고 혐오스럽게 여겼다. 자기 안에 들어가 본다면 그들이 얼마나 약한 존재이며 결함을 가진 존재인지 알아보게 될 테니 말이다. 반면에 그들은 희귀한 연구나 화려하게 보이는 학문들을 즐긴다. 그들은 언제나 자기 밖에 머무르고 있으니 자기 내부에서 일어나는 혼란을 알아차리지 못한다. 그런 혼란을 자기 자신은 느끼지 못하니까 스스로가 건강하다고 생각한다. 그러고는 본인의 병을 알고 약을 먹는 사람을 보고선 왈가왈부 말들을 늘어놓는다. 낫고자 애쓰는 바람에 병이 더 든다는 것이다.

그러나 자연의 가장 깊이 숨겨진 비밀을 꿰뚫어 보고, 정신으로는 하늘까지 상승하고, 심연까지 내려가는 저 위대한 천재들은 지금 스스로의 모습이 어떤지 기억해야 하리라. 저 엄청난 주제들은 아마 그들의 눈만 부시게 할는지 모르겠다. 정신이 수많은 사물에 이르려면 자기를 벗어나야 하지만, 막상 벗어나면 그만 휩쓸려 버릴 수 있다.

사람들은 천문학자나 화학자가 되어, 인생 전체를 망원경 렌즈에 매달려 보내거나 가마爐 앞에 붙들려 앉아서 보내고, 그런 다음에는 그렇게 얻은 수고스러운 관찰들에서 아무짝에도 소용없는 결과를 끌어내려고 태어난 것이 아니다. 나는 어떤 천문학자가 처음으로 달에서

육지며, 바다며, 산을 발견하고, 처음으로 태양 주위를 도는 흑점을 발견[45]해서 그것의 운동을 정확하게 계산해 놓았기를 바란다. 나는 어떤 화학자가 수은을 고정[46]시키거나, 반 헬몬트가 모든 물체를 녹일 수 있다고 자부했던 저 만물용화액alkahëst[47]을 만드는 비법을 발견했기를 바란다. 그런데 그렇다고 그들이 더 현명해지고 더 행복해졌는가? 그들은 아마 세상에 널리 명성을 날렸을 테지만, 조심하지 않았다면 그런 명성은 그저 그들의 예속 상태만 계속 연장할 뿐이다.

천문학, 화학 그리고 거의 모든 다른 학문들을 신사의 여흥으로 간주할 수는 있겠지만, 그 학문들의 화려한 광채에 놀라워해서는 안 되고, 그런 학문들을 인간의 학문보다 우선시해서도 안 된다. 천문학은 엄청나게 거대하고, 눈부신 빛을 발하고, 우리 주변의 모든 것보다 무한히 높은 곳에 위치한 대상을 고려하는 것이니, 인간의 상상력은 이

---

45 [옮긴이] 데카르트는 《철학의 원리》 3부에서 예수회 신부 샤이너루스(1579~1650)를 언급했다. 그는 태양 흑점들과 화염들을 망원경으로 관찰했고, 최초로 태양의 자전 주기를 규정했으며, 달에 있는 산들의 지도를 그린 사람이다. 데카르트는《철학의 원리》3부 32절과 35절에서 태양의 흑점에 대해 언급한다. "망원경을 볼 수 있는 태양 표면에 접해 있는 검은 물체들, 즉 흑점들 또한 태양 둘레를 한 바퀴 도는 데 26일이 걸린다."(원석영 역, 아카넷, 2002, 35절, p.144) "태양의 흑점들도 (…) 황도에서 7도나 그 이상 기운 평면들에서 태양 주위를 돈다. 따라서 흑점들의 운동은 그럼 점에서 행성들의 운동과 다르지 않다."(위의 책, 36절, p.146)

46 [옮긴이] 수은(水銀)은 본성상 유체인데, 이를 다른 물질과 결합시켜 고체로 만드는 방법을 말한다.

47 [옮긴이] 《퀴르티에르 사전》에 따르면 이 용어는 "반 헬몬트와 파라켈수스가 사용한 보편 용매(le dissolvant universel)로 모든 물체를 녹여, 그 물체의 최초의 원소들로 분해"하는 용도로 썼다는 설명이 있다.

학문에 어떤 위대함의 관념을 연관시키기 마련이지만, 정신은 맹목적으로 그런 생각을 숭배해서는 안 된다.48 인간은 그 관념을 판단하는 주인이 되어야 하고, 그 관념에서 이성을 뒤흔드는 그런 감각적 호화로움을 제거해야 한다.

정신은 감각과 상상력의 그릇되고 모호한 판단에는 귀를 막고 자신의 내적 빛에 따라서 만물을 판단해야 한다. 정신을 환히 비추는 진리의 순수한 빛을 조명 삼아 인간의 모든 학문을 연구한다면 정신은 그 대부분의 학문을 무시할 것이며, 우리가 누구인지를 가르치는 학문을 그것과 다른 모든 학문 전체보다 더 높이 평가할 것임을 주저 없이 확신할 수 있다.

그러므로 다소라도 진리를 사랑하는 이들에게 다음을 권고하고 싶다. 이 책의 주제를 판단할 때는 어떤 진지한 성찰을 담아 물은 뒤에 만인의 지고한 주님이 내려줄 대답에 따라야지, 과장된 담화로써 지레짐작해서는 안 된다는 점을 말이다. 진리를 사랑하는 사람들은 그런 화려한 담화 따위는 그저 일반 논거가 아니라면 한 머리말에 쓸데없이 끼어든 장식으로 간주할 것이다.

---

48 [옮긴이] "오늘날 우리를 철학으로 끌어 올리는 사람들처럼 천문학을 다룬다면, 천문학은 시선을 아래로 향하게 할 뿐이라고 나는 생각하네. (…) 누가 고개를 쳐들어 천장의 그림을 관찰하며 무엇인가를 배우는 경우, 자네는 그가 지성으로 관찰하는 것이지 눈으로 관찰하는 것이 아니라고 생각하는 듯하니 말일세. (…) 아무튼 나는 실재하지만 눈에 보이지 않는 것에 관련되는 학문 외에 다른 어떤 학문이 혼의 시선을 위쪽으로 향하게 할 수 있다고 생각할 수 없네."(플라톤, 《국가》, 7권, 529 a~b, 천병희 역, 숲, 2013, pp.412~413)

그들이 이 주제를 전념을 기울여 연구할 가치가 있다고 확신한다면 다시금 이 책에 포함된 사실들을 그것의 표현이 좋은가 나쁜가에 따라 절대 판단할 것이 아니라, 항상 자기 안에 들어가 보도록 부탁드린다. 그래야 이 책에서 판단의 기준으로 삼고 따라야 할 결정들을 이해할 수 있게 된다.

우리는 이런 존재들이며, 사람들은 서로 가르칠 수 없고,49 우리에게 진리를 발견케 해준 사람들이 정작 그 진리를 자기들의 정신에 명확히 드러내지 않는다면 우리가 그들의 귀에 대고 말한 진리를 전혀 배우지 못하리라는 점을 확신하므로 우리는 이 책을 제대로 읽고자 하는 사람들에게 우리의 말만 듣고 그들의 성향이 이끄는 대로 믿지 말고, 우리의 말을 혐오감에 끌려 거부하지도 말아 주십사 부탁드리지 않을 수 없다. 진지하게 성찰을 해보면 납득할 만한 새로운 것이 전혀 개진되지 않았다고 생각했는데도, 유감스럽게도 다른 사람들이 우리의 생각을 은연중에 기억하고 믿어버렸고, 그래서 그들이 이해를 못했든 우리가 잘못 생각했든 그들이 어떤 오류에 빠졌다고 생각하실 수도

---

49 "사람으로부터 뭔가를 배운다고 생각하지 마십시오. 우리는 목소리를 높여 훈계할 수는 있습니다. 그러나 안에서 가르쳐 주시는 분이 계시지 않는다면 우리가 목소리를 높이는 것도 헛일이 되고 말 것입니다."(성 아우구스티누스, 《요한 서간 강해》, 세 번째 강해, 13절)

듣는 일은 나로 인해 일어났던 것입니다. 그러면 이해는 누구로 인한 것입니까? (…) 어떤 이가 여러분의 마음에 대고 말을 했습니다. 그러나 여러분은 그를 보지 못하십니다. 형제 여러분, 여러분이 이해하셨다면 그것은 누군가 역시 여러분의 마음에 대고 말을 했기 때문입니다. 이해는 신의 선물입니다."(성 아우구스티누스, 《요한복음 강해》, 40장, 5절)

있겠다.

우리로서는 자기들의 말을 믿어주기를 바라는 어떤 학자들의 교만을 견딜 수 없다.[50] 그런 학자들은 사람들이 자기들의 말을 듣고도 신에게 묻는다고 왈가왈부한다. 이들 학자는 스스로 신에게 묻지 않았던 까닭이다. 자기들의 생각에 반대 의견이 제시되자마자 그들은 격노한다. 그 학자들은 정신을 환히 비추는 진리의 순수한 빛보다는 자기 상상력의 어둠을 좋아해 주기를 정말 바라는 것이다.

다행스럽게도 우리는 이런 행동 방식과 아주 멀리 떨어져 있다. 종종 우리도 그런 행동을 취한다고들 하지만 말이다. 우리보다 먼저 태어난 저자들을 우리는 그저 '복습감독생moniteurs'[51]으로 간주한다. 그러므로 우리의 말을 학자나 스승들의 말처럼 들어 주었으면 하고 바라는 일은 정말 부당하고 건방진 일일 것이다. 그러니 우리가 보고하는 사실들과 경험들을 믿어 주십사 부탁드린다. 이런 것들은 정신을 지고한 보편적 이성에 적용하는 것으로 알 수 있는 것이 아닌 까닭이다.

---

50 [옮긴이] "아무런 방법 없이 사물의 진리를 탐구하기보다는 차라리 그런 생각을 품지 않는 편이 더 낫다. 이와 같은 순서 없는 연구와 모호한 성찰은 자연의 빛을 흐리게 하고 지성을 맹목적으로 만든다는 것이 분명하기 때문이다. 어둠 속을 걷는 데 익숙해진 사람은 시력이 점차 약화되어, 나중에는 환한 태양의 빛을 견딜 수 없게 된다. 이것은 경험이 증명하고 있는 바이다. 즉 강단 학문을 전혀 공부하지 않은 사람이 이런 학문에 매달려 살아온 사람보다 직면한 문제에 대해 훨씬 더 견고하고 분명한 판단을 내리고 있음을 우리는 종종 볼 수 있다."(데카르트, 《정신지도를 위한 규칙들》, 6)

51 [옮긴이] 이 단어는 17세기 말에 나온 《퓌르티에르 사전》 및 《아카데미 프랑세즈 사전》(초판)에 등재되지 않았다. 라틴어 동사형 admoneo를 직접 번역한 것 같다.

그러나 영원한 진리가 우리 이성의 가장 깊은 곳에서 우리에게 나타내는 사물의 진정한 관념 속에서 발견되는 모든 진리에 대해서라면, 우리가 그 점에 대해 어떻게 생각하는지에 대해서는 바로 넘어가 달라는 점을 분명히 밝힌다.[52] 우리는 그런 식으로 사람들 위에 군림하면서 자신을 신과 비교하는 것이 사소한 죄악이라고는 생각하지 않는다.

이 책을 읽게 될 분들이 전심전력을 다해 그런 노력을 기울여 주십사 바라는 가장 중요한 이유는 이 책이 범했을 수도 있는 오류들을 손보고 싶기 때문이다. 내가 과오를 절대 범하지 않았으리라고는 생각하지 않는다. 누구나 신체와 밀접히 결합되어 있고 또 우리는 어쩌나 신체에 묶여 있는지, 상상력을 가득 채우는 왁자지껄한 소리와 정신에 말하는 진리의 순수한 목소리를 올바로 분별하지 않았으면 어쩌나 두려워하는 일이야말로 정당한 것이다.

말할 수 있는 분은 오직 신뿐이고 사람은 자기가 이해한 말을 따라서만 판단할 수 있었다면 아마 "나는 내가 듣는 대로 심판하노니, 내 심판은 정당하고 진실하다"[53]고 하신 예수 그리스도의 말씀을 써볼 수도 있을 것이다. 그렇지만 누구나 신보다 더 목소리를 높여 말하는 신체를 가지며, 이 신체는 진실을 말하는 법이 없다. 누구나 이기심을 가졌으니 그것이 언제나 진리를 말하는 자의 말을 훼손하는 것이다.

---

52 "Voyez le livre De magistro, de S. Augustin."(네가 빛 자신이라고 생각하지 말라)(성 아우구스티누스, 《시편 강해》, 25장 2절). 빛이 나온 것은 나로부터가 아니다. 이 빛은 네 속에서만 참여하는 것이다."(성 아우구스티누스, 《설교집》, 8장)

53 "나는 듣는 대로 심판할 따름이다. 그래서 내 심판은 올바르다. 내가 내 뜻이 아니라 나를 보내신 분의 뜻을 추구하기 때문이다."(〈요한복음〉, 5장 30절)

또한 오만하지 않은 이 없으니 그것이 판단의 근거로 삼아야 하는 진리의 응답을 기다리지 않고 뻔뻔한 용기로 판단해 볼까 하는 생각을 촉발한다.

우리가 저지르는 오류들의 주요한 원인은 우리의 판단이 정신의 명석한 시선 이상으로 많은 사물에까지 확장되는 데 있다. 그러므로 신께서 내 미망迷妄이 무엇이었는지 알려 주신 분들이 계시다면 부디 나를 바로잡아 주시기를 부탁드린다. 그래야 내가 그저 시론처럼 내놓았지만 그 주제만은 모든 사람들에게 적용해 볼 가치가 있는 이 책이 조금씩 개선될 수 있을 것이다.

처음부터 이 책의 의도는 공부를 하고, 올바르게 생각하고, 생각한 바를 정확하게 표현하고자 했던 것밖에 없었다. 그러나 몇몇 분들이 이를 출판하는 일이 유용하리라고 생각했고, 이 책을 시도했던 핵심적 이유 중 하나가 이를 우리 자신에게 유용하게 써보고자 했던 것이었기 때문에 더 흔쾌히 그들의 생각에 따르게 되었다.

그분들은 어떤 주제를 제대로 공부하는 진정한 방법은 우리가 가진 생각을 능력 있는 사람들에게 제시하는 것이라고 말하곤 했다. 그렇게 하면 우리의 주의는 물론 그들의 주의도 끌 수 있다는 것이다. 간혹 그분들은 다른 시각으로 우리가 찾았던 것과는 다른 진리도 발견했으며, 간혹 게으름 때문에 소홀히 했거나, 용기와 힘이 부족해서 단념했던 발견들을 더욱 밀고 나가기도 했다.

그래서 나의 사적 필요와 더불어 몇몇 다른 이들이 원했던 유용성이라는 목적에 부응하여 나는 저자가 되는 위험을 무릅쓰게 되었다. 그렇지만 내 바람이 헛된 것이 되지 않도록, 평생을 믿어왔고, 일반적으로 모든 사람들이 모든 세기를 통틀어 받아들여 온 통념과 부딪히게 되어도 우선은 무작정 거부부터 하지 말아 주십사 한다. 내가 주로 무너뜨리고자 하는 것은 가장 일반적 오류들이다. 모두가 훌륭한 양식을 갖췄다면 만장일치의 승인이 일리가 있을지 모르겠지만 사실은 그것과는 정반대이다.

결정적으로 신앙과는 무관한 인간의 모든 의견들의 판단을 주재해야 하는 것은 오로지 이성뿐임을 알아야 한다. 오직 신만이 신앙으로써 우리가 자연물을 발견하는 것과는 완전히 다른 방식으로 우리에게 가르쳐 주신다. 제 자신 속으로 들어가, 우리 내부를 끊임없이 비추는 빛에 다가가야 한다.54 그래야 우리의 이성이 더 밝아진다. 지나치게 강렬한 모든 감각과, 우리의 허약한 지성을 가득 채우는 영혼의 동요를 피해야 한다. 정신의 시선은 간혹 더없이 작은 소리로도, 더없이 약한 빛의 광채로도 가려질 수 있으니 말이다.

절대적으로 그래야 하는 것은 아니더라도 이 모든 것을 피하는 것이 좋다. 모든 노력을 경주해서도 우리의 신체와 우리의 유년시절의 편견이 상상력에 새기는 끊임없는 자극에 저항할 수 없다면 기도의 도움을 받을 수밖에 없다. 그때 제 자신의 힘으로는 가질 수 없는 것을 얻게 되리라. 물론 끊임없이 감각에 저항해야 한다. 그것이야말로 성 아우구

---

54 "그리 할(볼) 수 없는 자는 그리 되도록 기도하고 최선을 다하라. 명상하는 것을 명상하기 위해서는 논쟁하는 자가 아니라 구원자이신 신에게 말하라. 그리하여 병자가 건강한 자가 되리라.(편지 112, 12장, 29절) "지성을 갖기 위해 정신의 빛을 켜는 자에게 주의를 집중하라."〔《근본적이라 불리는 마니교도 서한 반박》(*Livre contre l'Epitre du fondement*), 38〕

스티누스의 모범을 따라 진리를 사랑하는 사람들이 끊임없이 몰두해야 할 일이다.

> "누구도 어떤 방식으로도 감각에 저항할 수 없다. 감각의 중재를 통해서 우리에게 가해진 타격과 상처를 즐긴다면 우리에게 가장 성스러운 규율은 무엇인가."[55]

이 책의 얼개는 제 1권 4장에 나온다.

55 [옮긴이] 성 아우구스티누스, 네브리디우스에게 보내는 편지 7, ch. III, §7.

나는 파리 및 다른 곳에서 출판되었던《진리의 탐구》의 모든 판본 중에 현재 판본이 가장 정확하고 가장 방대하다는 점을 독자에게 알릴 필요가 있다고 생각한다. 모든 판본 중에 가장 훌륭했던 이전 판을 사용했던 것 외에도, 내가 필요하다고 생각했던 곳마다 여러 주해를 추가했기 때문이다.

내가 열여섯 번째 주해에서 미세한 물질la matière subtile에 관해 데카르트와는 반대되는 생각을 개진했을 때, 나는 그 점에 대해 내가 생각했던 것을 전부 설명해야 한다고 믿었다. 어떤 결과들을 자연의 가장 일반적 결과로 삼을 때 마주치게 되는 여러 어려움을 해결할 수 있음이 내게 명백해 보였던 까닭이다. 나는 열여섯 번째 주해에 여러 사례를 추가하여 이를 보여 주었다. 나는 또한 이 책의 말미에 광학의 개설서쯤 될 내용을 추가했다. 주해치고는 지나치게 길어서 일관성을 해칠 수도 있을지 모르겠다. 내가 시각의 오류에 관해 한 말을 명확하게 이해하기 위해 눈目이 어떻게 구성되었는지, 눈으로 어떻게 대상을 보게 되는지 모르는 사람들은 우선 마지막 주해부터 읽거나, 내가 1부에서 시각의 오류에 대해 말한 부분을 함께 읽을 필요가 있음을 알려 두고자 한다. 광학을 이미 연구했던 사람들이라도 아마도 그 부분에서 무언가 배울 것이 있을 테니 그것으로 해당 부분을 수고스럽게 읽은 보상이 될 것이다.

내가 썼던 다른 모든 책들이《진리의 탐구》와 많이 관련되어 있으므로 이 책에 새로 추가 사항을 더하는 일은 정말 쓸데없는 일일 것이다. 내 다른 책들을 읽고자 할 분들도 계실 것이다. 이런 의도로 나는 여백에 다른 책들을 인용해 놓았으니, 그분들은 이 점이나, 극히 중요한 많은 진리들에 대해 원하시는 주해를 찾아보시기를 바란다. 진리들은 서로 너무도 밀접한 관계를 갖고 있으므로 모든 것을 말하는 동시에 모든 것을 밝히기란 불가능하다. 지나치게 명확히 밝히려다 보면 혼란만 가중될 뿐이다.

그러므로 이 책을 읽으면서 몇몇 모호한 부분이며 난해한 부분을 찾게 되실 텐데 이는 물론 내 잘못일 수도 있고, 또 독자의 잘못일 수도 있겠다. 하지만 주의를 기울이고, 공정을 기하고 명백히 드러날 때까지 판단을 중단할 힘이 있다면 못 고칠 결함이 없다. 진실은 명확히 이해되지만 거짓은 절대적으로 이해 불가능한 까닭이다.

내 책들이 서로 다른 여러 판본들로 나왔지만 그 대부분이 불완전하고 대단히 부정확한 데다, 서로 다른 판본들을 가지고 여러 언어로 번역을 했으니, 내가 아는 범위에서 이제까지 나온 판본들 중에서 의미가 가장 정확한(나는 독자가 충분히 수정할 수 있는 구두점과 철자법 및 다른 오류들처럼 의미를 모호하게 만들지 않는 실수들을 말하는 것이 아니다) 판본을 알려드려야 한다고 생각한다.

1702년에 파리에서 나온《기독교 대화》, 같은 해에 로테르담에서 나온 최신 판본인《자연과 은총의 논고》, 1707년에 리옹에서 인쇄된《도덕론》, 역시 1707년에 리옹에서 인쇄된《기독교 성찰》, 1709년 파리에서 출판된《아르노 씨에게 보내는 답변》, 1711년에 파리에서 출판된《형이상학과 종교에 대한 대화》, 1707년에서 나온《신의 사랑에 대한 논고》와 그 후속편이 그것이다.

나는 이 책들을 집필 순서로 배치했는데, 그렇게 하면 이 책들을 읽고 판단하고자 하는 사람들이 그렇게 해서 이 순서를 따라서 읽고, 첫 몇 편의 책에서 모호하다고 생각할지 모르는 것이 이후의 책에서 설명되도록 하기 위함이다.

일러두기

1. 이 책은 니콜라 말브랑슈(Nicolas Malebranche, 1638~1715)의 첫 번째 책《진리의 탐구》와 이 책에 대한 저자의 주해가 담긴《진리의 탐구의 주해》를 모두 번역한 것이며, 번역의 저본으로는 플레이아드 판(Nicolas Malebranche, Œuvres, t. I, éd. Geneviève Rodis-Lewis, Paris, Gallimard, Bibliothèque de la Pléiade, 1979)을 사용했다.
2. 원문에는 성 아우구스티누스와 성경 등의 문장들이 라틴어로 그대로 삽입되었다. 가독성을 위해 반드시 필요한 경우를 제외하고 원문의 라틴어 인용을 가급적 줄이거나 생략했다.

진리의 탐구 1
감각에 대하여

차례

5장 감각들

6장

7장

8장

9장

10장 감각자질에 관련된 오류들에 대하여

11장

12장

13장

진리의 탐구 2
상상력·순수 지성에 대하여

차례

2장 동물정기는 통상 우리에게 가장 친숙한 관념들의 흔적으로 침투하여 우리는 사물들을 올바르게 판단할 수 없다

3장

I. 연구자들이 가장 쉽게 오류에 빠지게 된다
II. 자신의 정신을 사용하는 것보다 권위를 따르는 것을 더 좋아하는 이유

4장 상상력에 대한 독서의 두 가지 나쁜 결과

5장 연구자들은 통상 어떤 저자에게 몰두하여, 믿어야 하는 것은 젖혀 둔 채 그가 믿는 것을 아는 것을 주된 목적으로 삼는다

6장 주석가들의 선입견에 대하여

7장

I. 새로운 체계의 창안자들
II. 연구자들의 중대한 오류

8장

I. 여성화된 정신에 대하여
II. 피상적 정신에 대하여
III. 권위적인 사람들에 대하여
IV. 실험하는 사람들에 대하여

3부 강한 상상력의 전염성 교류에 대하여

1장

I. 다른 사람들을 모방하는 우리의 성향에 대하여
II. 우리가 다른 사람들을 모방하는 자질을 증가시키는 두 가지 주요 원리
III. 강한 상상력이란 무엇인가
IV. 강한 상상력에는 여러 종류가 있다
V. 강한 상상력을 가진 사람들의 두 가지 중대한 결함
VI. 상상력이 강한 사람들은 쉽게 설득한다

2장 상상력의 힘의 일반적 사례들

3장

I. 몇몇 저자들의 상상력의 힘에 대하여
II. 테르툴리아누스에 대하여

4장 세네카의 상상력에 대하여

5장 몽테뉴의 책에 대하여

6장

I. 상상에 의해 마법사가 된 사람들과 늑대인간들
II. 첫 두 권의 결론

3권

순수 지성에 대하여

1부 지성 혹은 순수 정신에 대하여

1장

I. 사유만이 정신에 본질적인 것이며 감각과 상상은 변형에 불과하다
II. 우리는 우리 영혼에 일어날 수 있는 가능한 모든 변형을 알지 못한다
III. 우리의 감각작용 및 우리의 정념은 우리의 지식과 사랑과는 다른 것이며 감각작용 및 정념은 항상 지식과 사랑의 결과로 이어지지 않는다

2장

I. 협소한 정신은 무한에 관련된 것을 이해할 수 없다
II. 정신의 한계는 수많은 오류들의 근원이다
III. 특히 이단에 대하여
IV. 정신을 신앙에 종속시켜야 한다

3장

I. 철학자들은 연구에 있어서 순서를 지키지 않는다
II. 아리스토텔레스에게서 발견되는 질서의 결여의 사례
III. 기하학자들은 진리의 탐구를 올바로 수행한다
IV. 기하학자들의 방법은 정신의 힘을 증가시키는 반면, 아리스토텔레스의 논리학은 그 힘을 감소시킨다
V. 연구자들의 다른 결함

4장

I. 정신은 자신과 관련을 맺지 않거나 무한에 대해
아무런 관련이 없는 대상들에 오랫동안 전념할 수 없다
II. 의지의 불안정성은 적용의 결함의 원인이며,
그 결과 오류의 원인이 된다
III. 우리의 감각작용은 정신의 순수 관념 이상으로
우리의 정신을 몰두하게 한다
IV. 이것이 풍속의 타락의 원천이다
V. 대부분의 사람들의 무지에 대하여

2부 관념의 본성에 대하여

1장

I. 관념의 정의: 관념은 진정으로 존재하고
모든 물질 대상을 지각하는 데 필수적이다
II. 외부의 모든 대상들을 볼 수 있게 하는 모든 방법들의 분류

2장 물질 대상은 그것과 닮은 상들을 부여하지 못한다

3장 영혼은 관념을 산출하는 힘을 갖지 못한다는 주제에 대해
우리가 범하는 오류의 원인

4장 우리와 함께 창조된 관념들을 통해 대상을 볼 수 없다

5장 정신은 자신의 완전성을 고려하면서 대상들의 본질도,
존재도 보지 못한다

6장 우리는 신의 내부에서 모든 것을 보게 된다

차례

4권

정신의 자연적 성향

11장 사변적 학문과 관련된 즐거움의 사랑에 대하여

I. 즐거움의 사랑은 어떻게 진리를 발견하지 못하게 하는가
II. 몇 가지 사례들
III. 데카르트의 신 존재 증명에 대한 주해

12장 미래의 선과 악에 대한 생각이
정신에 산출할 수 있는 효과들에 대해

13장

I. 우리가 다른 사람들에게 갖는
우정이라는 세 번째 자연적 성향에 대하여
II. 이 성향은 친구들의 생각을 승인하고,
거짓 찬사로 친구들을 속이게 한다

5권
정념에 대하여

1장 일반적 정념의 본성과 기원에 대하여

2장 감각대상과 정신의 결합 혹은
일반적으로 정념의 힘과 영역에 대하여

3장 정념 속에서 신체와 영혼에 일어난
모든 변화들의 개별적 설명

6권

방법에 대하여

진리의 탐구 5
주해

차례

1권

감각에 대하여

1장

오류는 인간을 비참하게 하는 원인이다. 그것은 세상에 악을 만들어 낸 그릇된 원리이다. 영혼에 우리를 괴롭히는 모든 악을 일으키고 유지하는 것이 바로 그것이다. 우리는 오류를 피하고자 진지하게 노력하지 않고서는 견고하고 진정한 행복을 바랄 수 없다.

성경은 우리에게 인간이 비참하게 살아가는 것은 오직 그가 죄악에 빠져 죄인이 되었기 때문이라고 가르친다.[1] 오류를 범할 수 있다는 점을 받아들여 스스로 죄악의 노예가 되지 않았다면 인간은 죄악에 빠지지도, 죄인이 되지도 않았을 것이다.

그러므로 오류가 인간의 비참의 기원임이 사실이라면 인간이 오류로부터 해방되기 위해 노력하는 것이 올바른 일이다. 노력을 해도 바랄 수 있는 결과를 갖지 못할 수 있으나 그렇다고 해도 그 노력은 헛된

1 [옮긴이] 〈창세기〉, 3장 16~19절.

것도 아니고 보상이 없는 것도 아니다. 인간이 오류를 범하지 않는 존재는 되지 못하더라도 더 잘못 생각하는 일은 훨씬 적어질 것이다. 또 인간이 완전히 악에서 해방되지 못한대도 적어도 그중 몇 가지는 피하게 되지 않겠는가.

지상에서 무오류無誤謬를 희망할 수는 없는 일이니 이 삶에서 완전한 지복至福을 바랄 수는 없다. 그렇지만 인간은 끊임없이 비참에서 벗어나고자 하므로 매 순간 잘못 생각하지 않도록 노력해야 한다. 한마디로 말해서 행복을 꼭 얻을 수 있으리라 희망하지는 않더라도 이를 열렬히 갈망하듯이, 결코 오류를 범하지 않으리라 희망은 않더라도 그것을 목표로 삼아야 한다.

진리의 탐구가 정말 고생스러울 것이라고 생각해서는 안 된다. 각자 자기 안에서 발견하는 명확한 관념에 주의를 기울이고, 차후에[2] 제시할 몇몇 규칙들을 정확히 따라야 할 일이다.[3] 엄밀한 정신을 갖는 데는 거의 힘이 들지 않는다. 상상력은 그것이 예속 상태라도 되는 듯 보여 주지만 전혀 그렇지 않다. 처음에 어려움을 겪더라도 우리는 이내 만족하게 되고 그것으로 우리의 고생은 넉넉히 보상받는다. 바로 그것이 결국 빛을 만들어 진리를 발견케 해주기 때문이다.

그러나 독자들 스스로 충분히 진리의 탐구를 할 수 있다고 믿게끔 하는 것이 올바른 일이므로 그들의 정신에 만반의 준비를 갖추게 하는

---

2 6권을 보라.

3 [옮긴이] 말브랑슈는 6권 2부 〈방법론〉 1장 진리의 탐구에서 준수해야 할 규칙들을 참조할 것을 권한다.

일은 넘어가고 우선 우리가 저지르는 오류들의 원인과 본성을 검토해 보도록 하자. 그리고 사물들을 그것의 시작과 기원을 고려하여 검토하는 방법에 더 많은 질서와 빛이 갖춰져 있으며, 다른 어떤 방법 이상으로 사물을 심오하게 알게 해주므로, 그 방법을 여기서 사용하도록 해 보자.

I. 지성의 본성과 속성에 대하여

인간의 정신은 물질적이지 않고 연장을 갖지 않으므로 분명 단순한 것이고, 분할 불가능한 실체이며, 부분들로 구성된 것이 아님이 분명하다. 그러나 정신의 두 가지 기능, 즉 '지성'과 '의지'4를 흔히들 구분한다. 이 두 단어에 정확한 개념을 부여하려면 우선 이 두 기능을 설명부터 해야 한다. 이 두 기능에 대한 개념, 혹은 관념은 충분히 명확하지 않고 또 충분히 뚜렷하지도 않아 보이니 말이다.

그러나 이들 관념이 대단히 추상적이고 상상력으로 포착되지 않으므로 이것을 물질에 부합하는 속성과 관련하여 설명하는 것이 적합해

4 [옮긴이] "우리 내부에서 주목하는 모든 사유 방식들은 다음의 두 가지 방식과 관련될 수 있다. 하나는 지성을 통해 지각되는 것이고, 다른 하나는 의지에 의해 결정되는 것이다."(데카르트, 《철학의 원리》, 1권 32절) 아우구스티누스가 제시한 기억, 지성, 의지라는 세 가지 능력(《삼위일체》, 10권, 9장, 18절)을 데카르트는 두 가지로 줄인 것인데, 이는 기억과 지성을 결부시켰던 토마스 아퀴나스가 이미 시도했던 것이다.(《신학대전》, I부, 문제 79, 7절)

보인다. 물질의 속성들은 쉽게 상상해 볼 수 있으니, '지성'과 '의지'라는 두 단어에 연결시켜 보면 좋을 개념들을 보다 뚜렷하고 보다 친숙하게 만들어 줄 것이다. 그렇지만 정신과 물질이 맺는 이 관계들이 전적으로 정확한 것은 아니며, 이 둘을 비교하는 목적은 오직 정신에 더욱 주의를 기울일 수 있게 하고, 말하고자 하는 바를 다른 이들에게 실제로 느끼도록 해주기 위한 것이라는 점에 유의해야 할 것이다.

물질 혹은 연장延長은 그 자체에 두 가지 속성 혹은 두 가지 기능을 포함한다. 그 하나는 다양한 형상들을 수용하는 기능이며, 다른 하나는 운동의 대상이 될 수 있는 능력이다. 마찬가지로 인간의 정신도 두 가지 기능을 포함한다. 그 하나는 '지성'으로, 여러 '관념들'을 수용하는 기능, 즉 여러 사물들을 지각하는 능력이고, 다른 하나는 '의지'로, 여러 '성향들'을 수용하거나, 상이한 것들을 의욕하는 기능이다. 물질의 두 기능 중 첫 기능과 정신의 두 기능 중 첫 기능 사이의 관계부터 우선 설명하기로 한다.

연장은 두 종류의 형상을 받아들일 수 있다. 그중 하나가 밀랍 한 덩이의 둥긂처럼 그저 외적인 것이라면, 다른 하나는 밀랍을 구성하는 모든 작은 부분들이 갖는 내적인 것이다. 밀랍 한 덩이를 구성하는 모든 작은 부분들이 쇠 한 덩이를 구성하는 모든 작은 부분들과 상당히 다른 형상을 갖는다는 것은 의심할 여지가 없으니 말이다. 그러므로 나는 외적인 것은 그냥 '형상figure'으로, 밀랍을 지금 모습 그대로 유지하도록 그것을 이루는 모든 부분들에 필요한 내적 형상은 '구성configuration'5이라고 부른다.

마찬가지로 관념에 대한 영혼의 지각에도 두 종류가 있다고 말할 수 있다. 그중 하나는 흔히 순수 지각이라고 부르는 것으로 말하자면 영혼의 표층에 머무른다. 그래서 그 지각은 영혼 안으로 스며들지도 못하고 영혼을 눈에 띄게 변화시키지도 못한다. 다른 하나는 감각sensible 지각이라고 부르는 것으로 강렬한 정도의 차이는 있지만 영혼 안에 스며든다. 즐거움과 고통, 빛과 색色, 맛, 냄새 등이 그런 것이다.6 이 책의 뒷부분에서 감각작용이란 정신의 존재 방식과 다른 것이 아니라는 점을 알게 될 것이다. 그리고 바로 그런 점에서 나는 감각작용을 정신의 '변형modifications'이라고 부른다.

영혼의 성향 역시 동일한 영혼의 '변형'이라고 부를 수 있을 것이다. 의지의 성향이 언제나 영혼의 존재 방식임이 확실하므로 의지의 성향도 영혼의 '변형'이라고 부를 수 있을 테니 말이다. 이것은 물체의 운동이 동일한 물체의 존재 방식이므로 운동을 물질의 '변형'이라고 부

5 [옮긴이] 《퀴르티에르 사전》에는 "물체를 제한하고 특별한 형상(figure)을 부여하는 외적 형상(forme) 및 표면"이며, "상이한 주형은 그것이 따라서 형성된 상이한 구성(configuration)을 부여한다. 태아는 조금씩 자신의 구성을 획득한다. 근시와 원시는 수정체의 다양한 구성에서 온다."고 설명한다.

6 [옮긴이] 데카르트는 두 종류의 지각을 구분하는데, "하나는 영혼을 원인으로, 다른 하나는 몸을 원인으로 갖는다. 영혼을 원인으로 갖는 것은 우리의 의지에 대한 지각 및 모든 상상 혹은 상상에 의존하는 그 외의 생각에 대한 지각이다."(데카르트, 《정념론》, 19절, 김선영 역, 문예출판사, 2013, p.35) 반면, 몸을 원인으로 갖는 지각에 대해서는 같은 책 22절부터 25절에 기술된다. "몸이나 몸의 어떤 부분과 연관된 지각들은 배고픔, 갈증, 그리고 다른 내적 욕구의 지각이다. 여기에 고통, 열, 그리고 외부에 있는 것처럼 느껴지는 것이 아니라 사지 안에 있는 것처럼 느껴지는 그 외의 상태들을 덧붙일 수 있다."(데카르트, 《정념론》, 24절, 위의 책, p.39)

를 수 있는 것과 같다. 그렇지만 나는 의지의 성향들도, 물질의 운동도 '변형'이라고 부르지 않는데, 이들 성향과 이들 운동은 통상 외부의 물체와 관계를 갖기 마련이기 때문이다.

그런데 물체의 형상과 구성 및 영혼의 감각작용은 외부의 것을 필요로 하는 관계를 전혀 갖지 않는데, 성향들은 선善과 관계를 맺고, 운동은 통상 외부의 어떤 대상과 관계를 맺는 까닭이다. 한 물체의 외적인 모든 부분이 외부와는 아무런 관계를 맺지 않고 중심이라고 부르는 그 부분들 중 하나와 동일한 거리를 취할 때 그 형상이 둥근 모습이 되는 것과 마찬가지로, 우리가 느낄 수 있는 모든 감각작용은 우리 외부에 어떤 대상도 존재하지 않는대도 존속할 수 있을 것이다.

다른 곳에서 증명하겠지만 감각작용을 일으키는 존재는 그 작용의 원인인 것처럼 보이는 물체들과는 아무런 필연적 관계도 갖지 않으며, 감각작용은 이런저런 방식으로 영혼이 변형된 것일 뿐이다. 즉, 감각작용은 엄밀히 말하면 영혼의 '변형'인 것이니, 명확한 설명을 위해 감각작용을 영혼의 변형이라고 부를 수 있도록 해주시기를 바란다.

물질이 다양한 '형상들'과 다양한 '구성들'을 수용하는 기능과, 영혼이 다양한 '관념들'과 다양한 '변형들'을 수용하는 기능 사이에 존재하는 일치점들 중 으뜸이자 핵심은 신체에 다양한 형상들과 다양한 구성들을 수용하는 기능이 완전히 수동적이고 전혀 능동적이지 않은 것과 마찬가지로, 정신에 다양한 관념들과 다양한 변형들을 수용하는 기능 역시 완전히 수동적이고 전혀 능동적이지 않다는 점이다. 그래서 나는 영혼이 이들 모든 대상들을 받아들이는 기능 혹은 능력을 '지성'이라고 부른다.

이로부터 대상들의 관념을 수용하는 것은 지성뿐이므로 지각하거나 인식하는 것은 지성이라는 결론을 내려야 한다. 영혼이 어떤 대상을 지각하는 것과 그 대상을 재현하는 관념을 받아들이는 것은 동일한 일이니 말이다.

나는 '지성'이란 말을 영혼의 수동적 기능이라고 정의하고 있으므로 영혼의 변형을 지각하고 이를 느끼는 것 역시 지성이다. 영혼은 그 수동적 능력으로써 수용가능한 모든 다양한 변형들을 받아들인다. 흔히 고통이라고 부르는 존재 방식을 수용하는 것과, 고통을 지각하거나 느끼는 것이 영혼에게는 동일하다. 이로써 내릴 수 있는 결론은 지성은 부재하는 대상을 상상하고 현전하는 대상을 느낀다는 것과, '감각'과 '상상력' 역시 그저 신체 기관들을 통해 대상들을 지각하는 지성이라는 것이다. 이 점에 대해서는 나중에 설명하겠다.

그런데 우리가 고통이나 다른 감각을 느낄 때 통상 '감각' 기관들을 매개로 그것을 지각하게 되므로 사람들은 보통 감각이라는 말이 뜻하는 것이 무엇인지 명확히 알지 못하면서도 이를 지각하는 것은 감각이라고들 말한다. 사람들은 영혼에는 어떤 특별한 기능이 있는데 그것으로 인해 영혼은 영혼이 되고, 신체는 감각의 능력을 가질 수 있다고 생각하는 것이다. 이렇게 생각하는 사람들은 감각기관이 정말로 우리의 지각에 관여한다고 믿으며, 신체는 정신이 감각하는 데 큰 도움을 주므로 정신과 신체가 분리되었다면 정신은 아무것도 느낄 수 없을 것이라고 상상하지만, 이들은 그저 선입견을 통해서만 이 모든 사실을 생각하고 있을 뿐이다. 우리의 현 상태에서는 감각기관을 사용하지 않고서는7 결코 감각할 수 없기 때문이다. 우리는 이 점을 다른 곳에서 자세히 설명할 것이다.

이후에 우리가 감각이 감각한다고 말하게 된다면 보통 쓰는 말버릇에 맞추기 위한 것이다. 그런데 '감각'이라는 말은 조금 전에 말했던 영혼의 수동적 기능, 즉 자연의 설정에 따라 자기 신체 기관 안에서 무슨 일이 일어날 때 무언가를 지각하는 지성이라는 뜻 외에는 다른 의미가 없다. 이 점에 대해서는 다른 곳에서 설명하겠다.

영혼의 수동적 기능과 물질의 수동적 기능에는 다른 일치점이 있다. 물질의 형상에 변화가 일어났다고 실제로 변화가 이루어진 것은 아니다. 내 말은 예를 들어 밀랍이 둥글게 되든 각角지게 되든 상당한 변화가 생기는 것이 아니라는 것이다. 그렇게 정신도 다양한 관념들을 소유했다고 상당한 변화가 생기는 것은 아니다. 내 말은 정신이 어떤 사

---

7 [옮긴이] 기관(Organe)이라는 말은 그리스어 ὄργανον, 라틴어 organum을 어원으로 하는데 일반적으로 '도구'라는 뜻이고, 비유적으로 '동력, 방식'을 뜻한다. 데카르트는 "느끼는 것은 영혼이지 신체가 아니다"(데카르트, 《굴절광학》, t. VI, p.109)라고 말했다. "많은 철학자들의 주장에 따르면 소리라는 것은 우리의 귀를 울리는 공기의 한 진동일 뿐이다. 그러니까 만일 청각이 그 대상의 실제적 모습을 우리 머릿속에 가져온다고 하면, 청각은 우리에게 소리를 떠올리게 하는 것이 아니라 그때 귀를 진동시키는 모든 공기 입자의 운동을 떠올리게 만들어야 한다." (《세계론》, chap.1. t. XI, pp.5~6) "감각된 모든 것이 정신 밖에 존재하는 어떤 것들이고, 그것들이 감각들이나 지각들과 유사한 것이라는 판단을 유년기부터 해오지 않은 사람은 없다. 따라서 색을 보았을 때 우리는 우리 외부에 있는 어떤 것을 본다고 믿었고, 그것이 우리가 우리 안에서 경험한 그 색의 관념과 유사하다고 믿었다."(《철학의 원리》, 1부, §66) "우리가 물체를 보면 모양을 보든 색을 보든 상관없이 그것이 존재한다는 것을 확신하지만 우리는 그 물체에서 색을 띤 것이 무엇인지 인식하는 것보다 모양을 가지고 있는 것이 무엇인지 훨씬 더 명백하게 인식한다."(《철학의 원리》, 1부, §69)

각형이나 원형을 지각할 때 사각형이나 원형의 관념을 수용한다고 해도 정신에 상당한 변화가 생기지는 않는다는 것이다.

게다가 물질이 밀랍의 각 부분들에 고유한 구성configuration을 잃을 때 상당한 변화가 생긴다고 말할 수 있으므로, 밀랍은 불과 연기로 변할 때 불과 연기에 고유한 구성을 얻는 것이다. 그래서 영혼에 변형이 일어나고, 즐거움을 느낀 뒤에 고통을 겪을 때 영혼에는 상당한 변화가 생긴다고 말할 수 있다. 이로부터 순수 지각과 영혼의 관계는 형상과 물질의 관계와, 구성과 물질의 관계는 감각작용과 영혼의 관계와 거의 같다는 결론을 내려야 한다. 그러나 이 비교가 정확한 것이라고 생각해서는 안 된다. 나는 '지성'이라는 말의 개념을 분명히 할 목적으로 이런 비교를 들었을 뿐이다. 관념들의 본성에 대해서는 제 3권에서 설명하겠다.

II. 의지의 본성과 속성, 그리고 자유

물질의 다른 기능은 물질이 여러 '운동'을 수용할 수 있다는 것이고, 영혼의 다른 기능은 영혼이 여러 '성향'을 수용할 수 있다는 것이다. 이 두 '기능'을 함께 비교해 보자.

조물주는 물질 속에 존재하는 모든 '운동'의 보편 원인임과 동시에, 정신 속에 존재하는 모든 자연적 '성향'의 일반 원인이기도 하다. 운동의 방향이 어떤 개별적이고 외부적 원인의 개입으로 결정되고 저항에 부딪혀 곡선으로 변하지 않을 때 모든 운동은 직선 운동을 하는 것과 마찬가지로, 신으로부터 우리가 받은 모든 성향은 어떤 외부의 원인이 없었다면 항상 바를 것이고, 선善과 진리를 소유하고자 하는 것 이외의 다른 목적을 가질 수 없을 것이다.8

그렇지만 외부의 원인이 작용했다면 본성을 자극하여 사악한 목적을 향하게끔 할 것이다. 그런데 우리의 모든 악의 원인이자 우리의 모든 성향들을 타락시키는 것은 이렇게 외부에서 온 원인이다.

외부에서 온 이런 원인을 제대로 이해하려면 조물주가 물질에 일으키는 자극 혹은 운동과, 바로 그 조물주가 끊임없이 정신에 새기고 있는 일반선을 향한 자극 혹은 운동 사이에 상당한 차이가 있음을 알아야 한다. 물질이 능동적인 것이 아니니, 물질은 자신의 운동을 멈추게 할 힘도, 운동의 방향을 이쪽이 아니라 저쪽으로 정하고 방향을 바꿀 힘이 전혀 없다. 방금 언급했던 것처럼 물질은 항상 직선 운동을 하고, 이런 식으로 직선 운동을 계속하지 못하도록 방해를 받게 되면 가능한 크게 원운동을 하게 되고, 그 결과 직선에 가장 가까워지게 되는데, 이는 자신의 운동을 물질에 새기고 운동 방향의 결정을 바르게 조정하는 존재가 신인 까닭이다.

---

8 [옮긴이] "세상에 존재하는 모든 운동에 대해 운동이 존재하며 또 직선 운동인 한 그 모든 운동의 저자는 신이 아니면 안 된다. 하지만 또 동시에 물질의 배치가 다양하며 이것이 모든 운동을 불규칙적인 것, 휘어진 것으로 만든다고도 말해야 한다. 같은 일을 신학자들도 우리에게 가르친다. 즉 신은 우리 모두에 대해 그러한 활동이 존재하고 어떤 선한 성질을 포함하고 있는 한 그 활동들의 저자이지만, 그 활동들을 나쁘게 만드는 것은 우리의 의지 성향이다."(데카르트, 《세계론》, chap.7, t. XI, p.46)

그러나 의지는 이와 같지 않다. 어떤 의미로 의지는 활동적이라고 말할 수 있는데,[9] 우리 영혼이 신에게 받은 성향이나 자극을 다양하게 결정할 수 있기 때문이다. 의지가 이 자극을 멈춰 세울 수는 없지만 어떤 의미로 자기 마음에 드는 쪽으로 방향을 바꿀 수는 있다. 그렇게 자기 성향 속에서 마주치게 되는 무절제나, 원죄로 인한 필연적이고 확실한 결과인 모든 비참한 일들의 원인이 될 수 있으니 말이다.

그래서 나는 의지라는 말, 혹은 영혼이 여러 이익을 사랑하게 되는 능력이라는 말이 '확정되지 않은 일반선一般善으로 우리를 이끄는 자극 혹은 자연스러운 운동'을 가리킨다고 주장하는 것이며, 자유라는 말을 '정신이 이 자극을 마음에 드는 대상들을 향해 방향을 틀게 하고, 그렇게 해서 우리의 자연적 성향들이 결국 어떤 개별 대상에 이르도록 해 줄 수 있게 하는 힘'과 다른 것이 아니라고 정의한다. 그 전에 우리의 자연적 성향들은 모호했고, 일반적이거나 보편선普遍善, 다시 말하면 자기 내부에 모든 선을 포함하는 유일한 존재로서의 신을 향한 것인지 명확하지 않았다.

이로부터 자연적 성향이 자발적이기는 해도 그 성향은 내가 말하는 무관심의 자유로부터 항상 자유로운 것이 아님을 이해하기란 쉬운 일이다. 무관심의 자유는 의지하거나 의지하지 않는 역량, 혹은 우리의 자연적 성향이 이끌어가는 것과는 반대의 것을 의지할 수 있는 역량을 가질 수도 있다. 선 일반을 자발적으로, 자유롭게, 아무런 구속도 받지 않고 사랑할 수 있기는 하다. 자기 의지에 의해서만 사랑할 수 있고 의

9 주해를 참조.

지가 구속을 받을 수 있다는 것은 모순이 되는 일이니 말이다. 그렇다고 하더라도 내가 방금 설명한 의미로는 자유롭게 사랑하는 것은 아니다. 행복하기를 원하지 않고자 의지할 수는 없으니 말이다.

그러나 관념을 갖출 수 있다고 간주된 정신에 개별선의 지식이 없다면 선 일반을 향해 나아간다고 간주된 바로 그 정신은 운동의 방향을 개별선 쪽으로 확정할 수 없다는 점에 주목해야 한다. 내 말은 일상적 용어를 사용해 본다면 의지는 지성이 재현하는 사물에만 이끌릴 수 있는 맹목적 역량이라는 것이다. 그래서 의지가 선을 얻으려는 자극과 모든 자연적 성향을 다양하게 결정할 수 있는 경우는 오직 지성이 의지가 어떤 개별 대상을 재현하게끔 요구할 때뿐이다.10 그러므로 우리 영혼이 성향을 결정하게끔 갖는 힘에는 지성이 영혼의 마음을 기쁘게 하는 대상을 향해 나아갈 수 있게 하는 힘이 반드시 포함된다.

한 예를 들어 방금 의지와 자유에 대해 말한 것을 명확히 해보겠다. 어떤 사람이 자신이 바랄 수 있는 선으로 품위를 생각한다고 가정해 보자. 의지는 이내 품위라는 이 선을 바란다. 다시 말하면 정신은 끊임없이, 확정되지 않은 보편선을 향하도록 '자극' 받는 것이다. 그런데 이 품위라는 것이 보편선이 아니고, 정신의 명석판명한 시선이 이를 보편선으로 간주하지 않을 때(정신은 존재하지 않는 것을 결코 명확히 보지 못하기 때문이다), 보편선을 향한 '자극'이 이 개별선으로 인해 완전히 정지하는 것은 아니다.

정신의 움직임은 더 먼 곳을 향해 나아가려고 한다. 그때 정신은 이

---

10 주해를 참조.

품위를 필연적으로 또 주체할 수 없이 사랑하지 않게 되고, 그 점에 대해 자유로워지는 것이다. 그런데 정신의 '자유'는 이 품위라는 것에 정신이 사랑할 수 있는 모든 선이 포함된다는 점을 완전히 확신할 수 없으므로 자신의 판단과 사랑을 중단할 수 있다.

그리고 우리가 제 3권에서 설명하겠지만, 정신은 보편적 존재 혹은 선이란 선을 모두 포함하는 존재와 결합함으로써 다른 것들을 생각할 수 있고, 그 결과 다른 선을 사랑할 수 있다. 마지막으로 정신은 모든 선을 비교하고, 그 선이 얼마만큼 사랑스러운가에 비례하여 질서에 부합하여 사랑하고, 그 모든 선을 포함하고 있는 존재와 결부시킬 수 있다. 그 존재야말로 우리의 사랑의 능력 전체를 충족시킬 수 있는 유일한 존재로서, 우리의 사랑을 제한하기에 합당한 존재이다.

선에 대한 사랑이나 진리에 대한 지식도 대동소이하다. 우리는 자연적 자극에 따라 선을 향유하듯 진리를 알고 싶어 한다. 그리고 이 자극은 우리를 선으로 이끄는 자극처럼 물리칠 수 없는 것은 아니니, 명백하거나 대상의 완전하고 전체적 지식을 통한다면 극복할 수도 있다. 우리는 광란의 사랑에서만큼 거짓된 판단에서도 자유롭다. 이 점은 다음 장에서 알아보도록 하자.

2장

I. 판단과 추론에 대하여

앞 장에서 언급한 사실들로부터 지성은 그저 지각하기만 할 뿐이므로 판단하지 못하거나, 지성에서 나온 판단과 추론 자체는 그저 순수 지각에 불과하고, 오직 의지만이 지성이 재현하는 것에 동의하고 기꺼이 이를 근거로 실제로 판단하는 것[1]이고, 그래서 오직 의지만이 우리를 오류에 빠뜨릴 수 있다는 결론을 내릴 수 있을 것이다. 그렇지만 이 문제의 경우 더 긴 설명이 필요하다.

지성은 다음의 경우를 제외하고는 단순 지각, 판단, 추론 사이에 차이가 없다. 이들 사이에 차이가 생기는 것은 지성이 단순 지각으로 그

---

1 [옮긴이] 스콜라 철학자들은 지성을 판단에 결부시켰다. 데카르트는 "단지 지성만 갖고는 나는 어떤 것도 확신하지도 부정하지도 못한다"(《성찰》, 4, t. IX, p.45)고 썼다. 그러니까 판단과 오류의 책임은 의지에 있게 된다.

것이 무엇이 됐든 아무런 관계없이 단순한 사물을 지각하고, 판단으로써 둘 혹은 여러 사물들 사이의 관계를 파악하고, 추론으로써 사물들의 관계들 사이에 존재하는 관계들을 파악할 때이다. 그래서 지성의 '작용'[2]은 그저 '순수 지각'일 뿐이다.

예를 들어 2 곱하기 2나, 4라는 것을 지각할 때 이는 그저 '단순 지각'일 뿐이다. 2 곱하기 2가 4라거나, 2 곱하기 2가 5가 아니라고 판단할 때 지성은 계속 2 곱하기 2와 4가 등식等式 관계에 있거나 2 곱하기 2와 5가 부등식 관계에 있다는 것만 지각할 뿐이다.

그래서 지성으로서는 '판단'이란 그저 '둘 혹은 여러 가지 사물 사이에 존재하는 관계의 지각'일 뿐이다. 그런데 '추론'은 둘 혹은 여러 사물들 사이가 아닌 곳에 존재하는 관계의 지각이다. 그 경우는 어떤 판단일 것이다. 그렇지 않고 추론은 '둘 혹은 여러 사물이 맺는, 둘 혹은 여러 관계들 사이에 존재하는 관계의 지각'이다. 그래서 내가 4가 6보다 작고, 2 곱하기 2는 4이므로 이 둘은 결국 6보다 작다고 결론내릴 때, 내가 지각하는 것은 그저 2 더하기 2와 6 사이의 부등식 관계뿐인 것만은 아니다. 그때 지각은 한 가지 판단에 불과하다. 그 대신 나는 거기서 2 곱하기 2와 4 사이의 등식 관계와 4와 6 사이의 관계 사이의 부등식 관계도 지각한다. 추론이란 바로 이것이다.

그러므로 지성은 관념들 사이의 관계들을 지각하기만 하고,[3] 그 관

2 여기서 나는 일상적 언어로 말하지 않을 수 없었다. 이 지성의 작용이 신의 관념들의 실효성으로 영혼에 일어난 변형, 즉 영혼과 최고 이성의 결합과 영혼과 제 자신의 신체와의 결합의 법칙의 결과일 뿐임을 알아야 한다.

3 [옮긴이] 데카르트는《정신지도를 위한 규칙들》에서 "어떤 진리가 발견되었다면

계들이 명확하다면 명확한 관념들을 통해 그 자체로 표현된다. 예를 들어 6 대 3의 관계는 2와 같고, 그래서 2로 표현되는 것이다. 우리가 방금 말한 대로 지성이 자발적으로 재현하는 것에 근거하여 판단하고 추론하는 것은 의지뿐이다.

II. 판단과 추론은 의지에 종속되어야 한다

그러나 우리가 검토하는 문제들이 완전히 명백할 때 우리는 더 이상 자발적으로 동의하는 것이 아닌 것으로 느낀다. 그래서 우리는 이를 판단하는 것은 우리의 의지가 아니라 우리의 지성이라고 믿는 경향이 있다.

우리가 오류를 범한다는 점을 인정하기 위해서는 우리가 검토하는 문제들은 지성이 모든 측면에서, 또 그 문제들을 판단하는 데 필요한 모든 관계들을 검토한 경우에만 우리에게 완전히 명백하게 보이게 된다는 점을 알아야 한다. 이로부터 의지는 지식이 없이는 그 무엇도 의지할 수 없으므로 지성 안에서는 더 이상 작용할 수 없다는 결론이 나온다.

왜 어떤 진리가 다른 진리보다 더 먼저, 더 쉽게 발견될 수 있었는지 철저히 반성" 해야 한다고 말하면서 다음과 같은 예를 든다. "예를 들면 6이 3의 배수임을 알게 되면 곧 6의 배수는 12라는 것을 알 수 있다. 다시 12의 배수를 찾는다면 그것이 24임을 알게 되고, 또 이것의 배수는 48임을 알 수 있다."(《정신지도를 위한 규칙들》, 6, t. X, pp.384~387)

다시 말하면 의지는 지성이 이미 판단하고자 하는 문제와 관련된 대상의 모든 측면을 고려했기 때문에 다시금 대상 속의 어떤 새로운 것을 재현해 주기를 더 이상 바랄 수 없는 것이다. 그러므로 의지는 지성이 이미 제시한 것에 의지해야 하고 그것을 자극하지 않고, 불필요하게 고려해서도 안 된다. 바로 이런 중지le repos를 말 그대로 '판단'과 '추론'이라고들 부르는 것이다. 그래서 사물들이 더없이 명백한 상태에 있을 때[4] 이 중지 혹은 판단은 자유롭지 않으므로 우리에게는 그것이 자발적이지 않은 것으로 보인다.

그러나 여러 가지 관계를 내포하고 있는 까다로운 문제들이 거의 항상 그렇듯이, 우리가 검토하는 주제에 모호한 점이 있는 만큼, 그리고 이 문제를 해결하기 위해 필요한 모든 것을 발견했음을 전적으로 확신하지 못했던 만큼, 그 주제에 동의하지 않는 것은 우리의 자유이고, 의지는 다시 지성이 어떤 새로운 문제에 전념해 볼 것을 요구할 수 있다. 이 때문에 우리가 이들 주제를 판단할 때 그것이 자발적인 것이 아닐까 생각하는 것이다.

그러나 대부분의 철학자들은 우리가 모호한 대상들에 내린 판단들 자체는 자발적인 것이 아니라고 주장한다. 그들은 일반적으로 진리에의 동의가 지성의 작용이기를 바란다. 이를 그들은 수긍acquiescement, assensus이라고 부르는데, 그것은 그들이 의지에 따른 선善에의 동의와는

4 [옮긴이] 데카르트는 《성찰》에서 "날개가 달린 말을 상상하든 날개가 없는 말을 상상하든 이는 내 자유지만, 현존이 없는 신을, 즉 최고의 완전성이 없는 최고의 완전한 존재자를 생각하는 것은 내 자의대로 되는 것이 아니다"라고 썼다.(《성찰》, 4, t. IX, p.46)

다른 것이다. 그들은 후자를 동의consentement, consensus라고 부른다. 그렇지만 이들을 분리하면서 오류를 범하게 되는 원인은 다음과 같다.

우리는 현재 상태에서 종종 어떤 진리를 그것이 진리인지 전혀 의심하지 않기 때문에, 방금 설명했듯이 의지가 이들 명백한 진리에 동의한다는 점은 아무래도 좋은 일이 아니다. 그러나 이득은 이와 달라서, 우리가 그것을 원하고 있는지 의심할 만한 어떤 이유가 있는 이득이란 없다. 우리 정념과 우리가 자연적으로 감각적 쾌락에 끌리는 성향들의 근거는 모호하기는 해도 대단히 강력한데, 그것은 우리 본성이 타락한 결과이다. 신을 사랑할 때 우리는 그런 동기들에 냉정해지고 무관심해진다. 그런 식으로 우리는 무관심을 분명히 느끼게 되며, 우리가 신을 사랑할 때 자유를 사용한다는 점을 내면에서 확신하게 된다.

그러나 우리가 진리에 동의할 때, 특히 진리가 우리에게 완전히 명백한 것으로 보일 때 우리는 자유를 사용한다고 지각하지는 않는다. 그 때문에 우리는 진리에의 동의가 자발적인 것이 아니라고 믿는 것이다. 우리의 행동이 자발적인 것이 되려면 무관심한 것이었어야 했던 것처럼, 복자福者들은 그 무엇에 의해서도 신에게 등을 돌리지 않았으니 신을 자발적으로 사랑한 것이 아니기라도 했던 것처럼, 이와 마찬가지로 우리는 2 곱하기 2가 4라는 이 명백한 명제를, 그 어떤 그럴싸한 반대 근거가 제시되었더라도 그 명제에 등을 돌리지 않고 동의하는 것이다.

그러나 의지를 통한 진리에의 동의와 의지를 통한 선善에의 동의 사이에 존재하는 차이를 뚜렷이 알기 위해서는 진리와 선 사이에는 어떤 차이가 있는지 알아야 한다. 이때 선은 우리와 관련된 일반적 의미로 받아들여진 것이다. 이 차이는 선은 우리와 관련되고 우리와 관계하지만 진리는 우리와 무관하다는 데 있다. 진리는 둘 혹은 여러 사물들이 서로 맺는 관계일 뿐이지만, 선은 사물과 우리가 갖는 적합성의 관계이다.[5]

바로 이 때문에 진리와 관련해서는 의지라는 단 하나의 행위밖에 없게 되며, 그 행위는 사물들 사이의 관계를 재현한 것에 수긍하거나 동의하는 것이다. 그런데 선과 관련한 의지의 행위는 둘이다. 그 하나는 사물과 우리의 적합성에 수긍하거나 동의하는 것이고, 다른 하나는 그 사물에 대한 사랑이나 그 사물 쪽으로 움직여 나가는 것이다. 이 두 행위를 보통은 혼동하고 있으나 사실은 정말 다르다. 단순한 수긍과, 사랑 때문에 정신이 재현하는 것으로 기우는 일은 아주 다른 것이기 때문이다. 우리는 존재하지 않았으면 하고 바라면서 피하는 어떤 사물들도 종종 수긍하곤 하니 말이다.

이러한 것들을 고려해 보면, 의지는 사물이 기쁨이 되지 않을 때 사물 그 자체가 아니라 그것의 재현에 동의한다는 것을 분명히 알 수 있다. 의지가 지극히 명백한 사물들의 재현에 항상 수긍하는 이유는 우리가 이미 언급했듯이 이 사물들 사이에서는 고려했어야 했지만 지성이 발견할 수 없었던 어떤 관계도 더 이상 존재하지 않기 때문이다. 그래서 의지는 더는 동요하지 않고 불필요하게 진력을 내지 말아야 하고, 의지로 지성의 방향을 돌릴 것이 전혀 없으므로 의지가 잘못 생각

---

5 기하학자들은 다른 방식으로 말하겠지만 그들이 사랑하는 것은 진리가 아니라 진리의 지식이다.

하지 않았음을 확실히 수긍해야 한다.

무모한 판단은 죄이며 모든 죄는 자발적이라는 점에 모두가 동의하므로, 지성의 혼란스럽고 복합적인 지각에 수긍하면서 판단을 내리는 것도 의지임을 받아들여야 한다. 그러나 결국 이 문제는 판단하고 추론하는 것이 오직 지성뿐이라면 정말 불필요해 보이고, 그저 그것을 뭐라고 부르느냐의 문제일 뿐이다. 나는 오직 지성뿐이라고 말했는데 우리가 판단할 때 나는 지성이 기여하는 바가 있다고 했기 때문이다. 판단하고 동의하기에 앞서 경험하거나 느끼기부터 해야 한다. 게다가 지성과 의지라는 것도 그저 영혼 자체에 불과하므로 말 그대로 지각하고, 판단하고, 추론하고, 의지하는 등, 그 나머지도 영혼이 하는 일이다. 나는 지성이라는 말에 수동적 기능이나 관념을 수용하는 능력의 개념을 결부시켰는데 그 이유에 대해서는 나중에 살펴볼 것이다.

특히 주목해야 할 것은 우리가 처한 현재 상태에서는 사물들에 대한 우리의 지식이 불완전하므로, 그렇기 때문에 우리가 동의하지 않을 수 있게 해주는 이 무관심의 자유가 반드시 필요하다는 점이다.

그 무관심의 자유가 필요함을 깨닫기 위해서는 우리가 진리와 선에 자연스럽게 이끌리는 성향이 있고, 의지는 정신이 어떤 지식을 갖고 있는 대상에만 이끌리는 성향이 있으므로, 의지는 진리와 선의 외관[6]

---

6 [옮긴이] "선(善)과 진리의 외관(l'apparence 'de la bonté et' de la vérité)이라는 표현은 바로 3절부터 등장하는 '사실임 직함'(la vraisemblance)이라는 개념과 동의어이다.(《퓌르티에르 사전》) 사실, 또는 진실(le vrai) 자체는 아니지만 그럴법한(semblable) 것을 그렇게 부른다. 우리는 본 번역에서 이를 17세기 어법에 맞추어 '사실임 직함'으로 옮기기로 한다.

을 가진 모든 것에 이끌리는 것이 틀림없다는 점에 주목해야 한다. 그러나 진리와 선의 외관을 가진 모든 것이 항상 보이는 그대로인 것은 아니기 때문에, 의지가 자유롭지 않고 선과 진리의 외관을 지닌 모든 것에 반드시, 그리고 필연적으로 이끌리게 된다면, 의지는 거의 항상 오류에 빠지게 될 것이다. 이로부터 조물주가 원하기만 했다면 일탈과 오류도 만들 수 있었으리라는 결론을 내릴 수 있다.7

III. 잘못 생각하지 않기 위해 자유를 사용하는 것에 대하여

그러므로 자유는 우리가 오류를 범하고 그 오류의 뒤를 잇는 모든 악에 빠지지 않도록 신이 우리에게 부여한 것이다. 그렇게 되면 우리는 사실임 직한 것에 고스란히 머무는 것이 아니라 오직 진리에 머물게 된다. 다시 말하면 정신을 집중하게 하고, 정신이 검토해야 하는 모든 것을 밝히고 발전시킬 때까지 검토하도록 계속 명령하는 것이다. 거의 항상 진리는 명백하게만 존재하고, 명백성이란 대상의 모든 부분들과, 확실한 판단을 내리는 데 없어서는 안 될 모든 관계들을 명석판명하게 바라보는 것이다.

그러므로 우리가 자유를 사용해야 한다는 것은 '우리가 할 수 있는

---

7 [옮긴이] 조건법으로 된 이 문장은 사실 두 가지 해석이 가능하다. 신이 '일탈과 오류'를 '의도적으로' 허용했는지, 아니면 천지 창조 시 '일탈과 오류'를 허용하지 않았지만 이후에 의지가 오류를 범할 수 있음을 신이 이미 예상하고 있었던 것인지의 두 가지이다. 그러나 우리는 이를 후자의 의미로 읽고 해석했다.

만큼' 자유를 사용한다는 것이다. 즉 우리의 이성이 내면에서 비난함으로써 동의하지 않을 수 없을 때까지는 그것이 무엇이든 동의하지 않는 것이다.

진리의 거짓 외관을 따른다는 것은 신의 의지를 거역하고 스스로 그 외관의 노예가 되는 일이다. 그러나 우리가 명백성에 굴복하기를 거부할 때마다 따라 붙어 마음속에서 이성의 비난을 선의로 따르는 일은 내면에서 우리에게 말하는 영원한 진리의 목소리에 복종하는 일이다. 그러므로 아래가 내가 방금 말했던 것을 토대로 세운 두 개의 규칙으로, 사변적 학문과 도덕 모두에 더없이 필요한 것이고, 그 두 규칙을 모든 인간학의 기초로 간주할 수 있다.

IV. 오류를 피하기 위한 일반 규칙

학문에 관련된 첫 번째 규칙은 다음과 같다.

> 너무나 명백한 진실로 보여서 그것을 거부한다면 내면에서 고통을 겪고 마음속에서 이성의 비난을 느끼지 않을 수 없을 명제가 아니라면 전적으로 동의하지 말라.

여기서 마음속에서 이성의 비난을 느끼지 않고서 거부할 수 없다는 말은 우리가 동의하려 들지 않았다면, 혹은 더는 자기 마음대로 할 수 없는 사물들에게 자신의 힘을 연장하려 들었다면 그것이 자유를 오용하는 일일 수 있음을 명확히 알지 못하는 경우라는 뜻이다.

도덕에 관련된 두 번째 규칙은 다음과 같다.

어떤 이익을 사랑하지 않고도 후회하지 않을 수 있다면 결코 그 이익을 사랑하지 말라.

이로부터 아무런 관계없이 절대적으로 사랑해야 하는 존재는 오직 신뿐이라는 결과가 나온다. 절대적으로 아무런 관계없이 사랑하지 않는다면 반드시 후회하지 않을 수 없는 존재는 오직 신뿐이기 때문이다. 이성이나 믿음을 통해 신을 안다고 가정하더라도 자기가 악을 행하는 것을 분명히 모를 수 있다.

V. 이 두 규칙에 필수적인 성찰들

그런데 여기서 주목해야 할 점은 우리가 지각한 사물들이 대단히 사실임 직하게 보일 때 우리는 그것을 아주 쉽게 믿어버리는 경향이 있고, 그 점을 확신할 수 없을 때는 고통을 느낀다는 점이다. 그래서 우리가 그것이 사실임 직한 것이라는 점에 주의하지 않는다면 그것에 동의해버릴 위험에 처하게 되며, 결과적으로 잘못을 범하게 된다. 진리와 사실임 직함이 그대로 들어맞는다면 그것은 정말 엄청난 우연이니 말이다. 바로 이런 이유로 나는 명백하게 확인할 때까지는 그 무엇에도 동의하지 않아야 하고, 동의하지 않았다면, 이는 자유를 오용하는 일이 되리라는 점을 이 두 규칙에 단호히 명시한 것이다.

그런데 우리가 정말 사실임 직한 것에 동의하게 되는 경향을 느낄지라도, 그것에 동의하지 않을 수 없음을 명백히 알고 있는지 깊이 생각해 본다면 분명 아니라고 생각할 것이다. 사실임 직한 것이 우리의 감각의 자극에 근거하는 것이라면, 그것을 사실임 직함이라는 말로 부를 수 없을지라도, 그렇게 인정하고자 하는 강렬한 성향을 느끼게 된다. 그러나 그 원인은 그저 감각에 가해진 것에 갖는 정념이나 일반 정서일 뿐일 것이다. 이 점은 나중에 충분히 살펴볼 것이다.

그러나 사실임 직함이 그것과 진리와의 어떤 일치점에서 비롯한다면 보통 그러하듯이 사실임 직한 지식은 어떤 의미로 고려해서 진실이라고 하겠다. 그때 제 자신을 깊이 성찰하면, 다음의 두 가지 행동을 하게끔 끌릴 것이다. 하나는 믿는 것이고, 다른 하나는 다시 검토하는 것이다. 그러나 완전히 동의하지 않는다면 명백히 잘못 행동한다고 결코 확신하지 않을 것이다.

그런데 사실임 직한 것들에 대해 갖는 이 두 성향은 대단히 올바른 것이다. 진리의 이미지를 띠고 있다는 의미로 고려된 사실임 직한 것들에는 동의할 수 있거나 동의해야 하기 때문이다. 물론 우리가 규칙에서 고려했던 것처럼 전적으로 동의를 해서는 안 된다. 사물의 본성을 완전히 이해하고, 진실과 거짓을 올바로 구분하기 위해서 알려지지 않은 모든 측면과 정면을 검토해야 한다. 그때 명백하기 때문에 우리가 동의하지 않을 수 없다면 전적으로 동의해야 한다.

그러므로 방금 설명한 것처럼 자기 내면을 검토하면서 진리와 사실임 직한 것을 구분하는 데 익숙해져야 한다. 우리가 그토록 상이한 두 가지 점에 거의 동일한 방식으로 영향을 받는다는 것은 그런 식으로 이 둘을 구분하여 검토하도록 유의하지 않았다는 것이다. 결국 그것에 동의하고 그것을 사랑하지 않으려 하면서 자유를 올바로 사용하는 일보다 중요한 것은 없다. 그렇게 조물주의 강력한 목소리로 그렇게 행하지 아니할 수 없다고 느끼기까지 하는 것이다. 그 조물주의 목소리를 나는 앞에서 우리 이성의 비난이자, 양심의 회한이라고 불렀다.

천사나 사람이나 정신적 존재들의 모든 의무는 주로 이렇게 자유를 올바르게 사용하는 것이다. 이들 존재가 자유를 세심하게 사용하고, 거짓과 허영의 노예가 되지 않는 한, 그들은 자연적으로 이를 수 있는 가장 완전함에 이르는 길을 걷는 것이다. 그렇지만 그들의 지성은 한가한 상태에 머물러서는 안 되고, 끊임없이 새로운 지식으로 지성을 자극해야 하고, 지성으로 하여금 주의를 기울일 가치가 있는 주제들을 쉬지 않고 깊이 명상함으로써 더없이 위대한 진리를 알 수 있도록 해야 한다.

정신을 완벽하게 만들려면, 결코 무엇에도 동의하지 않으면서 끊임없이 자신의 자유를 사용하는 것으로는 충분하지 않다. 이런 이들은 아무것도 모른다는 것을, 모든 것을 의심한다는 것을 긍지로 삼는 이들이다. 또한 다른 여러 사람들처럼 모든 것에 동의해서도 안 된다. 그들은 무언가를 모르니 두려워하는 것이 전혀 없고, 그럼에도 모든 것을 안다고 주장하는 사람들이다. 그러나 지속적 명상으로 지성을 대단히 올바로 사용해야 한다. 그래야 잘못 생각하면 어쩌나 걱정하는 일 없이 지성이 우리에게 재현하는 것에 동의할 수 있게 된다.

3장

I. 몇몇 반박에 대한 답변들

내가 조금 전 2장에서 언급한 첫 번째 규칙을 실천하는 일을 모든 사람이 좋아하지 않으리라고 생각하기란 정말 어렵지 않다. 그렇지만 모든 것을 안다며 머릿속으로 학자라고 자부하는 이들은 그런 실천을 하는 일을 좋아할 것이다. 그들은 사실 아무것도 모르는 사람들이며, 더없이 어려운 문제들에 대해 과감히 말하는 것을 좋아하지만 확실히 더없이 쉬운 문제들은 모르는 사람들이다.[1]

그들은 틀림없이 아리스토텔레스를 따라 완전한 확실성을 찾아야

1 [옮긴이] "그런데 많은 사람들은 쉬운 것을 무시한 채 난해한 것과 씨름하면서 시간을 낭비한다. 그러나 그들은 이 난해한 것에 관해 아주 교묘한 추측들과 아주 그럴듯한 근거들을 요상하게 제시하지만, 그 노력에도 불구하고 이들이 결국 깨닫는 것은, 의심스러움만 잔뜩 늘렸을 뿐 그 어떤 지식도 얻지 못했다는 사실이다." (데카르트, 《정신지도를 위한 규칙들 2》)

할 곳은 수학밖에 없으며, 도덕과 자연학은 그저 개연성이면 충분한 학문이라고 말할 것이다. 그러니 이들은 데카르트가 자연학을 기하학처럼 연구하고자 했던 것은 엄청난 잘못이었고, 바로 그 때문에 데카르트는 성공하지 못한 것이고, 인간이 자연을 아는 것은 불가능하고, 인간의 정신으로는 자연을 움직이는 동력과 비밀들을 이해하는 것 또한 불가능하다고 말할 것이다. 그들은 모호하고 막연한 다른 수많은 명제들을 성대하고 화려하게 늘어놓고, 수많은 저자들의 권위로 이를 강조하는 이들로, 그 저자들의 이름을 알고 있다는 사실과 그들의 어떤 문단을 인용하는 것을 자랑으로 삼는다.

나는 이분들께 간절히 부탁을 드리건대 자기들은 모른다고 스스로 인정하는 말은 더는 하지 마시고, 자신들의 무지를 스스로 인정한 주제에 대해 두꺼운 책을 써대는 우스꽝스럽기만 한 허영의 행동은 멈춰주시기를 바란다.

더불어 이분들은 진지하게 다음을 고찰해 보아야 한다. 이분들이 절대 오류에 빠질 필요도 없고 오직 명백한 사실인 것에만 동의를 하는 것인지, 또한 기하학자들이 이 규칙을 준수하기 때문에 기하학에는 항상 진리가 따르는 것은 아닌지, 어떤 이들이 원의 구적법求積法 문제,[2] 입방 배적 문제[3] 같은 매우 까다로운 문제들을 연구하다가 빠졌던 오류들이 그들이 너무 서두르고 너무 고집을 부려서 사실임 직한 것을

2 [옮긴이] 초승달 모양의 도형과 넓이가 같은 직각 이등변 삼각형을 눈금 없는 자와 컴퍼스로 작도하는 문제.

3 [옮긴이] 주어진 정육면체의 두 배의 부피를 갖는 정육면체를 작도하는 문제.

진리로 간주하게 했던 데에서 온 것은 아닌지 말이다.

또 다른 한편으로 이분들은 보통 허위와 혼란이 통상적인 철학을 당하지 못하는 이유가 철학자들이 찾기가 대단히 용이하고 철학자들의 허영과 이익에 적합한 어떤 사실임 직한 것으로 만족하기 때문인 것은 아닌지 고려해야 한다. 똑같은 주제를 놓고 무한히 다양한 생각이 있음을, 결과적으로 무한히 다양한 오류가 있음을 어디에서나 보게 되지 않던가? 그러나 수많은 제자들은 이들 철학자의 생각을 이해조차 못하면서 그들의 권위에 홀려서 이를 맹목적으로 따르는 것이다.

스무 해에서 서른 해를 헛되이 바친 뒤에야, 읽었던 책들에서 아무것도 배운 것이 없음을 인정하는 몇몇 사람들이 있음은 사실이다. 그러나 그들은 우리에게 그 점을 솔직히 말하는 것을 기꺼워하지 않는다. 예전에 그들은 자기들의 방식으로 우리는 아무것도 알 수 없음을 증명했음이 틀림없다. 그러고 난 뒤에 그들 스스로 그 점을 인정하는 것이다. 그들이 무지하다고 경멸받았던 것도 아닌데도 그때 그들은 그걸 증명할 수 있다고 믿었으니 말이다.

그러나 그들의 대단한 박학이 얼마나 진보했는지 보여 달라는 교묘한 부탁에, 그들이 얼마나 힘들게 참아가면서 그 지식을 얻었는지 우리에게 입버릇처럼 미주알고주알 늘어놓는다면 그들을 놀릴 거리며, 조롱할 얘깃거리는 충분할 것이다.

그렇지만 이 현학적이기만 한 심오한 무지가 조롱받을 만한 것이라고 해도, 숱한 해를 소진하면서 그저 모든 학문이며 모든 진리의 적인 "아무것도 알 수 없도다"라는 거짓 명제 외에 아무것도 배우지 못했던 사람들을 관대하게 대해주고, 그들을 동정하는 것이 더 적절한 일은 아닌가 한다.

그러므로 내가 확립한 규칙은 우리가 방금 보았듯이 진리의 탐구에 대단히 필수적인 것이니 그 규칙이 제안된 것을 가지고 왈가왈부할 이유가 없고, 그 규칙을 수고스럽게 지키고 싶지 않은 분들이 계시더라도 적어도 데카르트 같은 저명한 저자도 그 규칙을 따랐네, 그 규칙을 따르려고 애 많이 썼네 하는 비난은 마시기 바란다. 그들이 그토록 대담한 판단을 내린 분을 알았고, 데카르트의 책을 그저 여흥 삼아, 자기 공부가 되도록 깊이 생각하지 않고 읽는 우화나 소설처럼 읽지 않았다면 절대로 그런 무모한 비난을 할 수 없었으리라. 그들이 데카르트를 읽으며 깊이 생각해 보았다면 그 철학자가 가르친 진리들 중 몇몇 개념들과 몇몇 진리의 종자種子들을 그들 마음속에서 발견할 수 있었을 것이다. 그리고 그 종자는 그들의 거짓된 박학이 짓누르는 불편한 무게를 밀어내고 발육할 수 있었을 것이다.

마음속에서 우리를 가르치는 주님은 우리가 가장 위대한 철학자들의 권위를 따르기보다는 당신의 목소리를 듣기를 바라신다. 주님은 우리가 당신이 말하는 것에 열의를 보이기만 한다면 기꺼이 우리에게 가르침을 주신다. 우리가 명상하고 대단히 정확하게 주의를 기울여 주님께 물으면, 그때 주님은 어떤 내적 확신을 주시고 그 확신을 따르지 않는 사람들을 마음속으로 혼내시면서 우리에게 답하신다.

그렇게 사람들의 책을 읽을 때 사람들에게 배울 기대를 하면서 읽어서는 안 된다. 세상을 비추는 자에게 물어야 우리와 함께 세상의 나머지 사람들을 비추시게 될 것이다. 우리가 그분께 물었는데도 그분이 우리에게 빛을 비추지 않는다면 이는 분명 우리가 잘못 물었기 때문일 것이다.

그러므로 우리가 아리스토텔레스를 읽든, 데카르트를 읽든, 우선은 아리스토텔레스도 데카르트도 믿어서는 안 된다. 그러나 그들처럼, 혹은 그들이 분명히 그랬던 것처럼, 모든 주의를 기울여서 깊이 사유하고, 그다음에 우리의 공동의 주님의 목소리에 복종하고, 내적 확신을 따르고, 명상하면서 느낀 마음의 움직임에 성심껏 복종해야 한다.

그런 다음에서야 저자들에 대해 찬성하거나 반대하는 판단을 내릴 수 있다. 그런데 데카르트와 아리스토텔레스 철학의 원칙들을 그렇게 제 것으로 만든 다음에 전자를 거부하고, 후자를 승인하기도 하는데, 나도 그런 사람들의 방법과 일반적인 원칙들을 이해는 한다. 그들도 아리스토텔레스의 원칙만으로는 어떤 자연 현상도 설명할 수 없다는 점을 확실하게 알고 있다. 아리스토텔레스 철학이 세상의 거의 모든 분야에서 가장 능력 있는 이들의 연구였을지라도 그의 원칙은 2,000년 전부터 자연 연구에 전혀 이용되지 않았다.[4] 반대로 우리는 데카르트가 인간의 눈으로는 볼 수 없는 더없이 깊이 감춰져 있는 것처럼 보였던 것을 간파했고, 제한된 지성으로 이해할 수 있는 모든 진리를 발견하기 위한 대단히 확실한 길을 제시했다고 과감히 말할 수 있다.

그렇지만 이 두 철학자를 비롯한 다른 모든 철학자들에게 가질 수 있는 생각은 그저 넘기고 그들도 한낱 인간이라는 것을 항상 감안하도

4 [옮긴이] "아리스토텔레스의 원리들이 틀린 것들이라는 사실을 입증하기 위해서는 그것들과 더불어 살아온 그 모든 세기들 동안 이룬 발전들이 하나도 없다는 점을 주지시키는 것보다 더 좋은 방법은 없다."(데카르트, 《철학의 원리》, 프랑스어판 머리말, t. IX-2, p.18~19)

록 하자. 그리고 아리스토텔레스의 신봉자들이 수많은 세기를 예전보다 더 진척이 되었는지도 모르는 채 캄캄한 어둠속을 헤매다가 지금 사람들이 하고 있는 것을 똑똑히 보고자 한다면, 그리고 그들이 맹인처럼 남의 손에 이끌려가다가 자기도 눈이 있다는 것을 기억하고 혼자 걸어 보고자 한다면 그것을 놓고 왈가왈부해서는 안 된다.

그러므로 '명백히 보이는 사물이 아니고는 전적으로 동의하지 말라'라는 규칙이 진리 탐구의 모든 규칙 가운데 가장 필수불가결한 것임을 전적으로 확신하도록 하자. 이때 우리에게 진리 탐구가 필요로 하는 명백성을 가진 것으로 보이는 것만 우리의 정신에 진리로 받아들이도록 하자. 진리를 알려면 우리가 가진 편견으로부터 완전히 벗어나는 일이 반드시 필요하다. 정신은 빛을 받기에 앞서 순수해지기부터 해야 하기 때문이다. '광기狂氣를 버리는 것이 학문의 첫발을 내딛는 일이다.'[5]

II. 언급된 명백성의 필요에 대한 고찰

그러나 이 장을 마무리하기 전에 다음의 세 가지 점을 지적해야 한다. 첫째, 나는 여기서 자연과학처럼 명백성을 동반하지 않는 신앙의 문제들에 대해서는 말하지 않는다. 그 이유는 우리는 우리가 이미 갖고 있

5 [옮긴이] 호라티우스, 《서한시편》(*Epistolae*), I, v. 41~42. 원문은 다음과 같다. "Virtus est vitium fugere, et sapientia prima stultitia caruisse."

는 관념을 통해서만 사물을 지각할 수 있는 것처럼 보이기 때문이다. 그런데 신이 우리에게 어떤 관념들을 부여했던 것은 신이 창조한 사물의 자연적 질서에 따라 우리를 인도할 때 우리가 그 관념들을 필요로 했기 때문이다. 그래서 신앙의 신비는 초자연적 질서를 따르는 것이고, 우리는 그 관념을 갖지 않았으니[6] 그 관념의 명백성을 갖추지 못했대도 놀랄 것은 없다. 우리 영혼은 우리가 필요로 하는 모든 개념들을 갖춘 일반 명령 덕분에 창조되었고, 신앙의 신비는 단지 은총의 질서에 따라 세워진 것이니 말이다. 은총의 질서는 우리가 이해하는 일상적 방식에 따르면 자연의 질서보다 나중에 내려진 명령이다.

그러므로 신앙의 신비와 자연의 사물들을 구분해야 한다. 신앙도 따라야 하지만 명백성도 똑같이 따라야 한다. 그러나 신앙의 문제에서는 그것을 믿기 전에 명백성을 찾아서는 안 된다. 자연의 사물들에서 신앙, 즉 철학자들의 권위에 집중해서는 안 되는 것과 같다. 한마디로 말해서 두터운 신앙심을 갖기 위해서는 맹목적으로 믿어야 한다. 그러나 철학자이기 위해서는 명백하게 바라보아야 한다.[7] 신의 권위는 과오를 범하는 법이 없지만 모든 사람은 쉽게 오류를 범하기 때문이다.

신앙의 진리 외에도 다른 진리들이 존재한다는 점에 동의들을 한다. 신앙의 진리에 역사적 사실들에 관련한 증명들처럼 이론의 여지 없는

---

6 주해를 참조할 것.

7 [옮긴이] "비록 신의 절대적 힘과 연관시켜 생각해 볼 때 불확실한 것들이기는 하지만, 진리를 왜곡하지 않기 위해 우리는 도덕적으로 확실한, 다시 말해서 살아가는 데 있어서는 충분한 것이 어떤 것들인지 고찰해야 한다."(데카르트, 《철학의 원리》, 4권, 205절)

증명들이며, 인간의 의지에 좌우되는 다른 것들을 요구한다면 그것은 그릇된 일일 것이다. 진리의 종류는 두 가지로, 하나는 '필연적'인 것이고 다른 하나는 '우연한' 것이다. 나는 필연적 진리를 본성상 불변하고, 신의 의지에 따라 고정된 진리라고 부른다. 이때 신의 의지는 변화하지 않는 것이다. 그 밖의 다른 모든 진리는 '우연한' 진리이다. 수학, 형이상학, 자연학과 도덕의 대부분도 필연적 진리들을 포함한다. 역사, 문법, 개별법 혹은 관습, 인간의 변화하는 의지를 따르는 여러 다른 것들은 그저 '우연한' 진리만을 포함할 뿐이다.

그러므로 필연적 진리를 탐구할 때 방금 확립한 규칙을 정확히 따를 필요가 있다. 필연적 진리의 지식은 '학문'이라고 부를 수 있다. 우연적 사실들을 포함하는 역사에서는 가장 사실임 직한 것으로 만족해야 한다. 일반적으로 언어, 관습, 심지어는 철학자들의 상이한 의견들의 지식조차 기억을 통해서만 배워서, 명백성도 확실성도 갖지 않는다면 역사라는 이름으로 부를 수 있다.

주목해야 하는 두 번째 것은 도덕, 정치, 의학 및 실용적인 모든 학문들에서는 항상은 아니지만 일시적으로 사실임 직함에 만족하지 않으면 안 된다는 점이다. 이는 사실임 직함이 정신을 만족시켜서가 아니라 필요가 이를 재촉하기 때문이다. 행동에 나서기 전에 성공을 완전히 확신해야 했다면 종종 기회는 사라져 버릴지 모를 일이다. 그러나 행동하지 않을 수 없게 되더라도 행동하면서 수행하는 일이 성공으로 이어질지에 대해서는 의심해야 한다.

이들 학문에서 대단한 진보를 이루기 위해 노력해야 하므로 기회가 올 때마다 더욱 확실하게 행동할 수 있어야 한다.8 모든 사람들이 자신의 정신을 이용하여 연구하고 일을 수행하면 보통 그런 결과를 이룰 수 있을 것임에 틀림없다.

마지막 세 번째 것은 사실임 직함을 절대적으로 경멸해서는 안 된다는 것이다. 보통 여러 사실임 직한 것들이 함께 결합되었을 때 정말 명백한 증명만큼이나 설득의 힘을 갖는 일이 일상다반사이다. 그런 사례는 자연과 정신에서 수도 없이 많다. 그래서 다른 방식으로는 찾는 것이 불가능한 진리를 발견할 수 있으려면 그런 방식으로는 증명할 수 없는 주제들에 대해 충분한 사례들을 수집하는 일이 적절할 때가 자주 있다.

여기서 내가 따르도록 하는 법칙이 정말 엄격한 것이고, 정말 많은 사람들이 이런 조건에서 추론을 하느니 차라리 아예 추론이라는 걸 하지 않을 것이고, 그렇게까지 해야 할까 싶을 정도로 신중에 신중을 기하느라 대단히 빨리 나아갈 수 없으리라는 점을 나는 인정해야겠지만, 이 법칙을 따르면 확실히 진척을 볼 수 있고, 지금까지 너무 빨리 달려왔다면 지나온 발걸음을 되돌려 볼 필요가 있었으리라는 점에 내게 동의하셔야 한다.

데카르트가 지난 30년 동안 다른 모든 철학자들보다 더 많은 진리를 발견했던 것은 바로 이 법칙을 따랐기 때문이고, 여러 사람들이 데

---

8 [옮긴이] "우리는 자연의 주인이자 소유자가 된다."(데카르트, 《방법서설》, 6번째 담화, t. IV, pp.61~62) 이는 창세기에 신이 인간을 창조한 뒤, "그들에게 복을 주시며 하나님이 그들에게 이르시되 생육하고 번성하여 땅에 충만하라, 땅을 정복하라, 바다의 물고기와 하늘의 새와 땅에 움직이는 모든 생물을 다스리라 하시니라"(〈창세기〉, 1장 28절)에서 가져온 생각이다.

카르트처럼 철학을 했다면, 신에게 저주받은 땅에서도 행복하게 살아갈 수 있는 만큼 우리가 행복하게 살아가는 데 없어서는 안 될 대부분의 일들을 시간이 지남에 따라 알게 되었으리라는 점에 수많은 분들이 동의하실 것이다.

4장

우리는 방금 오류에 빠지는 원인은 자신의 자유를 사용했어야 했는데 그렇게 하지 않았기 때문이고, 그릇된 생각을 하게 되는 원인은 진리의 외관만을 보고 의지가 지나치게 조급해지지 않도록 열의를 띠지 않도록 자제할 줄 모르기 때문이고, 오류란 지성의 지각보다 더 넓은 영역을 차지하는 의지의 동의와 다른 것이 아님을 보여 주었다. 오로지 눈에 보이는 것만 판단했다면 잘못 생각하지 않을 수 있었으리라.

I. 오류의 기회원인과 다섯 가지 주요한 오류에 대하여

그런데 엄밀하게 말하자면 우리가 오류에 빠지는 것은 자유를 오용한 결과일 뿐이기는 하지만 우리는 오류에 빠지는 원인이 되는 기능을 많이 갖고 있다고 말할 수 있다. 나는 오류에 빠지는 원인이라고 말했는데 그 원인은 실제적인 것이 아니라 '기회원인적occasionnelles'이라고 부를 수 있는 것이다. 즉 우리의 모든 지각 방식은 매번 우리를 잘못 생각하도록 하는 기회를 갖는다. 우리의 잘못된 판단에는 의지의 동의와 지성의 지각이라는 두 가지가 포함되어 있다. 우리 지각의 모든 방식 때문에 잘못 생각할 수 있는 기회가 생길 수 있음은 자명한 일로서, 그것은 우리 지각 방식 때문에 우리가 성급히 동의하게 될 수 있기 때문이다.

그런데 우선 정신이 단단하지 못하고 똑바른 길을 가지 못한다는 점을 깨닫게 하여 그런 단점을 벗어나고자 하는 정당한 바람을 갖게 하고, 그 편견을 보다 쉽게 버리도록 하는 일이 반드시 필요하므로 지각의 방식을 정확하게 구분하는 노력을 해야 한다. 이들 지각의 방식은 각기 수장首長들과 같으므로, 이를 정확히 구분하여 그 하나하나마다 우리가 빠지지 쉬운 다양한 오류들을 연관시키겠다.

영혼은 '순수 지성', '상상력', '감각'을 통해 사물을 지각한다.

영혼은 정신적인 일들, 보편적 사물, 통념, 완전성의 관념, 무한히 완전한 존재의 관념, 영혼이 제 자신을 숙고함으로써 알게 되는 영혼의 모든 사유를 '순수 지성'을 통해 지각한다. 또한 영혼은 순수 지성을 통해 심지어 물질적 사물들, 그 속성들을 갖춘 연장을 지각하기도 한다. 원, 완전제곱수, 1,000개의 면을 가진 도형, 그런 비슷한 것을 지각하는 것은 오직 순수 지성뿐이다.[1] 이런 종류의 지각을 '순수 지성

1 [옮긴이] 데카르트는 상상력을 통한 연장의 재현과 지성을 통한 그것의 개념을 분리했다. 그에 따르면 후자만이 형상의 무한한 다양성을 지각할 수 있다. 그러나 그는 물체는 "상상력의 도움을 받은 지성에 의해 훨씬 더 잘 알려지"는 반면 "영혼은 순수 지성을 통해서만 자신을 이해한다(엘리자베스 공주에게 보내는 편지,

작용pures intellections' 혹은 '순수 지각pures perceptions'이라고 부르는데, 이는 정신이 이 모든 것을 그려보기 위해 물질적 이미지들을 두뇌 속에 형성해 볼 필요가 없기 때문이다.

영혼은 물질 존재가 지금은 부재하지만 말하자면 '상상력'을 통해 영혼이 두뇌에 이미지를 형성하면서 그 존재를 눈앞에 보이게끔 만들 때 그 존재를 지각할 뿐이다. 이러한 방식으로 이미 본 것들일 수도 있고 아닐 수도 있는 모든 종류의 형상들, 원, 삼각형, 얼굴, 말馬, 도시, 농촌을 상상하게 된다. 이런 종류의 지각을 '상상력'이라고 부를 수 있는데 영혼은 단지 두뇌에 이미지를 형성하면서만 이들 대상을 재현하기 때문이다. 아울러 정신적 사물의 이미지는 형성할 수 없으므로 이런 이유로 영혼은 그것을 상상할 수 없다. 이 점이 우리가 확실히 주목해야 할 점이다.

마지막으로 영혼은 '감각'을 통해서는 겨우 감각적이고 조잡한 대상들만을 지각한다. 이 대상이 우리 눈앞에 놓일 때 감각은 신체 외부의 기관들을 자극하고 이 자극은 두뇌까지 이어진다. 이 대상이 부재할 때라도 동물정기가 흐르면서 두뇌에 동일한 자극을 만들기도 한다. 이런 식으로 영혼은 눈앞에 평원과 바위를 보고, 철鐵의 단단함과 검劍의 예리함이나 그런 비슷한 것들을 알게 된다. 그리고 이런 종류의 지각을 '감정sentiments' 혹은 '감각sensations'이라고 부른다.

영혼의 지각의 방식은 이 세 가지 방식뿐이다. 우리가 지각하는 사물이 정신적인 것이거나 물질적인 것임을 고려하면 이 점을 쉽게 알

1643년 6월 28일, t. III, p.691)고 썼다.

수 있다. 정신적 사물이라면 그 사물을 알 수 있는 것은 단지 순수 지성뿐이다. 물질적 사물이라면 그것은 현전하거나 부재할 것이다. 물질적 사물이 부재한다면 영혼은 통상 상상력을 통해서만 제 마음에 그것을 재현하게 된다. 그러나 물질적 사물이 현전한다면 그것이 감각에 가하는 자극을 통해서만 그것을 지각할 수 있다. 그래서 우리의 영혼은 오직 '순수 지성' '상상력' '감각'의 세 가지 방식으로만 사물을 지각한다.

그래서 이 세 가지 기능을 어떤 수장首長들처럼 간주하면, 그들 수장마다 인간의 오류와 오류의 원인을 관련지을 수 있고, 우리가 두서없이 이에 대해 말하고자 했다면 수많은 원인으로 인해 우리가 틀림없이 빠지게 되었을 혼란을 피할 수 있다.

그러나 우리의 '성향'과 우리의 '정념'이 우리에게 훨씬 더 강력하게 작용한다. 성향과 정념은 거짓의 빛으로 우리의 눈을 멀게 하고, 정신을 암흑으로 덮어 채워 버린다. 그래서 우리의 성향과 정념은 우리가 이 거짓 빛을, 그것이 우리 내부에서 만들어 내는 착각을 일으키는 빛을 좇을 때 수많은 오류에 빠뜨리고 만다. 그러므로 이 성향과 정념을, 우리를 길 잃게 만들고 우리가 과오를 저지르도록 하는 원천으로서 정신의 이 세 가지 기능과 함께 고려하고, 감각, 상상력, 순수 지성의 오류에, 자연적 정념과 성향에서 온 것으로 볼 수 있는 오류를 더해야 한다. 그렇게 하면 인간의 모든 오류들과 그 원인들을 다섯의 수장과 연관 지을 수 있다. 바로 이 순서에 따라 이 문제들을 다룰 것이다.

II. 이 책 전체를 관통하는 전반적인 계획

첫 번째로 '감각의 오류'에 대해서, 두 번째로 '상상력의 오류'에 대해서, 세 번째로 '순수 지성의 오류'에 대해서, 네 번째로 '성향의 오류'에 대해서, 다섯 번째로 '정념의 오류'에 대해 말할 것이다. 그리고 마지막으로 정신을 그것이 빠지기 쉬운 오류들로부터 벗어나게끔 한 뒤, 진리의 탐구를 수행하는 데 필요한 '일반적 방법'을 제시하겠다.

III. 제 1권의 특별한 의도

감각의 오류들, 더 정확히 말하자면 우리의 감각을 사용할 때 따라야 했던 방식을 따르지 않음으로써 빠지게 된 오류들을 설명하는 것으로 시작하겠다. 그리고 이렇게 오류를 일으키는 일반 원인들과 인간 정신의 본성이 무엇인지 알기 위해 반드시 필요하다고 생각하는 것들과 거의 무한에 가까운 개별적 오류들에 대해서는 그냥 넘어가기로 한다.

5장
감각들

인간의 감각과 정념을 주의 깊게 고려해 볼 때 그 감각과 정념이 우리에게 마련된 목적에 대단히 정확하게 부합되어 있다고 생각하게 되므로, 그 두 가지가 원죄 때문에 완전히 타락해 버렸다고 말하는 사람들의 생각에 동의할 수 없다.[1] 그러나 그들의 생각을 인정하지 않는 것이 올바른 것인지 알기 위해서는 이들 기능에 존재했고, 인간 최초의 아

---

1 [옮긴이] 말브랑슈는 원죄에 의한 타락의 문제를 데카르트가 수행했던 자연사적 관점에 통합시킨다. 즉, 감각과 정념이 인간이 빠지게 되는 오류의 원인이기는 하나, 그것이 없이 인간은 생명을 보존할 수 없는 것이다. 데카르트는《철학의 원리》1권 71절에서 "자연은 스스로의 힘으로 다양하게 움직일 수 있는 기계를 만들었는데 이는 다름 아닌 신체이다. 신체가 그냥 이리저리 움직이면서 우연히 편안한 것은 쫓고 불편한 것은 피하곤 하자, 신체와 붙어 있는 정신은 신체가 그렇게 쫓거나 피하는 것이 자신의 밖에 존재한다는 것을 알아채기 시작했다"고 설명한다. 또한《정념론》에서도 "정념을 야기하는 습관이 있는 정기의 동요가 운동에 몸을 배치하는 것과 마찬가지로, 모든 정념의 용도는 영혼이 그러한 유용한 것을 원하도록 하고 이 의지 상태를 지키도록 영혼을 배치한다는 단지 그 점에 있다"(§52)고 썼다.

버지인 아담이 원죄 이전에 정의로웠던 동안 가졌던 질서와 원죄 이후에 일어난 변화와 혼란을 어떤 방식으로 생각할 수 있는지 설명하는 일이 반드시 필요하다. 이 문제는 두 가지 방식으로 이해될 수 있는데 아래가 그 첫 번째이다.

I. 우리의 감각이 원죄에 의해 타락했음을 설명하는 두 가지 방식

사물들이 바른 질서를 갖추기 위해 영혼이 누리는 선善의 크기에 비례하여 더 큰 즐거움을 느껴야 한다는 것이 통념인 것 같다. 즐거움은 자연의 본능이거나 더 명확히 말하자면 우리를 어떤 선을 향해 기울게 하는 신의 자극이며, 이 선이 클수록 그 자극이 더 커지는 것임이 분명하다. 이 원칙에 따르면 원죄 이전에 신의 손에서 바로 나온 최초의 선조는 다른 이득보다 공고한 이익에서 더 큰 즐거움을 느꼈던 것이 분명했던 것 같다. 그래서 신이 최초의 인간을 창조했던 것은 인간을 사랑하기 위한 것이었고, 신이야말로 최초의 인간의 진정한 선이므로, 신은 최초의 인간에게 높이 평가받고, 그로 하여금 즐거움의 감정을 느끼며 자신을 사랑하게 하고, 제게 맡겨진 의무를 수행하면서 내적 만족을 부여하는 것이라고 말할 수 있다. 그때 그가 느끼는 만족은 가장 커다란 감각적 즐거움과 맞먹는 것인데, 원죄 이후 인간은 그런 만족을 특별한 은총 없이는 더 이상 느낄 수 없게 되었다.

그러나 최초의 인간은 신이 그가 보존하고, 제 자신의 일부로 간주하기를 바랐던 신체를 가졌으므로, 생명을 보존하는 데 적합한 사물을 사용할 때 느끼게 되는 것과 똑같은 즐거움을 감각을 통해 느끼도록 해주었다.

최초의 인간이 전락 이전에 두뇌의 중심 부분이 현재 감각으로 지각되는 사물들로써 자극을 받았던 순간 쾌적하거나 쾌적하지 않은 감각이 제게 일어나지 않도록 자제할 수 있었는지 감히 확정할 수는 없다. 아마 최초의 인간은 생각은 그와는 반대로 했으리라는 것이 더욱 사실임 직해 보이기는 해도 신에게 복종했기 때문에 그런 자제력을 가졌던 것 같다. 모든 것들이 정상 상태였으므로 대상들이 아담 내부에서 자극했던 정기와 피의 혼란이며, 두뇌의 동요를 멈추게 할 수 있었을지라도, 그의 신체는 정신에 복종해야 했음이 틀림없다. 그러나 아담이 자신의 영혼과 즉각적으로 결합된 신체의 부분 속에서 그 대상들이 만들어 냈던 움직임을 멈출 수 없었을 때 그 대상들의 감각을 느끼지 않도록 자제할 수 있었으리라는 점은 사실임 직하지 않다.

영혼과 신체의 결합은 본래, 신체 기관들의 운동과 감정의 상호적 관계인 것이므로,[2] 아담의 신체의 중요한 부분인 두뇌가 그를 둘러싼 사물들의 어떤 자극을 수용했을 때 아무것도 느낄 수 없었던 것이라면 그 결합은 자연적이라기보다는 임의적이었던 것처럼 보인다. 그러나

---

2 [옮긴이] 말브랑슈는 여기서 영혼과 신체의 결합의 원리를 기회원인적으로 고려하고 있으며, 이런 점에서 그의 생각은 코르드무아와 유사하다. "한 신체와 한 영혼이 결합한다 함은, 영혼의 사유가 반드시 신체의 운동을 따르는 것이 분명한 것처럼, 그 영혼의 어떤 사유와 그 신체의 어떤 운동 사이에 존재하는 필연적 관계일 뿐이다."〔《영혼과 신체의 구분》(*Le Discernement de l'âme et du corps*), 1666, éd. Clair et Gibral, *Œuvres philosophiques*, Paris, 1968, p.170〕

나는 이 두 의견 중 어떤 입장에도 동의하지 않는다.

그러므로 최초의 인간은 자신의 영혼을 완벽하게 했던 것에서 즐거움을 느꼈듯이 자신의 신체를 완벽하게 했던 것에서 즐거움을 느꼈다. 그는 완전한 상태에 있었으므로 신체의 상태보다 훨씬 더 강력하게 영혼의 상태를 느꼈다. 그래서 최초의 인간은 예수 그리스도의 은총 없이도, 지금 우리보다 무한히 더 쉽게 자신의 정의를 보존했던 것이다. 정의가 없다면 우리는 의무를 수행하면서 더 이상 즐거움을 얻지 못하게 된다. 그러나 그는 불행히도 유혹에 빠졌다. 그는 불복종했기 때문에 정의를 상실했다.[3]

그래서 그에게 일어나게 된 감각과 정념의 모든 혼란의 원인이 된 주요한 변화는 신이 정당한 처벌을 내려 그를 떠났고, 더 이상 그의 선善이고자 하지 않았거나, 더 정확하게 말하자면 과거에 신이 그의 선이었으므로 그에게 새겼던 이 즐거움을 더는 그가 느낄 수 없게 했던 것이다. 그래서 신체의 이득만을 자극했을 뿐인 감각적 즐거움만이 남았고 그것이 예전에 그를 이끌었던 즐거움으로는 더는 상쇄되지 못하게 되었으므로, 아담과 신이 맺었던 밀접한 결합은 기이하게도 약화되었고, 그가 자신의 신체와 맺었던 결합은 훨씬 더 강화되었다. 감각적 즐거움이 주인이 되면서 그의 마음을 모든 감각대상에 집착시켜 타락케 했다. 그리고 마음이 타락하면서 정신도 둔해졌다. 정신을 밝혀 주던 빛으로부터 벗어나게 했고, 무엇이 됐든 판단할 때 그 판단 대상과 신체가 가질 수 있는 관계를 따라서만 판단하게 한 것이다.

---

3 성 그레고리오, 복음서 해설 36.

그러나 결국 변화가 감각 쪽에서 훨씬 더 컸다고는 말할 수 없다. 두 저울추가 천칭天秤에서 평형을 이루고 있었는데 내가 그중 하나를 제거했다면, 다른 추는 저울을 자기 쪽으로 기울게 만들 것이다. 그렇지만 그때 추의 무게는 전혀 변한 것도 증가한 것도 아니다. 그래서 원죄 이후에 감각의 즐거움은 원죄 이전에 신체의 이득을 위해 가졌던 성향을 상쇄했던 이런 내적 희열délectations이 사라져 버림으로써 감각으로 지각되는 사물 쪽으로 영혼을 낮추게 만들었다. 그러나 보통 생각하는 감각에서의 상당한 변화는 없는 것이다.

내가 진실한 것으로 보는 두 번째 방법

원죄로 인한 혼란을 설명하는 두 번째 방식은 다음과 같다. 이는 확실히 우리가 앞에서 말한 것보다 더욱 합리적이다. 원칙이 다르므로 첫 번째 방식과는 굉장한 차이가 있기는 하지만 이 두 방식은 감각과의 관계를 놓고 본다면 완벽하게 일치한다.

정신과 신체로 구성된 우리는 추구하는 이득도 두 종류이다. 하나는 정신의 이득이고 다른 하나는 신체의 이득이다. 또 우리에게는 어떤 것이 우리에게 좋거나 나쁘다는 점을 알게 해주는 두 방법이 있다. 정신만을 이용해서 알 수 있는가 하면, 신체와 결합한 정신을 이용해서 알 수 있는 것이다. 우리의 이득은 분명하고 명백한 지식으로 알 수 있는가 하면, 혼란스러운 감정으로도 알 수 있다. 나는 정의가 사랑스러운 것임을 이성으로 안다. 맛을 보면 어떤 과일이 맛이 좋다는 것도 안다. 정의의 아름다움은 감각으로 느껴지지 않는다. 맛좋은 과일이라는 건 맛보지 않고는 저절로 알 수 없다. 신체의 이득은 신이 오직 그를 위해서 만든 것으로 정신이 열의를 쏟을 만한 대상이 아니다. 그러므로 정신은 그런 이득을 검토하지 않고, 감정이라는 이론의 여지 없고 손쉬운 증거를 통해 알게 되는 것임이 틀림없다. 돌石은 먹기에 적합하지 않다. 그 증거는 확실하다. 한 번 맛만 보고서 모든 사람들이 이 점에 동의한 것이다.

그러므로 즐거움과 고통은 자연적이고 이론의 여지 없는 선과 악의 성격을 갖는다. 나는 이 점을 인정한다. 그러나 그 자체로는 선할 수도 악할 수도 없기 때문에 명백하고 명확한 지식으로도 선하거나 악하다고 인정할 수 없는 사물들이나 그러하고, 정신보다 아래에 놓여서 정신을 보상할 수도, 처벌할 수도 없는 사물들이나 그러하고, 정신이 전념을 기울일 가치가 없고, 신도 우리가 그런 것에 전념을 기울이기를 원치 않으므로 '본능', 즉 쾌적하거나 쾌적하지 않은 감정을 통해서 우리를 이끄는 사물들이나 그러하다.

그러나 정신의 유일하고 진실한 선이요, 정신 위에 홀로이신 분이요, 수만 가지 방식으로 정신에 보상을 주시는 한 분이요, 정신이 전념을 기울여야 마땅한 한 분이요, 자신을 알고도 사랑하지 않는대도 개의치 않으시는 신은 맹목적 사랑과 '본능'적 사랑의 방식으로 사랑받는 것으로는 만족해하지 않으신다. 신은 환히 빛나는 사랑과 '최고의' 사랑amour de choix의 방식으로 사랑받기를 바라신다.

정신이 신체에서 그 안에 없는 것은 느끼는 일 없이 실제로 그 안에 있는 것만 보았다면, 정신은 신체를 사랑할 리도 없었을 것이고, 신체를 사용하며 큰 고생을 감수할 수도 없었을 것이다. 그래서 신체는 자기가 갖지 않는 감정을 일으킬 때 쾌적해하는 것임이 틀림없다. 그렇지만 신은 이와 같지 않다. 신을 사랑하기 위해서는 있는 그대로의 신을 보기만 하면 된다. 사랑받을 가치가 없는데도 사랑을 받으려고 인위적으로 잔뜩 꾸미는 것과 같은 그런 쾌락 본능을 이용할 필요가 없는 것이다.

모든 일이 이런 식이므로 아담은 선행적先行的4 즐거움으로 인해 신의 사랑이나 자신의 의무의 대상에 끌린 것이 전혀 아니라고 말해야 할 것이다. 아담이 자신의 선善으로서 신에 대해 가진 지식과, 그가 신과 결합하면서 자신의 행복을 바라보았을 때 반드시 뒤따르는 결과로서 끊임없이 느꼈던 기쁨이면 그가 의무를 수행하고, 선행적 즐거움으로 결정되었기라도 한 것 이상으로 더 보람 있게 행동케 하는 데 충분하다.

완전한 자유 속에 있을 때가 그런 경우이다. 아마 성경에서 '신이 태초에 인간을 지으셨고, 인간에게 계명을 제시한 뒤 인간을 제 의지에 내맡기셨다'5는 말로 우리 마음속에 보여 주고자 한 상태가 그것이리라. 이 구절은 어떤 선행적 즐거움의 취향으로써 결심시키는 것이 아니라, 자신의 선과 의무를 명확히 바라봄으로써 신과의 합일을 말하는

---

4 주해 16 참조. (《퓌르티에르 사전》에는 이 단어(prevenant)는 신학 용어로, 우리로 하여금 올바른 행동을 하게끔 하는 '선행적 은총'(grâce prevenante)의 의미로만 쓰인다는 지적이 있다. 선행적 은총이란 아르미니우스주의 신학에 기반을 둔 기독교 신학의 개념인데, 인간이 결심하기 이전에 이미 신의 은총이 있다는 것이다. — 옮긴이)

5 Deus ab inition constituit hominem et reliquit illum in amnu consilii sui, adjecit mandata et praecepta sua, etc.(《집회서》, 15장 14절. 말브랑슈는 저자 주에서 라틴어로 인용했다. — 옮긴이)

것이다. 그렇지만 아담이 원죄 이전의 상태만큼 아름답고 행복한 상태에 있었으면서도 자유의지를 수치스럽게 여기고 오직 신만을 찬양하는 일에 얼마나 허약할 수 있었는지 경험으로 똑똑히 알게 되었다.

그러나 아담이 감각대상들과 자신의 신체가 맺을 수 있었던 관계를 정확히 알았기 때문에 그 대상들을 연구하고 사용했으리라고 말할 수는 없다. 결국 어떤 과일을 이루는 부분들의 구성configurations, 자기 신체를 이루는 모든 부분들의 구성, 그리고 전자와 후자 사이에서 비롯하는 관계를 검토해서 현재 피血의 열기와 신체의 수만 가지 다른 경향을 고려했을 때 그 과일이 양식糧食으로 섭취해도 좋은 것인지 판단했다면, 정신이 도대체 전념을 기울일 가치가 전혀 없는 사물들로도 완전히 이 능력을 수행할 수 있으리라는 것이 분명하다. 다만, 이런 단 한 가지 방법만으로는 오랫동안 자기 보존을 할 수 없었을 테니 이는 그 자체로 정말 불필요했던 것이리라.

그러므로 아담의 정신이 무한한 것이 아니었음을 고려한다면, 아담의 주위를 둘러싸고 있던 물질들의 모든 속성을 그가 알지 못했다고 말하는 일이 그릇된 것이라고 생각해서는 안 된다. 이 속성들은 항상 무한한 것이니 말이다. 조금만 주의를 기울였어도 쉽게 부정될 수 없는 것인데, 아담이 정신을 갖게 된 것이 물질의 운동과 구성을 검토하기 위해서가 아니라 끊임없이 신에 전념하기 위함임에 동의한다면, 만물이 완벽한 질서를 가졌음이 틀림없던 시기에 그것이 혼란과 이상異常이었을 수도 있고, 양식으로 삼기 위해 어떤 과일의 본성을 검토하려고 실제 선善인 신의 완전한 모습으로부터 정신의 방향을 돌리지 않을 수 없었다고 확신할 수 있는가를 두고 왈가왈부해서는 안 될 것이다.

그러므로 아담은 우리와 똑같은 감각을 갖고 있었고 그 감각을 통해 신에 대한 관심은 그대로 유지한 채 자신의 신체를 위해 무엇을 해야 했는지 알았다. 아담은 우리처럼 즐거움을 느꼈고, 의도적이지 않은 선행적先行的 고통 혹은 혐오도 느꼈다. 그러나 이렇게 즐거움과 고통을 느꼈대도 아담은 우리처럼 노예가 된 것도 불행해진 것도 아니었다. 아담은 자신의 신체를 자극했던 움직임을 완전히 통제하는 주인이므로, 원하기만 했다면 그 점을 알아차리고 당장에[6] 그 움직임을 멈춰 세웠던 것이다. 분명 고통의 경우에는 항상 그것을 멈춰 세울 수 있기를 바랐다. 즐거움의 경우에도 마찬가지로 멈춰 세울 수 있었고, 정신의 능력을 아름다움과 금지된 과일에서 기대한 달콤함으로 가득 채우면서도 신의 현전을 마음에 둘 수 있었다면 그도 우리도 역시 행복했으리라.

자연의 완전성을 바라볼 때 자신의 영혼에 일어난 주제넘은 기쁨, 아내에 대한 자연스러운 애정, 아내를 슬프게 하면 어쩌나 하는 과도한 두려움을 채우는 경우도 마찬가지인데, 필경 이 모든 것이 그를 불복종하게 만들었던 원인이었다.

그러나 아담이 죄를 짓고 난 후에는 그에게 중대하게 그 점을 계속 경고했던 즐거움과, 그의 행복을 방해하지 않으면서도 그저 그에게 행복을 잃고 불행해질 수 있으리라는 점을 깨닫게 했던 저 고통이 더는

6 [옮긴이] 《퓌르티에르 사전》은 이곳에 쓰인 단어 incontinent을 "당장에"(Sur l'heure, dans un moment)의 뜻으로 정의했다. 사전에 따르면 이 단어의 라틴어 어원은 in continenti인데 프랑스어로 직역하면 "sur l'heure"가 된다.

그에게 똑같이 고려되지 않았다. 아담의 감각과 정념이 그를 거역했으며 더는 그의 명령을 따르지 않았고 우리처럼 모든 감각대상의 노예로 만들어 버린 것이다.

그렇게 감각과 정념은 원죄로 인해 생긴 것이 아니라 죄인들에게 강력한 영향력을 행사할 수 있는 역량에서 생긴 것이다. 이 역량은 감각의 측면의 혼란인 것도 아니고 인간의 정신과 의지의 측면의 혼란인 것도 아니다. 인간은 신체에 행사했던 힘을 상실해 버렸고, 더는 신과 단단히 결합하지도 못하게 되었으니 신에게서 자신의 자유와 자신의 행복을 보존할 수 있는 수단인 그 빛과 힘을 더는 받지 못하게 되었다.

앞에서 원죄로부터 비롯한 혼란을 설명했던 이 두 방식으로부터 내려야 할 결론은 우리가 다시 질서를 회복하는 데[7] 두 가지가 반드시 필요하다는 점이다.

그 하나는 우리를 한쪽으로 기울게 만들어 감각적 이득을 향하게 만드는 저 저울추를 제거해야 한다는 것이다. 우리는 즐거움을 끊임없이 덜어내고, 금욕하고 마음을 도려 내면서[8] 감각의 감수성에 고행을 가해야 한다.

다른 하나는 신에게 은총의 저울추를 내려주십사 부탁해야 한다는 것이다. 예수 그리스도가 특별히 우리에게 가져다 준 이 '선행적 희열

---

7 원죄로 인해 이 세상에 들어섰던 혼란에 대한 치료약과 기독교 도덕의 기초.

8 [옮긴이] 여기서 말브랑슈가 쓴 circoncision은 원래 유대교의 '할례'를 가리키는 말이지만《퀴르티에르 사전》에서는 기독교 신앙의 비유적 표현으로 쓴 '마음을 도려내기'(circoncision) 혹은 '입을 도려내기'는 "올바르지 못한 욕망과 올바르지 못한 말의 제거"를 의미한다고 설명한다.

délectation préventante'[9]이 없이는, 우리가 처음의 저울추로부터 벗어나려고 한들 영원히 그것은 짓누를 것이고, 그 저울추의 무게가 아무리 적게 나가더라도 그것 때문에 우리는 틀림없이 원죄와 혼란 속으로 끌려가게 될 것이다.

우리의 의무를 회복하여 끝까지 수행하는 데 이 두 가지가 절대적으로 필요하다. 우리가 알고 있듯이 이성은 복음서에 완벽히 부합한다. 이성이든 복음서든 우리에게 원죄라는 저울추를 제거하고, 거부[10]하고, 그 무게를 줄이는 일은 은총의 저울추로 우리를 바로잡아 신과 결합하도록 하는 데 절대적으로 필요한 준비임을 가르쳐 준다.

그러나 우리의 현재 상태에서 계속적으로 감각에 맞서야 할 의무가 있대도 그것으로 감각이 완전히 타락했고 부정확하다는 결론을 내려서는 안 된다. 우리가 감각을 갖춘 것이 신체의 보존을 위한 것임을 고려한다면 감각이 훌륭히 자기 의무를 이행하고 있으며, 우리로 하여금 그 목적에 대단히 충실하고 정확하게 이르게 해주므로 감각이 타락하고 정확치 못하다고 비난하는 일은 잘못된 일로 보인다는 점을 알게 될 것이다. 감각은 고통이나 즐거움을 주면서, 쾌적한 취향이나 쾌적하지 못한 취향에 따라서, 다른 감각작용을 통해서 신체 보존을 위해

9 주해를 참조.

10 [옮긴이] 《퀴르티에르 사전》에 따르면 여기서 쓴 abnégation이라는 말은 신앙의 용어로 쓰였을 때 "정념, 즐거움, 이득에 대한 거부"를 의미한다. 퀴르티에르에 따르면 이 단어의 라틴어 어원은 abnegare으로 부인하다, 무엇을 자기 것으로 인정하려들지 않다(desavoüer, ne vouloir point reconnoistre une chose comme sienne)의 뜻이다.

해야 할 것이 무엇이고 하지 말아야 할 것이 무엇인지 대단히 신속하게 알려주는 것이니 이성적으로 생각해본다면 이 질서와 정확성이 원죄의 결과라고 말할 수 없다.

II. 우리의 오류의 진정한 원인은 우리의 감각이 아니라 우리의 자유를 잘못 사용한 데 있다

그러므로 우리의 감각은 생각만큼 타락한 것은 아니다. 정작 타락한 것은 우리 영혼 가장 깊은 곳이며, 우리의 자유이다. 우리를 속이는 것은 우리의 감각이 아니라, 성급히 판단을 내리면서 우리를 속이는 우리의 의지이다. 예를 들어 빛이 보인다면 우리가 빛을 보고 있음은 대단히 확실한 것이다. 열熱이 느껴진다면 원죄 이전이 됐든 이후가 됐든 우리가 열을 느끼고 있다고 생각하는 것이 전혀 잘못된 것이 아니다. 그러나 느껴지는 열이 그것을 느끼는 영혼 바깥에 있다고 판단할 때 우리는 잘못 생각하는 것이다. 이 문제는 나중에 설명할 것이다.

그러므로 우리가 자유를 올바로 사용했고, 사물들의 관계를 이용하지 않고 지나치게 성급히 판단을 내리지 않았다면 감각은 우리를 오류에 빠뜨리지 않을 것이다. 그러나 영혼과 신체가 밀접히 결합되어 있기 때문에 그렇게 하지 않기란 대단히 어려운 일이다. 오류에 빠지지 않으려면 감각을 어떤 식으로 사용해야 하는지에 대해서는 아래에 설명하겠다.

III. 감각을 사용하면서 오류를 피하는 규칙

우리는 다음의 규칙을 정확히 준수해야 한다. 그것은 "사물이 그 자체로 갖는 것을 판단할 때 감각을 통하지 말고, 사물과 우리의 신체가 맺는 관계를 통해서 판단하라"이다. 사실 감각은 사물 그 자체의 진실을 알기 위해서가 아니라 신체를 보존하기 위해 우리에게 갖춰진 것이기 때문이다.

그러나 진리를 탐구하면서 너무 쉽게 감각을 따르고 그렇게 감각을 따르는 성향으로부터 벗어나기 위해, 다음에 이어지는 장에서 감각으로써 우리가 빠지는 가장 일반적이고 주요한 오류들을 가지고 추론할 것이다. 그 추론으로써 방금 내세운 내용이 진리임을 명확히 깨닫게 된다.

6장

시각은 모든 감각 중에서 최고이고, 가장 고상하고, 가장 확장되어 있다.[1] 그래서 우리가 감각을 갖게 된 이유가 진리를 발견하기 위한 것이었다면 시각은 다른 모든 감각 전체보다 더 진리의 발견에 기여했을 것이다. 그래서 우리가 잘못을 깨닫고, 모든 감각을 전반적으로 의심하기 위해서는 이성에 대한 눈目의 권위를 무너뜨리는 것으로 충분할 것이다.

그러므로 우리는 사물들 그 자체로 진리를 판단하기 위해서가 아니라 사물들과 우리의 신체 보존의 관계를 발견하기 위해서만 우리가 시각으로 확인한 바를 근거로 삼아야 한다. 우리의 눈은 우리가 보는 유

---

1 [옮긴이] "우리 삶의 모든 행동은 우리의 감각에 의존하며, 그들 가운데 시각이 가장 보편적이고 가장 고상하다."(데카르트, 《굴절광학》, t. VI, p.81) 이러한 시각의 특권은 플라톤(《티마이오스》, 47 a~b)과 아리스토텔레스(《형이상학》, A 980a)로부터 내려온 것이다.

일한 것들인 물체의 크기, 형상, 운동, 빛, 색깔 등 눈이 재현하는 모든 것에서 일반적으로 우리를 속인다. 이 모든 사물들은 보이는 그대로의 모습이 전혀 아닌데도 모든 사람은 이를 잘못 생각하고, 그리하여 이로 인해 우리는 다시금 무한히 많은 수의 다른 오류에 빠지게 된다는 점을 보여 줄 것이다. 우리는 연장l'étendue으로부터 시작하겠다. 다음의 증거들을 통해 우리 눈이 실제 그대로의 연장을 보여 주지 못한다는 점을 알 수 있다.

I. 연장 그 자체의 관점에서 시각의 오류에 대하여

거의 눈에 보이지 않는 모래알보다도 훨씬 더 작은 동물들[2]을 렌즈를 통해 아주 자주 보게 된다.[3] 심지어 그보다 1,000배나 더 작은 것들도 보았다. 이 살아 있는 원자라 할 수 있는 것들은 다른 동물들과 똑같이 걷는다. 그러므로 그들은 다리와 발을 갖고, 다리 안에(혹은 다리 위에 갖는 경우도 있다. 곤충에게는 뼈가 그들의 피부이기 때문이다)는 바로 서기 위한 뼈가 있다.

근육이 있어서 몸을 움직이고, 근육 내부에는 힘줄과 무수히 많은

2 [옮긴이] 진드기의 비유는 고전 책에서 자주 등장한다. 로오(Rohault)는 "우리의 상상력은 진드기를 구성하는 가장 작은 부분이 얼마나 극단적으로 작은 것인지 머릿속에 그려볼 수도 없고 이해해볼 수도 없다"(*Physique*, liv. I, ch. xxi, pp.144~145)고 말했다.

3 *Journal des savants*(1668년 11월 12일자).

섬유纖維[4] 및 피血와 대단히 미세하고 섬세한[5] 동물정기[6]가 있어서 그것이 근육을 가득 채우거나 연속적으로 움직이도록 한다. 그렇지 않다면 그 작은 동물들이 살아 있고, 영양분을 섭취하고, 대상들이 가하는 상이한 자극[7]에 따라 그들의 작은 몸을 다양한 장소로 옮긴다는 점을 이해할 수 없다. 더 정확히 말하면 평생을 해부학과 자연의 연구에 바친 사람들조차 저 작은 동물들이 살아가는 데 필요하고, 우리가 관찰할 수 있는 한에서 그 동물들이 실행하는 모든 일을 하는 데 필요한 모든 부분들의 수, 다양성, 섬세함을 이해할 수 없는 것이다.

상상력은 끔찍하게 작은 것을 보면 당황하고 놀란다. 상상력에 전혀 영향력을 행사할 수 없는 부분들에 이르지도 못하고 집중할 수도 없는

---

4 [옮긴이] "막(膜)과 살(肉)로 조직된 작은 섬유나 가는 섬유(de petits filets ou filaments)를 말한다. 이들이 작용하여 운동을 하고, 부분들을 지탱하고 보존한다. 근육 운동은 섬유가 원인(principe)을 향해 확장되거나 수축할 때 이루어진다." (《퓌르티에르 사전》)

5 [옮긴이] "동물정기는 대단히 섬세하여 눈으로 볼 수 없다."(《퓌르티에르 사전》)

6 [옮긴이] 스콜라 학자들은 동물정기(les esprits animaux, spiritus animalis, spiritus vitalis)를 정념의 물질적 소재로 보았다. 토마스 아퀴나스는 동물정기를 대단히 미세한 증기(des vapeurs très subtiles)로 보고 있는데, 이를 통해 영혼의 힘이 신체 전체에 자극을 주는 것이다.(cf. *Somme théologique*, Ia-IIa, qu. 40, art. 6) 이 개념이 갈레노스를 통해 그리스 의학 사유에서 온 것으로 본다면 중세에서는 물론 데카르트도 이 개념을 다시 취했다고 할 수 있다. 오늘날의 관점에서 본다면 신경섬유를 따라 전도되는 전기적, 화학적 변화를 가리키는 신경임펄스(les influx nerveux)에 해당한다고 하겠다.

7 [옮긴이] 본 번역에서는 문맥에 따라 이 단어 impression을 '자극' 혹은 '인상'으로 옮겼다. 《퓌르티에르 사전》에 따르면 이 단어는 "한 사물이 다른 사물에 자극을 줄 때 전자에서 후자로 전달되는 특질들"로, "별들이 달 아래 세계의 물질에 전달하는 자극이 그러한 것"이다.

것이다. 우리는 이성을 통해 지금 언급한 사실을 납득하지만 감각과 상상력은 그 사실에 저항하고 우리가 그 사실을 의심하도록 한다.

우리의 시각은 대단히 제한적이지만 그렇다고 시각의 대상이 제한된 것은 아니다. 우리가 시각으로 연장에 대해 갖게 되는 관념은 대단히 제한된 한계를 갖는다. 그러나 그 점으로부터 연장에 한계가 있다는 결론이 나오지는 않는다. 시각은 분명 어떤 의미로는 무한하다. 우리 눈에 보이지 않는 물질의 이 작은 부분이 한 세계를 포함할 수 있다. 그 세계는 비록 우리가 살아가는 이 거대한 세계보다 규모가 더 작기는 하겠지만 그만큼의 사물이 들어 있을 수 있다.

우리가 방금 언급한 작은 동물들에게도 그들을 먹어치우는 다른 작은 동물들이 있을 것이다. 전자가 우리 눈에 보이지 않는 것과 마찬가지로 후자도 끔찍하게 작아서 전자의 눈에 보이지 않는다. 후자와 진드기의 관계는 진드기와 우리의 관계와 같다. 아마 자연에는 인간과 진드기의 이런 엄청난 비율을 갖는 더 작은 동물들과, 무한히 더 작은 동물들이 있을 것이다.

물질의 무한한 가분성可分性[8]에 대한 명백하고 수학적 증명들이 있다.[9] 더 작은 동물들과, 무한히 더 작은 동물들이 있을 수 있음을 믿는

8 [옮긴이] "양적으로 무한히 나뉘는 수동적 힘."(《퓌르티에르 사전》)

9 [옮긴이] "우리는 우리가 어떤 점에서 한계를 발견할 수 없는 것들을 모두 무한한 것으로 단정 짓지 않고 단지 부정(不定)한 것으로 간주할 것이다. 따라서 그 이상 더 큰 것은 있을 수 없다고 생각할 수 있을 정도로 큰 연장을 상상할 수 없기 때문에 우리는 모든 가능한 것들의 크기 역시 부정(不定)하다고 할 것이다. 그리고 어떤 물체도 각각의 부분들이 더 이상 나누어질 수 없다고 생각될 정도로 그렇게 많

데 그것이면 충분하다. 우리의 상상력은 그런 생각을 하게 되면 겁을 먹을 테지만 말이다. 신이 물질을 만든 유일한 목적은 그것으로 감탄스러운 창조물들을 짓기 위해서였다. 그리고 이 작은 동물들을 만들 때 너무 작기 때문에 신의 능력에 제한을 받을 수 있는 부분들이란 존재하지 않는다는 점이 우리에게 확실하니, 우리가 무한한 능력을 가진 장인匠人에 대해 품은 생각을 유한한 우리의 상상력을 척도로 삼아 그의 힘과 솜씨를 측정하면서 신의 능력을 제한하고 이유 없이 깎아내릴 이유가 어디에 있는가?

우리는 이미 실험을 통해 진드기보다 1,000배나 더 작은 동물들을 보면서 부분적으로 잘못을 깨달았다. 그러니 왜 우리는 그 동물들이 모든 동물 가운데 가장 작은 마지막 존재이기를 바랄 것인가? 나는 그렇게 생각할 필요가 없다고 본다. 그와는 반대로 우리가 발견한 것보다 훨씬 더 작은 동물들이 있다고 믿어야 할 것 같다. 현미경이 작은 동물들을 놓칠 때도 있지만 결국은 작은 동물들을 잡아내기 때문이다.

한겨울에 튤립 구근의 싹을 '돋보기'나 볼록 렌즈로, 혹은 맨눈으로 관찰하면 나중에 푸른색이 될 잎들, 꽃이나 튤립을 구성하게 될 꽃잎들, 씨가 들어 있는 작은 삼각형의 부분, 튤립 내부 깊숙한 곳에서 그 부분을 둘러싸고 있는 여섯 개의 작은 기둥들을 발견하게 된다. 그래서 튤립 구근의 싹에 튤립 하나가 온전히 들어 있다는 것이 확실하다.

겨자씨, 사과 씨, 일반적으로 모든 종류의 나무와 풀의 씨도 그것을

은 부분들로 나누어질 수 없기 때문에 크기는 부정(不定)하게 나누어질 수 있다고 믿을 것이다."(데카르트, 《철학의 원리》, 1권, 26절)

눈으로도, 심지어 현미경으로도 볼 수 없기는 하지만 이와 마찬가지라고 생각하는 것이 합당한 일이다. 아주 확실하게 모든 나무는 종자의 씨 속에 작은 모양의 나무로 존재한다고 말할 수 있다.

단 하나의 씨 안에 무한한 나무들이 있다고 생각하는 것조차 비합리적으로 보이지 않는다. 그 씨에는 그것이 종자가 되는 나무뿐 아니라, 다른 수많은 종자들을 포함할 수 있고, 그렇게 포함된 종자들 모두가 그 내부에 새로운 나무들과 나무들의 새로운 종자들을 포함할 수 있으니 말이다. 여기 포함되는 이 새로운 종자들도 아마 상상할 수도 없이 작지만 그래도 다른 나무들과 처음의 종자들만큼 많은 종자들을 저장하고 있을 것이고 이런 식으로 무한히 계속된다.

이런 생각은 무한한 역량을 갖춘 신의 경이를 감각과 상상력의 관념들을 갖고 따져보는 사람들에게는 어리석고 기이하게 보일 수 있겠으나, 우리는 사과 씨에 무한하거나 거의 무한에 가까운 세기들 동안의 사과나무들, 사과들, 사과나무의 종자들이, 완전히 자란 사과나무와 그 종자 속의 사과나무의 비율에 따라 존재할 것이고, 자연은 이 작은 나무들을 그저 발육시키기만 할 뿐이라고 말할 수 있을 것이다.

자연은 종자 외부의 것은 뚜렷이 성장시키지만, 종자 속에 있는 것은 눈에 띄지 않게 성장시킨다. 그렇지만 실제로는 성발 성장하는 것이고 크기에 따라 성장의 비율을 맞추는 것이다. 이 나무들의 종자에 있다고 이해되는 충분히 작은 물질이 있어서 섬유 속에 들어가고 그렇게 영양분을 제공할 수 있으리라는 점이 확실하니 말이다.

우리가 방금 식물과 식물의 종자에 대해 말한 것으로 동물과, 동물들을 만든 종자들 역시 설명할 수 있다. 튤립 구근 싹에는 완전히 성장한 튤립이 보인다. 갓 낳아 신선하고 닭이 품지 않은 계란의 종자에는 성체의 닭이 보인다.10 개구리 알에서 개구리들이 보이고,11 솜씨와 경험이 뛰어나다면 종자속의 다른 동물들을 발견하여 보게 될 것이다.12

그러나 정신은 눈이 멈추는 곳에서 멈춰서는 안 된다. 정신의 눈은

---

10 난의 종자는 노른자위에 있는 작은 흰 반점 아래 있다. 말피기의 《계란에서 병아리의 발생에 대하여》(*De formatione pulli in ovo*)를 참조.

11 스바메르담의 《자연의 기적》(*Miraculum naturae*)을 참조.

12 [옮긴이] 말브랑슈의 장서에는 피에르 보렐(Pierre Borel, 1620~1671)의 《현미경의 관찰》(*Observations microscopiques*, 1656~1657)의 두 권으로 된 라틴어 집록이 있었다. 그는 로버트 후크의 《현미경의 기술》(*Micographia*, 런던, 1665)의 기술(記述)과 도판도 알고 있었으며, 스스로 다음과 같은 실험도 했다. "(말브랑슈는) 계란을 부화시키는 화덕을 갖고 있습니다. (…) 계란을 열어보니 그는 그 속에 심장이 형성되어 동맥과 함께 뛰고 있는 것을 보았습니다."(성 프란체스코회의 다니엘이 오라토리오 회 신부 N.-J. Poisson에게 보내는 편지, 1670년 8월 10일, OC, t. XVIII, p.59) 말브랑슈는 말피기〔《계란 속 닭의 형성에 대한 논고》(*Dissertation sur la formation du poulet dans l'oeuf*, 런던, 1673)〕와 스바메르담〔《자연의 기적》(*Miraculum naturae*, 레이덴, 1672, p.12)〕을 읽었다. 그러므로 말브랑슈가 부모의 종자부터 잠재적 형태로 미리 형성된 사지를 간주하는 성 아우구스티누스의 공론〔《신국론》(*La Cité de dieu*), liv. XXII, chap.xiv〕을 취한 것은 과학적 토대에서였다. 그는 배아 접합론(emboîtement)을 통해 이를 이브에게까지 확장시켰고, 스바메르담의 이른바 '난 주의자'(oviste)의 설명을 받아들인다. 1677년에 정자가 발견됨으로써 논쟁이 재연되었다. 그러나 말브랑슈는 여기서 자신의 텍스트를 수정하지 않았다. 그의 독창성과 1674년 라이프니츠에 대한 본 텍스트의 개연적인 영향(*A. Robinet, Malebranche et Leibniz, Relations personnelles*, 1955, p.160)에 대해서 P.Schrecker, éd. Roustan-Schrecker의 《진리의 탐구》 1권, 1938, pp.417~418를 참조. 또한 이 문제를 총체적으로 다룬 자크 로제, *Les Sciences de la vie dans la pensée française du XVIII*e *siècle. La génération des aniaux de Descartes à l'Encyclopéide*, 1963, pp.255~418을 참조.

신체의 눈보다 훨씬 더 확장되어 있는 것이다. 그러므로 우리는 더욱 이 세상이 끝날 때까지 태어날 인간과 동물의 모든 신체들이 아마 세계가 창조되었을 때부터 만들어졌으리라고 생각해야 한다. 내 말은 최초의 동물들의 암컷은 아마 그 동물들이 낳은 동일한 종의 동물들과 함께 창조되어, 장차 발생될 것임에 틀림없다는 것이다.

이 생각을 더욱 멀리까지, 아마 더 합리적이고 진실되게 밀고 나갈 수 있을 것이다. 그러나 신의 창조물에 너무 깊이 들어가 보려 하는 것은 아닌지 두려워하는 데도 이유는 있다.[13] 신의 창조물 어디에서나 무한만이 보이는 것이다. 우리의 감각과 상상력이 지나치게 협소하여 그것들을 이해할 수 없을 뿐 아니라, 전혀 물질적이지 않고 물질로부터 완전히 벗어나 있는 정신조차 지나치게 거칠고 미약하여 신의 창조물 중 가장 작은 것을 이해하지 못한다.

정신은 길을 잃고, 산만해지고, 눈이 부시고, 감각 언어로 원자라 불

---

13 [옮긴이] 앙드레 로비네는 이러한 신중한 태도가 그가 "숨은 신"이라고 부른 첫 번째 국면에 특징적이라고 말했다.〔《체계와 존재》(*Système et existence*), pp.19~22, 47〕 이 신중한 태도는 데카르트의 충고를 수용한 것으로, 특히 《철학의 원리》(*Principes*) 3부 1~3절에 나타나 있다 "우리는 다음 두 가지를 지켜야 한다. 그 하나는 신의 무한한 힘과 선함을 생각하여, 우리는 신의 작품인 이 세계가 매우 광대하며 아름답고 절대적인 세계임을 마음껏 상상해야 한다는 것이다. 그리고 신의 작품을 확실하게 인식하지도 못했으면서 어떤 한계를 설정하거나, 아니면 우리가 신의 장엄한 힘을 느끼지 못한 것처럼 보이지 않도록 해야 한다."(§1) "다른 하나는 우리가 지나친 자만심을 경계해야 한다는 것이다. (…) 신이 모든 사물을 우리 인간 때문에 창조했다고 상상할 때, 또는 신의 세계 창조 목적을 우리의 인식 능력으로 파악할 수 있다고 믿을 때 그 자만심은 극에 달한다고 하겠다."(《철학의 원리》, 3권 2절)

리는 것을 보면 질겁한다. 그러나 순수한 정신은 감각과 상상력에 비해 자신의 허약함과 신의 위대함을 알고, 정신이 길을 잃는 무한을 지각하는 장점을 갖는다. 반면 우리의 상상력과 감각은 신의 창조물의 가치를 떨어뜨리고, 우리에게 어리석은 확신을 마련해서 맹목적으로 오류에 몰아넣는다.

우리의 눈은 현미경을 이용하고 이성을 통해 발견하게 될 모든 것들에 대한 관념을 전혀 마련해 주지 못한다. 우리의 시각으로는 좀이나 진드기보다 더 작은 물질을 지각할 수 없다. 진드기 한 마리의 반半과 우리가 맺는 관계를 믿는다면 그것은 무와 같다. 이 관점에서 보면 좀이란 수학의 점이나 다름없어서, 그것을 나누는 것은 무無로 만들어 버리는 일이다. 그러므로 우리의 시각이 재현하는 것은 그것이 그 자체로 갖는 바에 따른 연장이 아니라, 그저 우리의 신체와 맺는 관계뿐이다. 좀의 반이 우리의 신체와 상당한 관계를 갖지 않는 데다가, 그것으로는 그 관계를 보존할 수도 없앨 수도 없으므로 우리의 시각으로는 전혀 그것을 보지 못하는 것이다.

그러나 우리의 눈이 현미경처럼 만들어졌거나, 우리가 좀이나 진드기만큼 작았다면 우리는 신체의 크기를 완전히 다른 방식으로 판단했으리라. 이 작은 동물들은 분명 자기들 주변의 것을 보기 위해 마련된 눈과, 우리가 보는 것보다 훨씬 더 크고, 훨씬 더 많은 수의 부분들로 구성된 신체를 가졌음이 분명하기 때문이다. 그 작은 동물들은 다른 방식으로는 그들의 생명의 보존에 필요한 자극을 받을 수 없을 테고, 그렇게 되면 그들의 눈은 전혀 쓸모없어질 것이다.

그러나 이 모든 점을 더 잘 확신하기 위해 우리의 눈이라는 것이 사실 자연적 렌즈일 뿐이며, 눈에서 나오는 체액은 안경 렌즈와 동일한 효과를 내고, 렌즈들의 위치, '수정체'의 모양, 그것과 '망막'[14]과의 거리에 따라 우리는 대상을 다른 방식으로 본다는 점을 고려해야 한다. 그래서 우리는 두 사람의 눈이 완전히 똑같다고 확신할 수 없으므로 대상을 똑같은 크기로 보거나 똑같은 부분들로 구성된 것으로 보는 두 사람이 세상에 있다고 확신할 수 없다.

이런 의미에서 모든 사람은 대상들이 그것을 동일한 한계나 등각等角에 따라 보이는 것과 똑같은 크기를 가졌다고 생각한다. 사람들은 직선을 통해 대상의 말단을 보기 때문인데, 그 말단은 대상을 등거리에서 봤을 때 뚜렷한 등각을 이루는 시각視角, angle visuel을 구성한다. 그러나 사람들마다 동일한 대상의 크기에 대해 갖는 뚜렷한 관념이 서로 동일한지는 확실하지 않다. 관념의 크기에 따라 사람들이 거리를 판단하는 방식은 동일하지 않다. 더욱이 시신경 섬유가 더 작고 섬세한 사람들은 이 신경이 더욱 조잡하게 구성된 사람들보다 한 대상에서 더 많은 부분들을 알아볼 수 있다.

이 모든 사실들을 기하학적으로 증명하는 것보다 쉬운 일은 없다.[15] 그래서 이 사실들이 충분히 알려지지 않았다면, 이를 입증하는 데 더욱 주의를 기울였을 테지만, 이 주제들은 이미 여러 사람들이 다루었으므로 이를 공부하고자 하는 이들은 그들의 책을 보기 바란다.

세상에 대상을 동일한 크기로 보는 두 사람이 존재하리라는 점이 확

---

14 시신경을 가리킨다.

15 데카르트의 《굴절광학》을 참조〔말브랑슈는 이 각주를 F판에 넣었다 — 옮긴이〕.

실하지 않고, 1669년 1월에 로마에서 출간된 〈주르날 데 사방*Journal des Savants*〉에 언급된 관찰 보고에 따라,16 간혹 동일한 사람이 오른쪽 눈보다 왼쪽 눈으로 더 크게 보기도17 하므로 이를 판단하는 데 우리 눈으로 본 것을 믿어서는 안 된다는 점이 분명하다. 그래서 우리 주변 물체들의 절대적 크기가 얼마인지, 1피에(약 32cm — 옮긴이) 크기의 사각형의 연장이나 우리 자신의 신체의 연장이 얼마인지 결정할 수 없음을 증명하는 이성의 목소리에 귀 기울이는 것이 더 나은 일이다. 그래야 이 관념으로 있는 그대로의 대상을 우리 머릿속에 재현할 수 있다.

이성은 모든 물체들 중 가장 작은 것이라도, 그것이 무한한 수의 부분들로 구성되었으므로 그 물체만 따로 놓고 보면 그것이 전혀 작은 것이 아님을 알려준다. 신은 그 작은 부분들 하나하나로 지구를 지을 수 있었고, 그때 지구는 다르게 결합된 전체들과 관련해 보자면 한 점에 불과할 것이다. 그래서 인간 정신은 세상에서 가장 작은 연장을 이해하고 파악할 정도로 충분히 큰 관념을 형성할 수 없다. 인간의 정신은 제한되어 있고, 이 관념은 무한한 것이 틀림없기 때문이다.

정신이 세계를 구성하는 이 무한한 것들 사이의 관계들을 대략 알 수 있다. 예를 들어 하나는 다른 것의 두 배이고, 1투아즈(약 2m — 옮긴이)는 6피에라는 것을 알 수 있다는 것은 사실이다. 반면, 정신은 이들 사물 그 자체의 모습을 재현하는 관념을 형성할 수는 없다.

---

16 [옮긴이] 〈문학지〉(*Giornale de Letterati*) 1669년 1월 29일 자. 보렐리가 밝힌 두 눈의 능력이 서로 다른 경우에 대한 관찰이다(한쪽 눈이 다른 쪽보다 더 근시이기만 하면 된다).

17 내 친구들 중 한 명은 책의 활자를 항상 왼쪽보다 오른쪽 눈으로 더 크게 본다.

그렇지만 나는 정신이 우리가 보는 물체들의 연장에 필적하거나 그 연장을 측정하는 관념들을 가질 수 있다고 가정하고 싶다. 사람들에게 그와는 반대되는 내용을 설득하기란 대단히 어렵기 때문이다. 그러므로 이 가정으로부터 끌어낼 수 있는 결론을 검토해 보도록 하자. 그로부터 신은 우리를 속이지 않으며, 신은 우리에게 대상을 크게 보이게 하거나 작게 보이게 하는 렌즈와 같은 눈을 우리에게 주지 않았고, 그래서 우리는 눈이 있는 그대로의 사물을 우리에게 재현해 준다는 점을 믿어야 한다는 결론이 분명 도출될 것이다.

신은 우리를 결코 속이지 않지만, 우리가 종종 너무 서둘러 사물들을 판단하면서 우리 스스로 잘못 생각하게 된다는 점은 사실이다. 우리는 종종 우리가 그것의 관념을 가진 대상들이 존재하며, 심지어 그 대상들과 관념이 완전히 일치한다고 판단한다. 그런데 이들 대상은 우리의 관념과 같지 않을 뿐 아니라, 심지어 존재하지 않는 일까지 있다.

우리가 어떤 사물의 관념을 가졌다는 사실로부터 그 사물이 존재한다는 결론을 내릴 수 없으며, 그 사물이 우리가 그것에 대해 가진 관념과 완전히 동일하다는 결론은 더욱 내릴 수 없다.18 우리가 1투아즈를

---

18 [옮긴이] 말브랑슈는 외부 대상들의 모든 지식에 대한 관념들의 매개가 제시하는 두 문제를 구분한다. "이제 관념에 대해 말해 본다면, 관념은 그 자체만을 고찰하고 어떤 다른 것과 연관시키지 않는다면, 관념은 본래 거짓일 수가 없다. 내가 산양을 상상하든 키마이라를 상상하든 간에, 내가 어떤 것을 상상하는 것 못지않게 다른 것을 상상하는 것 역시 참이기 때문이다. 또한 의지나 정념 자체에서도 거짓을 겁낼 필요가 없다. 내가 아무리 불합리한 것을 원하고, 또 그 어디에도 있지 않는 것을 원한다고 하더라도, 내가 그것을 원한다는 사실은 여전히 참이기 때문이다. 그러므로 이제 남은 것은 판단뿐인데, 여기에서 나는 잘못을 저지르지 않도록

눈앞에 보고 있을 때 신이 우리에게 그런 크기의 뚜렷한 관념을 갖게 해주었다는 것에서 1투아즈의 크기가 그 관념에 의해 우리에게 재현된 연장에 불과하다는 결론이 나오지는 않는다.

첫째, 모든 사람의 눈이 동일한 방식으로 배치되어 있지 않으므로, 이 투아즈라는 크기에 모두가 똑같이 뚜렷한 생각을 갖는 것은 아니고, 둘째, 같은 사람이 1투아즈를 먼저 오른쪽 눈으로 보고, 다음에는 왼쪽 눈으로 볼 때 1투아즈에 대한 완전히 동일한 관념이 생기지 않기 때문이다. 이 점은 우리가 조금 전에 언급한 바 있다. 마지막으로 같은 사람이라도 그가 동일한 대상이 더 멀리 있거나 덜 멀리 있다는 믿음에 따라 상이한 시간에 이 대상에 대한 완전히 상이한 관념들을 갖는 일도 종종 일어난다. 우리는 이를 다른 곳에서 설명할 것이다.

그러므로 물체를 그것이 그 자체로 존재하는 그대로 본다고 믿는 것은 전혀 근거 없는 편견이다. 우리가 눈을 갖는 것은 신체 보존을 위한 것뿐이므로 눈을 통해 우리가 대상의 관념들을 갖게 될 때 눈은 자신의 의무를 대단히 잘 이행한 것이다. 이 대상 속에 우리가 눈으로는 전혀 발견하지 못하는 무한히 많은 부분들이 있을지라도 그 대상들의 관념은 우리가 우리의 신체의 크기에 대해 갖는 관념에 비례할 것이기 때문이다.

그러나 우리 눈과 물체의 연장의 관계를 어떻게 판단해야 하는지 더 잘 이해하기 위해서 신이 하늘과 땅을 공球 하나 크기에 해당하는 물질의 몫으로, 그리고 지구 위의 인간을 지구라는 거대한 세상에서 관찰

주의해야 한다."(데카르트, 《성찰》, 3, t. IX, p.29)

하고 이와 똑같은 비율로 축소했다[19]고 상상해 보자. 이 소인小人들도 서로를 바라보고, 자신의 신체의 부분들을 바라보고, 그들을 귀찮게 굴 수도 있을 작은 동물들도 볼 것이다. 다른 식으로라면 그들의 눈은 자기 보존에 불필요하게 될 것이다. 그러므로 이렇게 가정한다면 이 소인들이 가진 신체의 크기에 대한 관념이 우리들이 그것에 대해 가진 관념과는 판이하게 다르리라는 점이 분명하다. 그 소인들은 우리에게는 공 하나 크기일 뿐인 그들의 작은 세계를 무한한 공간으로 간주할 것이니 말이다. 그리고 그것은 우리가 살아가고 있는 세상에 대해 우리가 판단하는 것과 거의 마찬가지이다.

이를 더 쉽게 이해하도록 신이 우리가 살아가는 지구보다 더 무한히 광대한 지구를 만들었다고 생각해 보자. 그럴 때 이 새로운 지구와 우리의 지구의 관계는 앞에 든 가정에서 우리가 말했던 크기와 우리의 크기의 관계와 같다. 더욱이 신은 이 새로운 세계를 구성할 모든 부분들에 우리가 살고 있는 세계를 구성하는 부분들과 동일한 비율을 보존했다고 생각해 보도록 하자. 우리 지구 인간들이 우리 지구와 우리가

---

19 [옮긴이] 우리가 절대적 크기가 아니라 관계만을 지각한다는 사실에 대한 이 구체적 예시는 18세기에 나올 중요한 우화들을 예고한다. 미크로메가스, 걸리버, 릴리푸트가 그것이다. 그러나 17세기 내내 하나 안에 다른 하나가 접합되어 있는 세계들의 이러한 상대성을 생각해보는 데 만족했다(A. Adam, *Les Libertins au XVIIe siècle*, Paris, 1964, p.172). 17세기의 자유사상가 중 한 명인 시라노 드 베르주락은 《달의 국가와 왕국들》(*Les États et les Empires de la Lune*)에서 무한한 공간으로서의 우리의 머리를 가로지르는 이(les poux)를 묘사한 뒤 "한 무한한 세계에는 무한한 세계들이 있다"는 결론을 내린다. 소렐도 《프랑시옹의 희극적 이야기》(*Histoire comique de Francion*)에서 진드기의 비유를 언급한다. 각주 93 참조.

보는 가장 멀리 떨어져 있는 별들 사이에 놓인 공간보다 더 크리라는 점이 명백하다. 사정이 이러하므로 그들이 신체의 연장에 대해서 우리가 가진 것과 동일한 관념을 가졌다면 그들은 자기 신체와 그 신체를 이루는 몇몇 부분들을 구분할 수 없을 것이고, 엄청난 크기를 갖는 어떤 다른 것들을 보게 되리라는 점이 명백하다. 그래서 그들이 사물을 우리가 보는 것과 동일한 크기로 보리라고 생각하는 것은 우스꽝스러운 일이다.

우리가 방금 제시한 두 가정에서 거대한 세계, 혹은 작은 세계의 인간들은, 그들의 눈이 그들의 신체의 크기에 비례하여 그들 주변에 존재하는 대상들의 관념을 갖추게 되리라 가정한다면 우리와는 아주 다른 물체의 크기의 관념을 갖게 되리라는 점이 분명하다. 그런데 그들의 눈으로 본 것에 따라 물체들은 그들이 바라보는 바 그대로일 것이라고 과감하게 확신할지라도 그들이 잘못 생각하는 것이 분명하다. 이 점은 누구도 의심할 수 없다.

그러나 확실한 것은 그들은 우리만큼이나 그들의 생각을 옹호하는 이성을 가진 존재들일 것이라는 점이다. 그러므로 우리는 그들의 사례를 통해서 우리가 보는 물체들의 실제 크기를 확신할 수 없고, 우리의 시각으로 알 수 있는 모든 것은 단지 물체들과 우리의 시각 사이의 관계, 즉 전혀 정확하지 않은 관계일 뿐이고, 한마디로 말해서 우리가 눈을 가진 것은 사물들의 진리를 판단하기 위해서가 아니라, 우리를 불편하게 할 수 있거나, 어떤 점에서 유용할 수 있는 사물들을 알기 위해서임을 배우도록 하자.

II. 눈을 벗어나는 주제들에 대해 우리 눈이 내리는 오류들의 계속

그러나 사람들은 가시적 대상들을 판단하기 위해 자기의 눈을 신뢰할 뿐 아니라, 비가시적 대상들을 판단하기 위해서도 신뢰한다. 사람들은 어떤 사물이 보이지 않게 되자마자 그 사물은 존재하지 않는다고 결론 내린다. 이런 식의 말은 시각에 무한한 통찰력을 부여하는 것이다. 바로 그 때문에 사람들은 무한한 자연의 결과들을 가져오는 실제 원인을 깨닫지 못하게 된다. 사람들이 그 원인들을 상상적 능력과 성질에 관련시킨다면 그것은 그들이 종종 구성configuration이 상이한 물체들의 실제 원인을 보지 않기 때문이다.

예를 들어 사람들은 공기나 불꽃을 이루는 작은 부분들을 보지 못할 뿐 아니라, 빛이나 훨씬 더 미세한 어떤 다른 물질의 작은 부분들은 훨씬 더 보지 못한다. 그리고 이 점이 사람들로 하여금 그 물질이 존재한다는 점을 믿지 않게 하거나 그 물질은 힘을 갖지 않고 활동하지 않는다고 판단케 한다. 사람들은 신비한 특질qualités occultes과 상상의 능력을 동원하여 이 지각할 수 없는 부분들로 인한 모든 결과가 자연적 원인임을 설명하고자 한다.

사람들은 펌프에서 물이 솟는 작용을 설명하기 위해 기압氣壓보다는 진공에의 공포[20]에, 바다의 조수潮水 간만干滿을 설명하기 위해 지구를

20 [옮긴이] 데카르트는 입구를 닫은 통에서 포도주가 흐르지 않도록 하는 '진공에의 공포'에 대해 "술통에 들어 있는 포도주가 통 위쪽 입구가 완전히 막혀 있기 때문에 통 아래쪽에 달려 있는 구멍으로 흘러나오지 않을 경우에 흔히 사람들은 이런 일이 생기는 이유를 진공에의 공포 때문이라고 말하는데 이는 적절치 못한 말

둘러싸는 기압보다 달의 성질에, 증기의 상승작용을 설명하기 위해 태양이 끊임없이 발산하는 미세한 물질의 부분들이 일으키는 단순한 추진력보다 태양의 '끌어당기는' 힘에 더욱 도움을 받고자 한다.

사람들은 동물들의 모든 운동, 습관들, 인간의 신체에 새겨진 기억을 설명하기 위해 피와 살(肉)에만 의존하는 사람들의 생각을 어리석은 것으로 간주한다. 그리고 이 점은 부분적으로 그들이 두뇌가 아주 작다고, 즉 두뇌에 존재하는 거의 무한에 가까운 것들의 흔적을 보존할 정도로 충분한 용적을 갖추지 않았기 때문이라고 생각하는 데서 나온다. 사람들은 이 점을 이해하지도 않고, 짐승들에게 신체도 정신도 아닌 영혼21이 있으며, 습관에 대해서는 지향적 특질과 존재들22을, 인

이다. 이 포도주가 무언가를 두려워하는 정신을 가지지 않았다는 것은 누구나 알고 있다. 또 만일 포도주가 정신을 가졌다고 해도 무슨 이유로 포도주가 이처럼 빈 곳을 두려워하는지 나는 모르겠다. 빈 곳은 사실 하나의 망상에 지나지 않는다"(《세계론》, chap.IV; t. XI, p.20)고 말했다.

21 [옮긴이] 예수회 신부 파라디는 《짐승의 지식에 대한 논고》(G. Pardies, S. J., *Discours de la connaissance des bêtes*, Paris, 1672)에서 데카르트의 주장을 제시하고, 동물이 정신적 영혼을 갖고 있다고 인정하는 일의 난점을 특기한 뒤, 결국 동물도 어떤 연장의 양상으로도 설명할 수 없는 감각지각과 기억을 갖는다고 인정한다. 그래서 파라디는 〔회상, 성찰, 결정만을 갖는(§93~97)〕 인간에게 고유한 정신과, 〔우리가 영혼이라고 부르는(§98)〕 생명의 원리 혹은 '형상'을 구분한다. 그것은 '순수한 정신'도 아니고, '물질적 형상'도 아닌 것이다(§105). "우리네 철학자들"은 헛되이 "신체적인 것 혹은 정신적인 것 말고는 세상에서 아무것도 모른다"고 반박하는데, 이에 덧붙여 "신체적 물질들 가운데 그들은 연장을 가진 실체라는 것 말고는 이해하는 것이 전혀 없다"고 썼다. 운동은 "물체가 아닌 어떤 것 (…) 이지만 그럼에도 불구하고 물체에 속한다."(§107) "이 물체를 살아 움직이게끔 하는 것, 감각 능력을 부여하고 (…) 동물을 구성하는 것"이 "실체 형상"이다. (§108~109)

22 [옮긴이] 《퓌르티에르 사전》에 따르면 지향적 존재들(les especes intention-

간의 기억에 대해서는 정신 속에 특별한 개념이 들어 있지 않는 비슷한 사물들을 받아들이고자 한다.

이 편견으로 인해 우리가 범하게 되는 오류들을 일일이 조사하는 데 집중했다면 내용이 지나치게 길어질 것이다. 자연학에는 그 편견이 일으키는 오류들이 대단히 많다. 한번 깊이 성찰해보고자 한다면 아마 놀랄 것이다.

그러나 이 문제들에 지나치게 집중하고자 하지 않더라도, 사람들이 보통 곤충이나, 그들이 썩었다고 부르는 물질에서 생겨난 다른 작은 동물들[23]을 경시하는 점에 쉽게 침묵하기란 어렵다. 그것은 경시의 대상에 대한 무지와, 내가 방금 말한 편견에 기초한 부당한 경시이다. 그렇지만 자연에는 경시할 만한 것이 전혀 없다. 신의 모든 창조물은 존중되고 감탄할 가치가 있다.[24] 특히 신이 그의 창조물을 만들고 보존

---

nelles)이란 "고대인들의 주장에 따르면 감각을 자극하기 위해 대상들에서 나오는 작은 원소들"을 가리킨다.

23 [옮긴이] 말브랑슈는 이 부분의 내용을 끝까지 남겼다. 자연발생에 대한 믿음이 유행인 시기였다. 데카르트는《성찰의 두 번째 반박에 대한 답변》(*Secondes réponses*)에서 "자네들이 파리나 식물 등과 관련해서 한 이야기가 자네들로 하여금 앞서 원인에 존재하지 않았던 어떤 등급의 완전성이 결과 속에 존재할 수 없다는 것을 입증해주는 것은 아니라네. 영혼이 없는 물체들 안에 놓여 있지 않은 어떤 완전성도 이성을 가지고 있지 않은 생물들 안에 놓여 있지 않다는 것이 확실"(t. IX, pp.105~106)하다고 썼다. 말브랑슈는 곤충 발생에 대한 프란치시 레디(F. Redi, 1629~1697)의 실험(Experimenta circa generationem insectorum, Amsterdam, 1671, n° 687 de sa bibliothèque)을 참조했고, 자신의《형이상학에 대한 대담》(*Entretiens sur la métaphysique*, XI, §8)에서 이를 보고한다. 이 책《진리의 탐구》의《마지막 주해》(§39)에서 말브랑슈는 "오늘날 우리는 곤충들이 부패한 것에서 생긴다는 저 기이한 생각에서 깨어났다"고 썼다.

하는 수단의 단순성simplicité des voies에 주의한다면 말이다.

가장 작은 각다귀나 가장 큰 동물이나 똑같이 완전하다. 균형 잡힌 그들의 사지는 다른 동물들의 균형만큼이나 정확한 것이다. 심지어 신은 그들의 작은 신체를 보상하기 위해 더 많은 장식을 제공하고자 했던 것 같다. 머리 위에 관冠장식, 도가머리, 그 밖의 다른 장식들도 갖고 있어서, 그런 것들과 비교하면 인간이 사치를 부려 창안할 수 있는 모든 것이 무색해진다.

그리고 나는 과감하게도 파리들의 눈만 사용했던 사람들이라면 그저 렌즈를 통해 파리 한 마리의 머리에서 보는 것만큼 아름답고, 정확하고, 심지어 화려하기까지 한 것을 위대한 공公들의 저택에서 단 한 번도 본 적이 없었다고 말할 수 있다. 예를 들어 사람은 눈 하나에 수정체가 하나씩 있지만, 파리는 수천 개가 있고, 그것도 질서 있게, 경이로운 정확성을 갖춰 배치되어 있다.

이런 것들이 아주 작다는 것은 사실이다. 그러나 아주 작은 공간에 수많은 아름다움이 집약되어 있다는 점이 더욱 놀랍다. 비록 아름다움이 대단히 흔하다지만 그래도 상당한 것이기는 하다. 그리고 이 동물들도 그 자체로 완전한 것이다. 반대로 신이 기적을 일으킬 때 거의 무한에 가까운 무수한 기적을 풍부하고 태산처럼 장엄하게 일으켰다는

---

24 [옮긴이] 말브랑슈는 베랑(Berrand)에게 보낸 한 편지에서(날짜 누락) 자유로운 시간이 생긴다면 "신의 창조물을 검토하고, 동물, 식물, 곤충 해부학을 연구하는 데" 쓰라고 충고한다. 그는 "흔히 곤충들을 무시하고 있지만 나는 신의 지혜라는 가장 위대한 사유를 내게 주었던 자연의 사물들을 한 번도 연구하지 않았다"(OC, t. XIX, p.949)고 썼다.

점을 보면 더욱 감탄스러워 보인다.

그러나 우리의 시각은 이 모든 아름다움을 우리가 보지 못하게 감춘다. 우리가 감탄해야 마땅한 신의 이 모든 창조물을 경시하는 것이다. 이 동물들이 우리 신체와 비교해서 작으므로, 우리의 시각은 그 동물들을 절대적으로 작다고 간주하게 했고, 그다음으로는 신체들이 그 자체로 작을 수 있기라도 했던 것처럼 그 동물들의 작은 크기 때문에 경시되어 마땅하다고 간주하게끔 한다.

그러므로 신체의 크기를 판단할 때 우리의 감각 인상을 따르지 않도록 노력하자. 예를 들어 어떤 새 한 마리가 작다고 말할 때 그 새가 절대적으로 작다고 이해하지 말도록 하자. 그 자체로 크거나 작은 것은 아무것도 없으니 말이다. 새 한 마리조차 파리에 비하면 크다. 그 새가 우리의 신체와 비교해서 작다고 해도 그로부터 새가 절대적으로 작다는 결과가 나오는 것은 아니다.

우리의 신체는 그것을 기준으로 삼아 다른 모든 것들을 측정하는 절대적 척도가 아니다. 우리의 신체도 지구와 비교해 보면 대단히 작으며, 지구는 태양이나 지구가 서로의 주위에서 그리는 원형 궤도와 비교해 볼 때 작으며, 이 원형 궤도는 우리와 항성들 사이에 놓인 우주와 비교해 볼 때 작으며, 이런 식으로 계속해 볼 수 있다. 우리는 더 크고, 무한히 더 큰 우주를 계속해서 상상할 수 있는 것이다.

III. 물체들 상호 간 연장에 대한 우리 눈의 오류에 대하여

그러나 우리의 감각이 다른 물체들과 우리 신체의 관계를 정확하게 가르쳐 준다고 생각해서는 안 된다. 정확성과 올바름은 생명의 보존에만 소용되는 것임에 틀림없는 감각 지식에 본질적 요소가 아니기 때문이다. 우리가 가까운 물체들과 우리 신체의 관계를 대단히 정확히 알고 있다는 점은 사실이다. 그러나 이 물체들이 멀어짐에 따라 그 물체들과 우리 신체의 관계는 작아지고, 따라서 그것들에 대한 지식은 적어진다. 우리가 어떤 물체를 볼 때 갖게 되는 크기의 관념이나 감정은 이 물체가 우리에게 덜 해로운 상태에 있을수록 감소하며, 그 관념이나 감정은 그 물체가 우리와 가까워질수록, 더 정확히 말하자면 그 물체와 우리의 관계가 증가할수록 확대된다.

끝으로 이 관계가 완전히 중단된다면, 그러니까 내 말은 어떤 물체가 대단히 작거나 우리와 대단히 멀리 떨어져서 우리를 해칠 수 없다면 우리는 그 물체에 대해 아무런 감정도 갖지 않는다. 그래서 우리는 시각을 통해서 간혹 물체들과 우리의 신체가 갖는 관계와, 그 물체들 상호 간의 관계를 어림잡아 판단할 수 있다. 그렇지만 우리는 절대로 그 물체들의 크기가 우리에게 보이는 그대로의 크기라고 믿어서는 안 된다.

예를 들어 우리 눈은 태양과 달의 폭이 1~2피에라고 생각하게 한다. 그러나 에피쿠로스와 루크레티우스처럼[25] 태양과 달의 폭이 정말 고

25 [옮긴이] 루크레티우스는 "태양의 바퀴와 열기는, 우리의 감각에 보이는 것보다/

작 그만큼이라고 생각해서는 안 된다. 달은 우리와 가까이 있기에 가장 큰 별들보다 우리 눈에 훨씬 더 크게 보이지만, 실제로는 그보다 비교도 할 수 없을 만큼 더 작다는 점이 확실하다. 마찬가지로 우리는 매일 지구에서 크기나 관계를 정확히 측정할 수 없는 두 사물 혹은 여러 사물들을 보고 있다. 이를 판단하려면 정확한 거리를 아는 일이 반드시 필요한데 이를 알기란 정말 어려운 일이다.

우리와 아주 가까이 놓인 두 물체 사이의 관계를 확실하게 판단하기도 쉽지 않다. 그 물체들을 손에 쥐고 서로 대보고 비교해야 한다. 더욱이 이 모든 것으로도 전혀 확신할 수 없어서 종종 주저한다. 크기가 거의 동일한 몇몇 동전을 관찰하고자 할 때 이 점이 분명히 드러난다. 그때는 그 동전들을 서로 포개어 보지 않을 수 없다. 그래야 그 동전들의 크기가 일치하는지 시각을 통해서보다 더 확실하게 알 수 있다. 종이 위에 선을 긋고, 그 선 끝에서 같은 길이의 두 번째 선을 수직으로 올려 그으면 두 번째 선과 첫 번째 선의 길이는 거의 같아 보인다. 그러나 첫 번째 선 중앙에서 두 번째 선을 올리면, 두 번째 선이 분명히 더욱 길어

아주 더 클 수도 아주 더 작을 수도 없으며"(《사물의 본성에 관하여》 5권, v. 564~565, 강대진 역, 아카넷, 2012, p.387), "그리고 달이 서자(庶子)인 빛으로 장소들을 비추면서 움직여가든,/ 아니면 자기 몸으로부터, 그것이 무엇이건, 자신의 빛을/ 던지든지 간에, 그것은 우리의 분별하는 눈에 그렇게 보이는 것보다 조금 더 큰 형상으로 움직이지 않는다"(v. 575~578, 위의 책, p.388). 데카르트는《철학의 원리》에 붙인 〈프랑스어판 머리말〉에서 "사람들이 전하는 바와 같이 에피쿠로스는 천문학자들의 계산을 무시한 채 태양이 실제로 보이는 것보다 더 크지 않다는 주장을 하기에까지 이르게 되었다"(*Principes, Préface au traducteur*, t. IX-2, p.6, 국역, p.528)고 비판한다.

보이고, 첫 번째 선 중앙에 더 가까이 가는 만큼 두 번째 선은 더욱 길어 보일 것이다. 동일한 경험을 두 개의 짚으로 할 수 있다. 그래서 두 짚의 길이가 같은지, 아니면 어느 한쪽이 더 긴지 알려면, 우리가 쉽게 하듯이 그 둘을 서로 나란히 눕혀 보아야 한다. 그러므로 우리의 눈은 사물 그 자체의 크기뿐 아니라, 물체들 사이의 관계에서도 우리를 속인다.

주의사항[26]

어떻게 눈이 만들어졌는지, 눈의 구성의 비율을 모르는 사람들은 이 장을 읽기에 앞서 이 책 말미에 넣은 부록을 읽는 것이 좋을 것이다.

26 [옮긴이] 이 부분은 마지막 판(G)에 추가된 것이다.

7장

I. 형상에 관한 우리 눈의 오류에 대하여

우리 시각은 우리에게 형상들보다 형상과 다른 모든 것을 제시할 때 우리를 더 오류에 빠뜨린다. 형상은 그 자체로 절대적인 것이 전혀 없고, 형상의 본성은 어떤 공간에서 끝나는 부분들과 어떤 직선, 혹은 이 공간 내부의 한 점 사이에 존재하는 관계에 있기 때문이다. 그 점을 원圓에서처럼 형상의 중심이라고 부를 수 있다. 그러나 우리는 수만 가지 방식으로 형상을 잘못 생각하고, 감각을 통해서는 그 어떤 형상도 대단히 정확하게 알 수 없다.

II. 우리는 더없이 작은 것들의 지식이 전혀 없다

우리는 방금 우리 시각이 모든 종류의 연장을 보여 주는 것이 아니라, 단지 우리 신체와 상당히 중요한 관계를 가진 연장만을 보여 주며, 이런 이유로 우리는 가장 작은 동물들을 이루는 모든 부분도, 액체는 물론 단단한 물체를 구성하는 부분들도 볼 수 없다는 점을 증명했다. 그렇게 그 부분들이 너무 작아서 지각할 수 없으므로, 그 결과 우리는 그 부분들의 형상을 볼 수 없다.[1] 물체의 형상은 그것의 경계를 이루는 가장자리일 뿐이니 말이다. 그러므로 우리 눈으로 발견할 수 없는 형상들의 수는 벌써 거의 무한에 가까울 뿐 아니라, 심지어 가장 큰 것도 발견하지 못할 수도 있다. 눈의 능력을 지나치게 신뢰하고, 사물들을 충분히 검토하지 않는 정신을 가진 사람은 이런 형상들이 아예 존재하지 않는다고 믿는다.

III. 우리가 더없이 큰 것들에 대해 가진 지식은 정확하지 않다

우리 시각에 적합한 물체들은 그렇지 않은 다른 물체들과 비교해 보면 그 수가 대단히 적은데 우리는 그 물체들의 형상을 대략적으로 발견은

---

1 [옮긴이] "나는 내가 보듯이 물체들의 감각할 수 없는 작은 부분들에게 특정한 모양과 크기와 운동을 부여하지만 그것들을 감각할 수 없다는 것을 인정한다."(데카르트, 《철학의 원리》, IV, art. 203)

하겠지만 감각을 통해 그 형상을 정확히 알 수는 없다. 시각을 통해서는 가장 단순한 두 형상인 하나의 원과 하나의 사각형을 손에 쥐고 우리 눈에 아주 가까이 갖다 대보아도 그 형상들이 타원이거나 평행사변형이 아니라는 확신조차 할 수 없다.

한마디 더 하자면 우리는 한 선이 곧은지 아닌지, 특히 그 선이 약간 긴지 아닌지 구분할 수 없다. 이를 구분하기 위해서는 자尺가 필요하다. 뭐라고? 우리는 그자가 틀림없이 존재해야 하는 바 그대로라고 가정한 것인지 알 수 없고,[2] 그 점을 완전히 확신할 수도 없다. 그렇지만 주지하다시피 선線에 대해 모르는 상태로는 어떤 형상도 충분히 알 수 없다.

이상이 일반적으로 손에 쥐고 우리 눈에 대단히 가까이에 가져간 형상들에 대해 말할 수 있는 내용이다. 그런데 이 형상들이 우리와 멀리 떨어져 있다고 가정하면 그것들이 우리 눈 깊은 곳에 투사될 때 얼마나 수도 없이 변할지 알게 될까? 나는 이 자리에서 그 변화들을 장황히 기술하고 싶지는 않다. 무슨 광학 서적을 읽거나 표로 정리된 형상들

2 [옮긴이] 완벽한 곧음은 구체적인 '자'(尺)로 관찰해도 얻을 수 없는 선험적 요구사항이다. 데카르트는《성찰의 다섯 번째 반박에 대한 답변》에서 "의심할 바 없이 세상에는 기하학자들에 의해 고찰되는 것과 같은 도형들이 존재할 수 있습니다. 그럼에도 불구하고 나는 그것들이 혹 우리의 감각을 결코 촉발할 수 없을 정도로 아주 작지 않은 한 결코 우리 주변에 존재할 수 없다고 생각합니다. 그것들은 대부분 직선으로 이루어져 있습니다. 그러나 결코 직선의 어떤 부분도 우리의 감각을 실제로 자극하지 못합니다. 왜냐하면 우리에게 정확하게 직선으로 보이는 선분도 확대경으로 관찰하면 전혀 바르지 않고 울퉁불퉁하다는 것을 발견하기 때문입니다."(t. V, 1; éd. latine, t. VII, pp.381~382)

을 검토만 해도 쉽게 배울 수 있는 것이기 때문이다.

화가들은 거의 모든 형상들을, 예를 들면 어떤 원들은 자연스럽게 보이도록 계란형으로 변화시키지 않을 수 없다. 이는 그림으로 그려지지 않은 대상들 속에서 우리의 시각이 틀림없이 오류를 범한다는 증거이다. 그러나 이 오류들은 새로운 감각작용을 통해 수정되는데, 이 감각작용을 우리는 일종의 자연적 판단으로 간주해야 하며, 이를 감각판단이라고 부를 수 있을 것이다.

IV. 우리가 잘못 생각하지 않도록 하는 어떤 자연적 판단들에 대한 설명

이 판단을 '자연적'이라고 부르는 것은 이 판단들은 조물주가 우리에게 부여한 것이기 때문이다. 예를 들어 우리가 어떤 입방체를 볼 때 우리가 보는 그 입방체의 모든 면이 우리 눈 깊은 곳에 전혀 투사되지 않거나, 동일한 크기의 이미지를 만들지 않는다는 점은 확실하다. '망막' 혹은 시신경 위에 그려진 입방체의 면들 하나하나의 이미지는 원근법으로 그려진 입방체와 대단히 닮았다. 그 결과 우리가 입방체를 감각할 때 그 입방체를 틀림없이 합동이 아닌 면들로 재현할 텐데, 그것은 원근법으로 그려진 입방체에서 이 면들은 합동이 아니기 때문이다. 그렇지만 우리는 그 면들 모두를 합동으로 보게 되지, 잘못 생각하는 법이 없다.

그런데 이런 일은 우리가 자연적으로 내리는 일종의 판단을 통해 일어난다고 말할 수 있을 것이다. 즉 다음과 같다. 가장 멀리 떨어져 있고, 비스듬히 보이는 입방체의 면들은 더 가까운 면들만큼 큰 이미지를 우리 눈 깊은 곳에 형성할 수 없다. 그러나 감각은 계속 감각하기만 하고 엄밀하게 말하자면 결코 판단은 하지 않으므로 이 자연적 판단은 그저 복합적 감각작용일 뿐임이 확실하다. 그 결과 그 감각작용은 간혹 그릇될 수 있다. 나는 이 감각작용을 복합적이라고 부르는데 그 이유는 우리 눈에 동시에 이루어지는 둘 혹은 여럿의 인상에 의존하기 때문이다.

예를 들어 나는 걷고 있는 어떤 사람을 보는데, 그가 내 쪽으로 가까이 다가옴에 따라, 내 눈 속에 그려지는 그의 신장身長의 이미지나 인상은 계속해서 증가하게 되니, 다섯 발자국 거리일 뿐인데 열 발자국이 되어 결국 두 배가 된다. 그런데 거리의 인상은 다른 인상이 증가하는 것과 동일한 비율로 감소하기 때문에, 나는 그것을 항상 동일한 크기로 본다. 그래서 내 쪽으로 다가오는 그 사람에게 내가 갖는 감각작용은 눈의 배치를 고려하지 않고서도 계속해서 두 개의 상이한 인상을 따른다. 다른 나머지에 대해서는 다음에 말하겠다.

그러나 우리 안에서 단지 감각작용인 것은 우리 안에서 그 감각작용을 일종의 판단처럼 자극하는 조물주와의 관계에 의해서 고려될 수 있으므로, 나는 감각작용을 지금 자연적 판단이라고 말하는 것이다. 이런 설명 방식은 이곳에서처럼 9장 말미와 다른 여러 곳에서 문제들을 설명해주는 데 쓰인다.

V. 동일한 판단이 어떤 개별적 경우에 우리를 속일 수 있다

내가 말하는 이 판단은 우리의 감각을 수천 가지 상이한 방식으로 수정하게 하고, 그 판단들이 없다면 우리는 십중팔구 잘못 생각하게 될 테지만, 그 판단들을 통해서도 우리가 오류를 범하는 경우가 있을 수 있다. 예를 들어 우리가 높은 성벽 뒤나, 산 뒤에서 종탑 상부를 보게 될 때 그것은 우리에게 대단히 가깝고 대단히 작아 보일 것이다. 나중에 우리가 그것을 동일한 거리에서 보되, 우리와 종탑 사이에 여러 밭과 여러 채의 집과 함께 본다면 그것은 우리에게 분명 더 멀리, 더 크게 보일 것이다. 그렇지만 이 방식이든 저 방식이든 종탑의 광선[3]의 투사나, 우리 눈 깊은 곳에 그려진 종탑의 이미지는 모두 동일하다. 그런데 우리는 자연적으로 내리는 판단으로 인하여 그것을 더 크게 본다고 말할 수 있다. 다시 말하면 우리와 종탑 사이에 밭이 많이 있기 때문에 종탑이 더 멀고, 결과적으로 더 커 보였던 것임이 틀림없다.

반대로 우리 눈과 종탑 사이에 밭이 많이 있음을 알고, 또 이 점이 아주 주목할 만한 것인데, 종탑이 아주 멀리 떨어져 있음을 우리가 알지라도, 그 밭을 우리가 전혀 보지 않는다면 그 종탑은 내가 방금 말한 것처럼 대단히 가깝고 대단히 작아 보일 것이다. 그리고 우리는 이런 일이 우리 영혼에 일종의 자연적 판단이 이루어져 생기는 것이라고 생각할 수 있다. 영혼은 오륙백 보步 떨어져서 그것을 판단하므로 다른 대

3 [옮긴이] 《퓌르티에르 사전》에 따르면 광선(rayon)는 "광학용어로 눈(目)으로부터 대상을 향하거나, 대상으로부터 눈을 향해 출발한다고 상상하는 선(線)"이다.

상들 사이에서 보이고 그 너머를 상상할 수 있는 다른 대상들을 뚜렷하게 보지 않는다면 대상들 사이의 더 큰 연장을 그려보지 못하기 때문이다.

바로 이 점 때문에[4][5] 달이 뜨거나 질 때 우리는 달이 지평선 위에 대단히 높게 올라 있을 때보다 달을 더 크게 보는 것이다.[6] 달이 대단히 높이 떠 있으니 우리는 달과 우리 사이에 비교를 통해 달의 크기를 판단하여 우리가 그 크기를 알게 될 대상들이 보이지 않는다. 그러나 달이 막 떴거나 지기 직전일 때 달과 우리 사이에서 우리는 대략 그 크기를 알고 있는 여러 들판을 보는 것이다. 그런 식으로 우리는 달이 더 멀리 떨어져 있다고 판단하고, 그 때문에 우리가 보는 달은 더 커 보인다.

또한 달이 우리 머리 위로 높이 솟았을 때 우리는 이성을 통해서 달이 대단히 먼 거리에 있음을 대단히 확실히 알고 있더라도 달을 대단

---

4 9장 마지막 부분과 내가 쓴 《레지스에게 보내는 답변》을 참조.

5 [옮긴이] 레지스의 반박은 다음과 같다. "대상들이 멀리 떨어져 있다고 우리가 판단할 때 그 판단이 대상들을 더 크게 보이게끔 만들기는커녕 더 작아 보이게 한다."〔《철학의 체계》(*Système de philosophie*), 1690, t. III, liv. VIII-2, chap.XXXI, p.243〕 이에 대한 말브랑슈의 답변은 레지스가 실제로 더 작은 망막의 이미지와, 수정체의 납작함을 혼동한다는 것이다. 말브랑슈는 수정체를 "망원경의 볼록렌즈"와 비교하면서 "이 렌즈가 더 평평할수록 굴절이 더욱 작아지고, 반대로 렌즈가 중심에 모은 이미지들이 더 커진다는 점을 경험으로 알 수 있다"(《레지스에게 보내는 답변》, chap.I, §11, OC, t. XVII-1, pp.270~271)는 결론을 내린다.

6 [옮긴이] 이 사례와 이에 대한 설명은 데카르트(《굴절광학》, disc. 6; t. VI, p.145)에서 온 것이다. "이 항성들은 뜨거나 지면서 우리와의 거리를 더욱 잘 나타내 주는 다양한 대상들이 있을 때보다, 중천(中天)을 향해 아주 높이 떠 있을 때 더 작아 보인다."

히 가깝고 대단히 작게 본다. 사실 시각의 이러한 자연적 판단은 우리 내부에서, 우리가 없이도, 우리 의지와는 무관하게7 이루어진다. 마찬가지로 달이 우리가 원하는 쪽으로 가지 않는다는 점을 우리가 알지라도 우리가 달리면서 달을 본다면 달이 계속해서 우리와 함께, 우리와 같은 쪽으로 달리고 있음을 볼 것이다. 그 이유는 달의 이미지(나는 항상 이미지라는 말을 대상이 눈 깊은 곳에 만드는 인상impression의 뜻으로 쓴다)는 비록 우리가 달리고 있을지라도 우리 눈 깊은 곳에서 뚜렷이 자리를 바꾸지 않는다는 데 있다. 그리고 그 원인은 쉽게 증명할 수 있는데 달이 멀리 떨어져 있기 때문이다. 그래서 우리가 달리고 있다는 점을 잘 느끼면서도 우리는 자연적으로 달도 우리처럼 달리고 있다고 판단하는 것임에 틀림없다.

그러나 우리와 가까이 있는 대상들을 바라보면서 달릴 때 그 대상들의 이미지는 우리 눈 깊은 곳에서 자리를 바꾸거나 우리가 우리 자신 속에서 일어난다고 느끼는 운동에 비례하여 증가하니까, 우리는 자연스럽게 그 대상들이 움직이지 않는다고, 즉 우리는 그 대상들이 움직이지 않고 있음을 본다고 판단한다.

그런데 이 자연적 판단은 대단히 유용한 것이기는 하지만, 자연적 판단과 완전히 일치하는 자유로운 판단을 내리게 하면서 종종 오류를 범하게 만든다. 우리 생각대로 판단하는 경우 어떤 것도 잘못 생각하

---

7 [옮긴이] 데카르트, 여섯 번째 반박에 대한 답변, §10. "이는 계산을 통해 태양이 지구보다 몇 배나 더 크다는 것에 대해 확신한 천문학자들에게 흔히 일어나는 상황, 즉 그럼에도 불구하고 태양을 보는 동안에는 태양이 지구보다 작지 않다는 판단을 관철시킬 수 없는 상황과 똑같은 상황이라는 것을 고백합니다."(t. IX, p.239)

지 않지만, 우리 느낌대로 판단하는 경우 항상 어떤 점에서 잘못 생각하게 된다. 물체는 물체에 대해서만 가르치고, 항상 진리를 가르치는 존재는 신뿐이기 때문이다. 나는 이 점을 다른 곳에서 보여 줄 것이다.

이 자연적 판단은 물체의 거리와 크기를 착각하게 만들 뿐 아니라 물체의 형상을 실제와는 다르게 보게끔 한다. 예를 들어 우리는 태양과 달, 그리고 대단히 멀리 떨어져 있는 구체球體들을 마치 그것들이 평평하거나 원圓인 것처럼 본다. 이렇게 멀리 떨어져 있으므로 이들 물체의 중심을 향한 부분이 다른 부분들보다 우리와 더 가까운지 구분할 수 없고, 이 때문에 우리는 그 거리를 동일한 것으로 판단한다. 또한 동일한 이유로 우리는 모든 별들이 이웃 별들과 거의 동일한 거리에 있으며, 하늘에 보이는 푸른색이 완벽하게 볼록한 타원형 궁륭 속에 있는 것처럼 본다. 우리 정신은 기복이 보이지 않을 때 항상 균등하다고 가정하기 때문이다. 그렇지만 우리 정신은 명백히 균등하게 보이는 곳에서만 실질적으로 균등하다는 점을 인정하는 것임이 틀림없다.

여기서 물체의 형상에 대한 우리 시각의 오류들을 더 장황히 설명하지는 않겠다. 이는 광학 관련 서적에서 다 배울 수 있다. 사실 이 학문이 가르치는 것은 눈을 속이는 방식뿐이며, 이 학문의 놀라운 솜씨는 그저 우리가 복합 감각작용이나 내가 방금 말한 자연적 판단을 갖지 않았음이 틀림없을 때 그것들을 우리에게 갖춰주는 수단들을 발견하는 데 있을 뿐이다. 또 세상에 존재하는 형상들만큼이나 이 수단을 실행하는 방식이 많으므로 한 가지 형상이라도 수만 가지 상이한 방식으로 그려 낼 수 있다. 그래서 시각은 반드시 형상을 잘못 판단한다.

그러나 이 문제를 깊이 설명할 자리는 이곳이 아니다. 우리 눈이 물체의 형상을 머릿속에 그려줄 때조차 눈을 지나치게 믿어서는 안 된다는 점을 보여 주는 데에는 우리가 앞서 말한 내용이면 충분하다. 물론 눈은 형상과 관련해서는 다른 모든 경우보다 훨씬 더 믿을 만하기는 해도 말이다.

8장

우리는 연장과 형상과 관련해서 우리 시각이 범하는 가장 중요하고 보다 일반적 오류들을 발견했다. 이제는 우리 시각이 물질의 운동에 관련해서 범하는 오류들을 교정해야 한다. 우리가 이미 연장에 관해 말했던 것이 있으니 이는 그다지 어렵지 않을 텐데, 연장과 운동 사이에는 대단히 큰 관계가 있어서 우리가 물체들의 크기를 잘못 생각하면 물체들의 운동 또한 잘못 생각하리라는 점이 틀림없다.

그러나 분명하고 뚜렷한 점만 말하고자 한다면 제일 먼저 운동이라는 단어가 갖는 모호함을 제거해야 한다. 운동이란 용어에는 보통 두 가지 뜻이 있기 때문인데, 하나는 움직이는 물체 속에 있다고 상상하는 어떤 힘이 그 물체의 운동의 원인이라는 뜻이고, 다른 하나는 우리가 움직이지 않고 정지해 있다고 간주하는 다른 물체와 멀어지거나 가까워지는 어떤 물체의 연속적 이동transport이라는 뜻이다.

예를 들어 한 공이 다른 공에 운동을 전달했다고 말할 때, 이 운동이라는 말은 첫 번째 의미로 쓰인 것이다. 그러나 우리가 그저 한 공이 엄청난 운동을 하는 것을 본다고 말할 때 그것은 두 번째 의미로 쓰인 것이다.[1] 한마디로 말해서 이 '운동'이라는 용어는 원인과 결과를 동시에 의미하는데 이는 아주 다른 두 가지 사항이다.

내가 보기에 운동을 전하고 물체들을 이동하는 힘에 관한 대단히 조잡하고 심지어 대단히 위험하기까지 한 오류들에 빠지고들 한다. '자연'이며 '내속impresse'[2] 특질이라는 이 근사한 용어들은 엉터리 학자들

---

1 [옮긴이] 데카르트는 《철학의 원리》에서 "일상적 의미로서의 운동 (…)이란 바로 행위, 즉 그로 인해 물체가 한 장소에서 다른 장소로 이동하는 행위(actio)"(2부 24절)라고 말한다. 데카르트는 그다음 절에서 "사실적 측면에서의 운동(…) 을 물질의 한 부분의 이동, 혹은 한 물체의 이동이라고 할 수 있다. 즉 자신과 닿아 있으면서 정지해 있는 것으로 간주되는 물체들과 이웃함으로부터 다른 물체들과 이웃함으로의 이동이라고 할 수 있다. 내가 한 물체나 물질의 한 부분으로써 의미하는 것은 함께 이동하는 모든 것을 의미한다. (…) 그리고 나는 항상 운동이 운동하게 하는 것에가 아니라 운동할 수 있는 것에 존재하는 것이라는 점을 드러내기 위해 운동을 이동시키는 힘이나 행위가 아니라 이동이라고 부르겠다"(2부 25절)고 썼다. 이러한 설명은 기회원인주의(occasionnalisme)를 예비한다. 코르드무아는 두 물체의 충격을 두 운동의 단순한 연속으로 환원한다. "물체 B가 물체 C를 원래 있던 자리에서 쫓아낸다고 (…) 말할 때, 이 점에서 확실한 것으로 인정되는 것을 올바로 검토한다면 우리는 그저 B가 움직였고, 정지해 있었던 C를 만났고, 이 마주침으로부터 전자는 움직임을 멈추고, 후자는 움직임을 시작했다는 점을 볼 수 있을 것이다."〔《영혼과 신체의 구분》(*Le Discernement du corps et de l'âme*), disc. 4, éd. cit., p.137〕

2 [옮긴이] 《퓌르티에르 사전》에 따르면 '내속'(impresse)이라는 말은 전형적인 스콜라 학파의 개념으로 "우리의 감각, 우리의 정신, 우리의 기억에 어떤 인상, 어떤 표시를 만든다"는 의미로 쓴다. 이와 마찬가지로 '자연' 개념은 어떤 존재를 발현시키는 내적 힘과 같다(Aristote, *Physique*, II, 1, début). 말브랑슈는 이 책 4권에서 아리스토텔레스의 철학을 이교도 철학으로 비판할 뿐 아니라, 자연을 어떤 실제 '힘'처럼 함부로 언급하는 몇몇 데카르트주의자들도 비판한다.〔《주해》

의 무지, 리베르탱들의 불경不敬을 가려주는 데나 적합한 것 같다. 이 점을 증명하기란 대단히 쉬울 것이다. 그러나 이 자리가 물체들을 움직이는 이런 힘에 대해 논할 곳은 아니다. 그 힘에는 가시적인 데가 전혀 없으며 내가 여기서 말하는 주제는 단지 우리 눈이 범하는 오류에 대한 것이다. 나는 때가 되면 이 점을 다시 언급하기로 한다.[3]

한 물체가 다른 물체에서 멀어지는 이동으로 보는 두 번째 의미의 운동은 가시적인 어떤 것으로, 이 장의 주제이다.

I. 우리의 눈으로는 그 자체로 고려된 운동의 크기나 속도를 알지 못한다

나는 6장에서 우리 시각이 물체들의 실제 크기가 아니라 물체들이 서로 맺는 관계만을 알려준다는 점을 증명했다. 이로부터 나는 우리가 물체들의 운동의 절대적이거나 실제 크기, 즉 물체들의 운동의 빠르기와 느리기가 아니라, 이 운동들이 서로 맺는 관계, 특히 우리 신체에서 흔히 일어나는 운동과의 관계만을 알 수 있을 뿐이라고 결론을 내린다. 이상이 이것이 내가 증명한 것이다.

우리가 한 물체의 운동의 크기를 이 동일한 물체가 거쳤던 공간의 길이로만 판단할 수 있으리라는 점이 확실하다. 그런데 우리 눈은 거

(*Eclaircissement*) X]

3 6권 2부 3장을 참조.

쳤던 공간의 실제 길이를 알려 주는 것은 아니므로 우리는 눈으로는 운동의 실제 크기를 알 수 없다.

이 증명은 내가 연장에 대해서 말한 바의 계속일 뿐이며, 내가 연장에 대해 증명한 바의 필연적인 연속일 때에만 힘을 갖는다. 다음이 아무것도 전제하지 않는 그중 한 가지이다. 그러니까 내 말은 우리가 물체가 거쳐 온 공간의 실제 길이를 분명하게 알 수 있을지라도 그 결과 우리가 운동의 실제 크기를 알 수 있다는 결과가 나오는 것은 아니라는 뜻이다.

운동의 크기 혹은 속도에는 다음 두 가지가 포함된다. 첫째 파리에서 생제르맹으로 가는 것처럼 한 장소에 있던 물체의 다른 장소로의 이동이고, 둘째 이 이동에 필요했던 시간이다. 그런데 한 사람이 빨리 움직였거나 느리게 움직여 그곳에 갔는지 알기 위해서는 파리와 생제르맹의 거리가 얼마나 되는지 정확히 아는 것으로는 충분하지 않고, 그 거리를 가는 데 시간이 얼마나 들었는지 알아야 한다.

II. 운동의 크기를 아는 데 필요한 지속은 우리에게 알려져 있지 않다

그러므로 나는 실제로 이 길의 행로를 알 수 있으리라는 점에 동의하지만 시각을 통해서도, 그 어떤 다른 방식을 통해서도[4] 그 길을 가는

4 [옮긴이] 말브랑슈는 운동의 두 차원인 크기와 지속을 이렇게 비판하면서, '절대

데 들인 시간과 그 지속의 실제 규모를 정확하게 알 수 있으리라는 점은 절대적으로 부정한다.

어떤 동안에는 우리에게 한 시간이 네 시간만큼 길게 느껴지는 것 같다. 반대로 다른 동안에는 네 시간은 자기도 모르게 흘러가 버린다. 예를 들어 우리가 기쁨에 가득 차 있을 때 시간은 그저 한순간일 뿐이다. 그때 시간은 흐른다는 생각도 없이 흘러간다. 그러나 슬픔으로 낙심해 있을 때나 무슨 고통을 겪을 때 하루는 훨씬 더 길게 지나간다. 그 이유는 고통으로 정신이 괴로우므로 정신이 그 고통의 시간을 지긋지긋하게 여기기 때문이다. 정신은 더욱 열중하므로 그 고통을 더 잘 느끼게 된다. 그래서 정신은 기쁨의 대상이나 전념하고 있는 대상에 몰두하는 동안 이상으로 고통을 더 크게 느낀다. 또한 정신이 쾌적한 일에 몰두할 때 기쁨 혹은 몰두하는 대상에 열중하기 위해 제정신이 아닌 것처럼 정신을 내놓는 것이다. 마찬가지로 그림에 재현된 아주 작은 사물들을 더 큰 주의를 기울여 바라보는 사람은 그림을 그만큼 더 크게 생각한다. 혹은 마찬가지로 현미경으로 파리의 모든 부분들을 식별하는 사람은 파리의 머리를 더 크게 생각한다. 그래서 정신은 파리를 더 큰 주의를 기울여 관찰하면서 파리의 모든 부분들을 느끼게 되므로 그만큼 더 그 시간을 길게 생각한다.

그래서 나는 신은 지속되는 시간의 모든 부분들마다 우리의 정신을

적 크기란 알 수 없다'(모든 척도는 관계의 설정이다)는 결론과, 시각은 심지어 관계에 대해서도 우리를 속인다는 결론을 이미 마련했다. 말브랑슈는 나중에 풍부한 감각 경험에 달린 경험된 지속의 주관성을 보여 준다. 그런데 지속을 측정하는 방법은 한 가지뿐이고, 그 방법은 두 운동 사이의 관계 설정으로 국한된다.

집중시킬 수 있다고 확신한다. 신은 우리에게 한 시간이 여러 세기처럼 느껴질 정도로 아주 적은 시간 동안 무수히 많은 수의 감각을 느끼게 하는 것이다. 결국 물체에 원자가 없듯이 지속에는 순간이 없다.[5] 물질의 가장 작은 부분도 무한히 나뉠 수 있듯이, 지속되는 시간을 이루는 더 작고, 무한히 더 작은 지속하는 시간의 부분들이 마련될 수 있으며, 이 점은 증명하기 대단히 쉽다. 그러므로 정신이 기억할 수 있는 어떤 흔적을 두뇌에 남겨 감각작용을 통해 그 지속의 시간을 이루는 저 작은 부분들에 주의를 기울였다면 정신은 그렇게 보였던 시간보다 분명 더 긴 시간으로 느꼈을 것이다.

그런데 결국 시계를 사용하게 되면서 시간이 얼마나 지속되었는지 정확히 알지 못한다는 점이 충분히 증명되었다. 그리고 나로서는 이것이면 충분하다. 우리는 운동 중에는 운동의 크기를 알 수 없고, 우리가 이미 보여 주었듯이 이전에 지속된 시간의 크기를 모르는 것이 틀림없으므로, 그 결과 지속의 절대적 크기를 정확하게 알 수 없다면 운동의

---

5 [옮긴이] 물질의 무한한 분리가능성을 내세우면 원자론을 배제할 수 있다. 데카르트는《철학의 원리》에서 "(…) 물질의 작은 부분들이 무한히 혹은 부정(不定)하게 나누어진다 (…). 즉 실제로 더 이상 나누어질 수 없을 정도의 많은 부분들로 나누어진다는 것이다"(2부 34절)고 말했고, 다음 절의 제목으로 "어떻게 그런 나누어짐이 일어나는지 비록 우리가 파악할 수는 없다 하더라도, 왜 그것이 일어난다는 것을 의심해서는 안 된다"고 썼다. "비록 그런 부정적 나누어짐이 어떻게 일어나는지 우리가 파악할 수는 없다 하더라도, 그 때문에 그것이 일어난다는 것에 의심을 품어서는 안 된다. 왜냐하면 우리는 그것이 아주 자명하게 인식된 물질의 본성으로부터 필연적으로 귀결된다는 것과 우리의 정신이 유한하기 때문에 우리가 파악할 수 없는 종류에 속한다는 것을 명석하게 지각하기 때문이다."(2부 35절)

절대적 크기도 정확하게 알 수 없다는 결론이 나온다.

그러나 지속들, 혹은 시간들 상호 간의 몇몇 관계들은 알 수 있으므로, 운동들 간의 몇몇 관계들도 알 수 있다. 태양의 한 해年가 달의 한 해보다 더 길다는 것을 알 수 있는 것과 마찬가지로, 대포알이 거북이보다 더 빨리 움직인다는 점도 알 수 있다. 그래서 우리가 눈으로 운동의 절대적 크기를 보지 못한다고 해도 대략 그것의 상대적 크기, 즉 한 운동이 다른 운동과 맺는 관계는 알게끔 돕는다. 우리 신체 보존을 위해 반드시 알아야 할 것은 그것뿐이다.

III. 물체들의 운동과 정지에 관련한 우리 눈의 오류의 사례

우리 시각이 물체들의 운동과 관련하여 우리를 속인다는 점을 분명히 알려주는 경우들은 많다. 우리에게는 움직이는 것처럼 보이는 사물이 사실은 전혀 움직이지 않았고, 우리에게는 움직이지 않는 것처럼 보이는 사물이 그래도 계속 움직이게 되는 일도 자주 생긴다. 예를 들어 대단히 빨리 달리고 대단히 균등하게 움직여 나아가는 뱃선에 앉아 있을 때 밭이며 도시가 멀어지는 것을 보는 것이다. 그때 밭과 도시들은 움직이는 것처럼 보이는 반면 배는 움직이지 않는 것처럼 보인다.[6]

6 [옮긴이] "배에 타고 있는 사람이 해안을 움직이지 않는 것으로 간주하면 그는 배가 항구에서 멀어져 가는 동안에 자신도 움직이고 있다고 믿는다. 그러나 만일 그

마찬가지로 어떤 사람이 화성에 있을 때 그는 시각으로써 태양, 지구, 모든 항성들은 물론 다른 행성들이 약 24~25시간 안에 자전하리라고 판단할 것이다. 그 시간은 화성이 행성 축 위에서 회전을 하는 데 드는 시간이다. 그러나 지구, 태양, 항성들은 화성이라는 행성 주위를 돌지 않는다. 그래서 이 화성인은 행성들이 사실은 움직이지 않는데 움직이고 있다고 볼 것이고, 설령 움직인다고 해도 움직이지 않는다고 믿을 것이다.

나는 바로 그런 이유로 뱃전에 앉게 될 사람은 쉽사리 자기 눈의 오류를 수정하겠지만, 화성인은 자기 오류에 고집스럽게 집착하리라는 점은 설명하지 않고 그대로 넘어가겠다. 배에서 잠이 들었다가 소스라쳐 깨어 일어나 보니 자기 쪽으로 다가오는 어떤 다른 배 한 척의 돛대 상부밖에 못 볼 사람에게 무슨 일이 벌어질지 깊이 생각해 본다면 그 이유를 대단히 쉽게 알 수 있을 것이다. 그가 바람에 부푼 돛과 작업 중인 선원들을 보지 않고, 자기 배의 요동과 흔들림도, 다른 비슷한 것도 전혀 느끼지 않는다고 가정한다면 두 척의 배 중 어느 쪽이 움직이는 것인지 알지 못하고 회의에 빠지고 말 것이다. 그럴 경우 그의 눈은 물론 그의 이성조차 그에게 아무것도 알려줄 수 없을 것이다.

가 자신이 타고 있는, 그리고 그 안에서 자신이 항상 동일한 위치에 머물고 있는 배 그 자체를 고려한다면 그렇지 않다. 물론 일상적으로 우리는 모든 운동에는 행위가 놓여 있고, 모든 정지에는 행위의 중지가 놓여 있다고 믿기 때문에 위의 경우에는 그가 움직이고 있다고 하기보다는 정지해 있다고 하는 것이 더 적합하다. 왜냐하면 그는 자기 자신에게서 어떠한 움직임도 느끼지 못하기 때문이다."(데카르트, 《철학의 원리》, 2부 24절) 말브랑슈는 데카르트의 사례를 여기서 확장한다.

9장

I. 운동과 관련한 우리 시각의 오류들의 일반적 증거

A는 보는 사람의 눈이고, C는 대상으로, 나는 그 대상이 A와 충분히 떨어져 있다고 가정한다. 내 말은 비록 대상이 C에서 움직이지 않더라도, 그것이 D까지 멀어지거나 B까지 접근한다고 믿을 수 있으며, 대상이 D쪽으로 멀어지더라도, 그 대상은 C에서 부동이고, 심지어 B쪽으로 접근하기까지 한다고 믿을 수 있다는 것이다. 반대로 이 대상이 B쪽으로 접근하더라도 그것이 C에서 부동이고, D쪽으로 멀어진다고 믿을 수 있다. 비록 대상이 C부터 E, 혹은 H까지, 혹은 G나 K까지 나아갔대도 우리는 그 대상은 C부터 F까지, 혹은 I까지만 움직였다고 믿을 수 있다. 그리고 반대로 대상이 C부터 F나 I까지만 움직였더라도, 그것이 E나 H, 혹은 G나 K까지 움직였다고 믿을 수 있다.

대상이 그것을 보는 사람과 마찬가지로 거리를 둔 선에 의해, 다시 말해서 그 대상을 보는 사람이 그 중심에 서게 되는 원주에 의해 움직

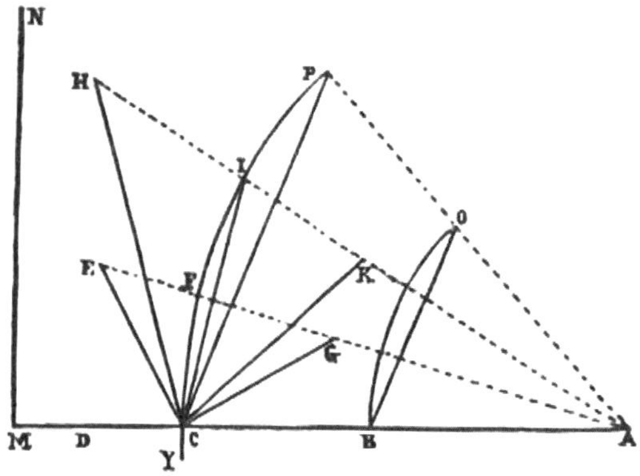

인다면, 비록 이 대상이 C에서 P로 움직일지라도 우리는 그 대상이 B에서 O로만 움직일 뿐이라고 믿을 수 있다. 반대로 대상이 B에서 O로만 움직일지라도 우리는 그것이 C에서 P로 움직인다고 믿을 수 있다.

대상 C를 넘어, 우리는 움직이지 않는다고 믿지만, N을 향해 움직이는 다른 대상 M이 있다면 비록 대상 C가 부동이거나 M에서 N을 향해서보다 훨씬 느리게 F를 향해 움직일지라도 그 대상이 Y를 향해 움직이는 것처럼 보일 것이고 반대의 경우에도 그러하며, 이런 식으로 계속된다.

II. 운동의 크기를 판단하기 위해서는 대상들의 거리를 반드시 알아야 한다

난점이 전혀 없는 마지막 명제를 제외하면 앞의 모든 명제들의 증거는 한 가지 사실, 즉 우리가 보통 대상들의 거리를 확실하게 판단할 수 없다는 사실에 달려 있음이 분명하다.[1] 우리가 대상들의 거리를 확실하게 판단할 수 없음이 사실이라면, C가 D를 향해 나아갔는지, B를 향해 접근했는지 알 수 없게 되고, 다른 명제들도 마찬가지이다.

그런데 우리가 대상들의 거리에 대한 판단이 확실한지 알기 위해서는 그 거리를 판단하기 위해 사용하는 수단들을 검토해 보기만 하면 되고, 그 수단들이 불확실하다면 절대로 판단에 잘못이 없을 수가 없다. 그 수단에는 여러 가지가 있는데, 이를 설명해야 한다.

---

1 [옮긴이] 운동의 상대성(가장 멀리 떨어져 있는 대상보다 더 가까이 있는 대상은 설령 부동(不動)인 채 있거나 동일한 방향으로 대단히 느린 속도로 나아가더라도 반대 방향으로 움직이는 것 같다)에 기초한 마지막 명제를 제외하고, 여기 제시된 여러 경우들은 모두 정도의 차이는 있지만 대상의 거리의 대략적인 산정에 의존한다. 출발점에서 운동의 정확한 상황에 잘못 규정된다면 그 운동은 불확실한 채로 남는다. 그런데 난점이 대단한 것으로 남을 만큼 "충분히 멀리" 떨어져 있다고 가정되었다. 거리를 측정하는 방법들에 대한 다음의 분석은 시각의 오류를 연구하는 데 도움이 된다.

III. 대상들의 거리를 알기 위한 수단들의 검토

대상들의 거리를 판단하기 위한 첫 번째 수단

우리가 서로 거의 떨어지지 않은 대상들의 거리를 판단하기 위한 최초이자, 가장 보편적이자, 간혹 가장 확실한 수단은 우리 눈에서 나오는 광선들이 이루는 각을 재는 일이다. 이때 대상은 시각의 꼭짓점, 즉 이 광선들이 합류하는 지점이다. 이 각이 대단히 클 때 우리는 대상이 아주 가까이 있다고 보고, 반대로 이 각이 대단히 작을 때 우리는 대상이 아주 멀리 떨어져 있다고 본다. 그리고 각이 변화함에 따라 우리 눈에서 일어나는 위치를 변화시켜 보는 일은 우리 영혼이 대상들이 멀리 떨어져 있는지 가까이 놓여 있는지 판단하기 위해 사용하는 수단이다.

그 길이가 얼마나 되는지 알 수 없는 두 직선 막대기를 손에 쥔 한 맹인은 일종의 자연 기하학으로써 이 두 막대기의 끝에 닿는 어떤 물체와의 거리를 대략 판단할 수 있을 텐데 이는 맹인의 손이 닿거나 멀어지기 때문이다.[2] 그래서 영혼은 눈의 배치를 통해 한 대상의 거리를 판단한다고 말할 수 있다.[3] 영혼이 그 대상을 큰 각으로 볼 때와 작은 각

---

2 [옮긴이] 데카르트는《굴절광학》(t. VI, pp.84~85)에서 맹인이 쥐고 있는 두 개의 막대기를 통해 광선들(視線, rayons visuels)을 정교하게 구체화했다. "둘째로 우리는 두 눈의 상호 관계에 의해 거리를 안다. 우리가 말하는 맹인이 두 개의 막대기 AE, CE를 잡는데, 나는 그가 길이를 모른다고 가정하고, 그의 두 손 A와 C 사이의 간격과 두 각 ACE, CAE의 크기만을 알 뿐인데, 맹인은 이로부터 어떤 자연 기하학에 의해서처럼 E의 지점이 어디에 있는지 알게 된다."(*Ibid.*, p.137)

3 영혼은 내가 그것에 부여하는 모든 판단들을 하는 것은 아니다. 이 자연적 판단들은 단지 감각작용일 뿐이다. 그리고 나는 더 간단하고, 다른 사람들처럼 말하기 위

으로 볼 때, 즉 대상이 가까울 때와 대상이 멀리 있을 때 거리는 동일하지 않다.

대단히 쉬운 다음의 실험을 해본다면 내가 한 말을 쉽게 납득할 것이다. 열린 틈이 보이지 않는 반지를 가는 끈 끝에 매어 늘어뜨리거나, 땅에 막대기 하나를 박아 넣고, 손에는 끝이 구부러진 다른 막대기를 쥐어 본다고 가정하자. 그리고 반지나 막대기에서 서너 발자국 물러선다. 한 손으로 눈 하나를 가리고 다른 손으로는 반지에 실을 꿰거나 비스듬히 만지려고 해보고, 그 막대기를 손에 쥔 막대기와 거의 눈높이에 맞추려고 해본다. 그러면 아마 대단히 쉬운 일로 믿었던 것을 백 번을 해도 이를 수 없다는 점에 놀랄 것이다. 막대기도 버리고 다시 손가락 하나로 반지를 비스듬히 꿰고자 한다면 더 가깝게 접근한다고 해도 어려움을 느낄 것이다.

그러나 주목해야 할 것은 내 말은 반지에 실을 꿰거나 막대기를 비스듬히 건드리려고 했다는 것이지 눈과 반지를 직선으로 연결하고자 했다는 것이 아니다. 그때는 어렵지 않을 것이다. 두 눈을 다 뜨는 것보다 한 눈을 감고 해치우는 것이 오히려 더 쉬울 것이다. 우리는 그런 방식으로 초점을 맞춘다.

그런데 반지를 비스듬히 꿸 때의 어려움은 한쪽 눈만 뜨고, 다른 쪽 눈은 감은 상태이기 때문에 내가 방금 말했던 각을 모른다는 점이다. 한 각의 크기를 알기 위해서 밑변의 길이와 이 밑변 위에 놓인 변 하나가 이루는 각의 크기를 아는 것으로 충분하지 않기 때문이다. 이는 앞

해서만 그렇게 말할 뿐이다. 7장 4절을 참조.

의 실험으로 알게 된 것이다. 그러나 밑변 위에서 다른 변이 이루는 다른 각이나 두 변 중 하나의 길이는 언제나 알아야 하고, 이는 다른 쪽 눈을 떠야만 정확하게 알 수 있다. 그래서 영혼은 반지의 거리를 판단하기 위해 자신의 자연기하학을 사용할 수 없게 된다.

그러므로 눈의 배치가 대상 속에서 교차하고 마주치는 광선들rayons visuels로 이루어진 각을 따르는 것은 영혼이 사물들의 거리를 판단하기 위해 사용하는 가장 훌륭하고 가장 보편적인 수단 중 하나이다. 그래서 이 각이 현저하게 변하지 않는다면, 대상이 우리를 향해 다가오든 우리로부터 뒤로 물러서든 약간 멀어지게 될 때 이 수단은 오류를 만들 것이고, 영혼은 그 수단을 사용해서 이 대상의 거리를 판단할 수 없으리라는 결과가 나올 것이다.

그런데 우리 시각에서 1피에 거리의 대상을 4피에 거리로 옮길 때 이 각이 뚜렷하게 변한다는 점은 대단히 쉽게 알 수 있다. 그러나 4피에 거리에서 8피에 거리로 이동했을 때 이 변화는 훨씬 덜 뚜렷해지며, 8에서 12피에 거리로 이동했을 때는 그보다 훨씬 덜 뚜렷하고, 1,000에서 10만이 되었을 때는 거의 변화가 없다. 결국 우리가 그 대상을 상상의 공간에까지 가져가더라도 변화는 더는 느껴지지 않을 것이다. 그래서 A와 C 사이에 상당한 공간이 있다면, 영혼은 이 수단을 통해서는 대상이 B에 가까운지 D에 가까운지 알 수 없을 것이다.

바로 이런 이유로 우리는 태양과 달이 비록 대단히 멀리 떨어져 있을지라도 구름을 덮고 있기라도 한 것처럼 바라보고, 모든 항성은 똑같은 거리에 있고, 혜성은 안정적이고 경로의 끝에서 거의 아무런 움직임도 없다고 자연스럽게 믿게 된다. 우리는 혜성이 우리 눈 쪽에 거의 직선이거나 직접 우리와 멀어지므로 몇 달 후에는 완전히 사라지고, 저 광대한 우주 속으로 그렇게 사라진다고 상상하기까지 한다. 그 우주로부터 혜성들은 몇 년 후, 혹은 여러 세기 후에나 되돌아오는 것이다. 즉 혜성들은 우리에게 더는 보이지 않게 되자마자 사라지는 것이 아니라는 점이 분명하다.

대상들의 거리를 판단하기 위한 두 번째 수단

영혼이 대상들의 거리를 판단하는 두 번째 수단을 설명하기 위해서는 눈의 모양이 우리가 보는 대상들의 상이한 거리에 따라 달라져야[4] 할 필요가 있음을 알아야 한다. 한 사람이 가까운 대상을 볼 때 그의 눈은 더욱 길쭉해지거나, 대상이 멀리 떨어져 있을 때보다 수정체가 망막에서 더 멀어져야 한다. 이 대상의 광선들이 시신경 위에서 모이기 위해서는 이 신경과 수정체 사이의 거리는 더욱 커야 한다. 특히 그 대상에 거의 빛이 비치지 않을 때 그 대상을 뚜렷하게 보기 위해서는 그 거리가 반드시 클 필요가 있다.

대상이 가까울 때 수정체가 더욱 볼록해졌다면, 그때 눈이 길쭉해져 있을 때와 동일한 결과가 생길 것이다. 그런데 수정체가 쉽게 볼록면을 바꿀 수 있다고는 믿을 수 없다.[5] 다른 한편으로 눈이 길쭉해진다는 대단히 개연적 증거가 있다. 해부학을 통해 눈을 중간에서 둘러싸

---

4 [옮긴이] 데카르트는 "이 모양은 약간 다른 것이 될 것이다"(《굴절광학》, disc. 6; t. VI, p.137)라고 썼다.

5 마지막 주해, 31번과 그 이후를 참조.

는 근육이 있음을 알게 되며, 우리가 아주 가까이에 있는 어떤 것을 보고자 할 때 이 근육이 눈을 압박하면서 겉보기에 눈이 길쭉해진다고 느끼게 된다.

그런데 이 자리에서는 이 과정이 어떤 방식으로 이루어지는지까지 알 필요는 없다. 눈을 둘러싼 근육의 압박을 가하기 때문이든, 수정체를 눈의 다른 체액들 사이에 매달아 놓는 '섬모ciliaires'6 인대와 이어지는 작은 신경들이 수정체를 더욱 볼록하게 만들기 위해 느슨해지거나, 수정체를 덜 볼록하게 만들기 위해 죄기 때문이든, 눈동자가 확장되거나 수축하기 때문이든 말이다. 이것이 많은 사람들의 눈에 다른 변화가 일어나지 않는 이유이다.

어떤 것이 됐든 변화가 일어나는 목적은 대상들의 광선이 시신경 위에 모이게끔 하는 것뿐이다. 그런데 대상이 오백 보나 천 리외lieue (유럽, 특히 프랑스에서 쓰던 옛 거리 단위. 1리외는 약 4km — 옮긴이) 떨어져 있을 때, 그 대상을 눈 주위의 근육들에서도, 수정체의 '섬모' 인대와 이어지는 신경들에서도, 눈동자의 열린 부분에서도 아무런 뚜렷한 변화 없이 동일한 방식으로 배치된 눈으로 본다7는 점이 확실하며, 그때 대상들의 광선은 망막이나 시신경에 대단히 정확히 모이게 된다. 그래서

---

6 [옮긴이] "조직간(組織間)이라고 부르는 눈의 부분을 이르는 말. 이 부분을 섬모 인대라고도 하는데 눈꺼풀의 눈썹이나 털처럼 만들어졌기 때문이다."(《퓌르티에르 사전》)

7 [옮긴이] 데카르트는 "수정체 체액이 배치될 때 대상이 눈에서 3~4피에 이상 멀어지게 되자마자 그것은 훨씬 덜 뚜렷하지 않게 변한다"(《인간론》(*L'Homme*), t. XI, p.162)고 썼다.

영혼이 내가 방금 말한 눈의 배치를 통해서만 대상들이 떨어진 거리를 판단했다면, 1만 리외나 10만 리외 떨어진 대상들이 고작 오륙백 보 떨어져 있다고 판단하게 될 것이다.

그러나 이 방법은 대상이 가까이 있을 때 영혼에 쓸모가 있으리라는 점이 확실하다. 예를 들어 어떤 대상이 우리와 고작 반보半步 떨어져 있다면, 우리 눈을 근육이 압박하도록 배치함으로써 그 거리를 충분히 알아볼 수 있다. 그래야 눈을 좀 더 길쭉하게 만들 수 있다. 그런데 근육을 이렇게 배치하는 일은 고되다. 이 대상이 2보 거리에 있다면 전혀 고되지 않을지라도 근육의 배치가 다소 뚜렷하므로 이를 구분하게 된다. 반면 이 대상을 몇 보 더 멀리 떨어뜨려 놓으면 근육의 배치는 거의 변화가 없게 되므로 그런 배치는 대상의 거리를 판단하는 데 전혀 불필요해진다.

이상이 영혼이 대상의 거리를 판단하기 위해 사용한다고 말할 수 있는 두 방법이다. 이 방법들은 대상이 오륙백 보 떨어져 있을 때 전혀 쓸모가 없고, 대상이 더욱 가깝더라도 전혀 확실하지 않다.

대상들의 거리를 판단하기 위한 세 번째 수단

세 번째 수단은 눈 깊은 곳에 그려져, 우리가 보고 있는 대상들을 재현하는 이미지의 크기로 파악하는 것이다. 이 이미지는 대상이 멀어짐에 따라 작아진다고 인정된다. 그러나 이런 이미지 크기의 감소는 거리를 변화시키는 대상이 더욱 멀어짐에 비례하여 그만큼 덜 뚜렷하다. 어떤 대상이 오륙백 보 거리에 있을 때처럼 그 크기에 다소 비례하여 적당한 거리에 놓여 있다면, 그 대상을 재현하는 이미지에 뚜렷한 변화가 일어나지 않아도 그 거리에는 상당한 변화가 일어난 것이다. 이 점은 쉽게 증명된다. 그래서 이 세 번째 수단도 우리가 방금 언급한 다른 두 수단과 동일한 결함을 갖는다.

더욱이 영혼이 이들 대상이 가장 멀리 떨어져 있다고 판단하지 않는다는 점에 주목해야 한다. 망막에 그려진 그 대상들의 이미지는 더욱 작으니 말이다. 예를 들어 내가 백 보 거리에서 한 남자와 한 나무를 보거나, 하늘에 뜬 여러 별들을 볼 때, 망막 위에 그려진 인간의 이미지와 작은 별들의 이미지가 나무의 이미지와 커다란 별들의 이미지보다 더 작더라도, 나는 사람이 나무보다 더 멀리 떨어져 있고, 작은 별들이 가장 큰 별들보다 더 멀리 떨어져 있는지 판단하지 못한다.

감각 경험상 거리가 얼마나 떨어져 있는지 대략적으로 판단하려면 대상의 크기 또한 알아야 한다. 집의 이미지가 한 사람의 이미지보다 더 클지라도 나는 집 한 채가 사람보다 더 크다는 점을 알고 있고 또 그 경우를 여러 번 보았더라도 나는 그 이미지를 판단하지 않거나[8] 더 가깝게 보지 않는다. 별들의 경우도 마찬가지이다. 어떤 별들이 다른 별들보다 우리로부터 훨씬 더 멀리 떨어져 있다고 믿는 것이 합당한 일이라고 해도 우리 눈은 별들이 모두 동일한 거리에 있는 것으로 재현한다. 그래서 우리가 그 크기를 모르는 무한한 대상들이 있듯, 거리를 알 수 없는 무한한 대상들이 있다.

---

8 〈레지스 씨에게 보내는 답변〉에서 이 장과 관련된 주해를 참조.

대상들의 거리를 판단하기 위한 네 번째와 다섯 번째 수단

우리는 또한 대상이 우리 눈에 작용하는 힘을 통해서 그 대상의 거리를 판단한다. 멀리 떨어진 대상은 다른 대상보다 훨씬 더 약하게 작용하는 것이다. 그리고 눈 속에 형성된 이미지의 차이와 선명함에 따라서 거리를 판단하기도 한다. 대상이 멀리 떨어져 있을 때 눈에 있는 구멍이 더 크게 열리고 그 결과 빛줄기들은 약간 불분명하게 모이게 되는 것이 틀림없다.[9] 바로 이런 이유로 빛이 거의 비추지 않은 대상들이나 우리가 희미하게 보는 대상들이 실제보다 약간 더 멀리 보인다. 반대로 우리가 뚜렷이 구분하는 광체光體는 우리에게 더욱 가까이 보인다. 이들 다섯 번째 수단이 대상들의 거리를 확실하게 판단하는 데 전혀 보증이 되지 못한다는 점이 대단히 명백하다. 그래서 우리는 이 문제를 건너뛰어 마지막 수단으로 넘어가겠는데, 그 수단은 가장 상상력을 돕고, 대상이 대단히 멀리 떨어져 있음을 영혼이 더욱 쉽게 판단하도록 해준다.

대상들의 거리를 판단하기 위한 여섯 번째 수단

그러므로 가장 중요한 여섯 번째 방법은 눈이 다른 대상들과 분리된 한 대상을 영혼과 관련시키지 않도록 하는 것이다. 그러나 영혼이 우리가 고려할 주요 대상과 우리 사이에 존재하는 모든 것들을 깨닫게는 해야 한다.

예를 들어 우리가 아주 멀리 떨어진 종탑을 볼 때 보통 우리와 종탑

---

9 마지막 주해, 17번.

사이에 있는 여러 밭과 여러 채의 집을 동시에 본다. 우리가 밭들과 집들이 얼마나 떨어져 있는지 거리를 판단하고, 그럼에도 종탑은 그 너머에 있다고 보기 때문에, 우리는 종탑만을 볼 때보다 그 종탑이 더 멀리 떨어져 있고, 심지어 더 크고 거대하다고 판단한다. 그러나 눈 깊은 곳에서 그려지는 이미지는 우리와 종탑 사이에 밭과 집이 있든 없든, 우리의 전제처럼 종탑을 똑같은 거리에서 본다는 조건에서 항상 크기가 동일하다. 그래서 우리는 대상들이 사이에 있다고 생각하는 거리에 따라 그 대상들의 크기를 판단한다.10 우리와 대상 사이에서 우리가 보는 대상들은 우리의 상상력을 도와 그 대상들과 우리의 거리를 판단하게 한다. 마찬가지로 우리는 지속된 시간의 크기나, 우리가 어떤 행동을 한 이후에 흘러간 시간을, 우리가 한 일이나 그 행동을 한 이후에 우리가 연속적으로 가졌던 생각을 모호하게 기억하면서 판단하는 것이다. 이 모든 생각들과 이 모든 행동들이 꼬리를 물고 이어져서, 우리 정신이 어떤 시간의 길이 혹은 지속된 시간을 이루는 어떤 부분을 판단하도록 도와준다. 더 정확히 말하자면 이 연속적인 모든 사유들의 혼란한 기억이 지속된 시간에 대한 우리의 판단과 동일한 것인데, 이는 우리와 종탑 사이에 놓인 밭의 혼란스러운 시각이 종탑의 거리에

10 [옮긴이] 데카르트는 "영혼은 시각의 대상들의 크기를 (…) 그 대상들의 모든 점들의 거리와 배치를 앎으로써 깨달을 수 있을 것"(《인간론》, t. XI, p.160)이라고 말하지만, 그런데 이런 "배치도 역시 우리를 속일 수 있"는데, 이는 항성들이 "뜨거나 지면서 그것과 우리 눈 사이에 다양한 대상을 두어 그 거리를 더 잘 알 수 있게 할 때보다 중천을 향해 대단히 높이 떴을 때 더 작게 보이"(《굴절광학》, disc. 6; t. VI, p.145)는 것과 같다고 썼다.

대한 자연적 판단과 동일한 것과 같다. 이 자연적 판단은 그저 복합 감각작용들에 불과하다.

이로부터 달이 지평선 아주 높이 떠 있을 때보다 달이 지평선 위로 떠오를 때 더 커 보이는 실제 이유를 쉽게 알 수 있다.[11] 달이 뜨면 달은 우리에게 몇 리외 떨어진 것처럼 보이고, 우리 시선이 끝나는 지평선 끝이나 밭들 너머에 있다. 반면 달이 지평선 위에 올랐을 때 우리는 달이 그저 반半 리외 정도 떨어져 있거나, 집들보다 7~8배 더 높은 곳에 있다고 판단한다. 그래서 우리는 달이 지평선에서 대단히 멀리 떨어져 있을 때보다 지평선에 더 가까이 있을 때 훨씬 더 크다고 판단한다. 달이 지평선 위에 대단히 높이 올라 있을 때보다 달이 뜰 무렵에 우리와 훨씬 더 멀리 떨어져 있다고 판단하기 때문이다.

대단히 많은 철학자들이 우리가 방금 말한 내용의 원인을 땅에서 증기가 솟아오르는 점에서 찾는 것이 사실이다. 그들의 주장은 증기로 인해 대상의 광선들이 끊어지기 때문에 더 크게 보인다는 것이다.[12] 그러나 그들이 잘못 생각하는 것이 확실하다. 굴절이 되면 광선은 지평선 위로 상승하는 반면, 그 광선을 이루는 시각視角, angle visuel은 다소 감소되기 때문이다. 그래서 굴절 때문에 달이 뜨는 것을 볼 때 우리 눈 깊은 곳에 그려진 이미지가 달이 높이 오르기 오래전부터 눈 속에 형성된 이미지보다 더 작아지는 것은 아니다.[13]

---

11 내 책 〈레지스 씨에 대한 답변〉에서 본 장과 관련된 주해를 참조.

12 [옮긴이] 이는 스콜라 철학자들의 전통적 주장인데, 가상디 역시 이 의견을 따랐다.(1e *Lettre latine, Sur la grandeur apparente du soleil à l'horizon et au zénith, dans Opera*, t. III, p.420)

행성의 지름을 측정하는 천문학자들은 달의 지름이 지평선에서 멀어짐에 따라 커진다고, 그러니까 우리에게 더 작아 보임에 따라 더 커진다는 점에 주목한다. 그래서 우리가 우리 눈 깊은 곳에서 갖는 이미지의 지름은 우리가 달을 더 크게 볼 때 사실 더 작은 것이다. 달이 뜰 때 달은 우리 머리 수직 위에 있을 때보다 지구의 반지름만큼 우리와 더 멀리 떨어져 있다. 바로 이런 이유로 달의 지름은 지평선 위로 오를 때 우리에게 다가오므로 더 커진다.

그러므로 달이 뜰 때 우리가 달을 더 크게 보게 되는 것은 땅에서 나온 증기로 광선들에 굴절이 일어나서가 아니다. 그때 이들 광선들로 이루어진 이미지는 더욱 작으니 말이다. 그것은 떨어진 거리로 인해 우리 안에 형성된 자연적 판단이다. 달은 우리로부터 대단히 멀리 떨어져 있다고 보이는 밭 너머에 보이기 때문이다. 그런 점에서 몇몇 철학자들이 이렇게 보이는 이유와 우리 감각이 범하는 착각의 이유가 대수학代數學의 가장 복잡한 '방정식들'보다 더 발견하기 어렵다고 주장하는 것은 놀라운 일이다.[14]

우리와 어떤 대상 사이에 놓인 사물들의 거리가 얼마나 되는가를 앎

---

13 [옮긴이] 말브랑슈는 레지스처럼 망막의 이미지는 지각의 외관과는 반대로 실제로 항성이 지평선에 있을 때 더 작다는 점을 항상 받아들였다. 이는 축성관리인이었던 프티(파스칼의 친구로 훌륭한 실험자였다)가 예수회의 딜리 신부(p.de Dilly, S.J.)에게 1667년 3월 12일에 보낸 편지에서 확인한 것이다. 이 편지가 1668년 5월 16일 자 *Journal des savants*지에 실렸다.

14 [옮긴이] 말브랑슈는 여기서 앞서 언급한 프티(Peti)를 인용한다. "나는 우리 감각의 외관과 착각의 이유의 문제가 대수학의 가장 힘든 방정식을 푸는 것보다 더 어렵다고 본다."(〈주르날 데 사방〉(*Journal des Savants*), 1668, p.107)

으로써 그 대상이 얼마나 떨어져 있는지 판단하기 위한 이 수단은 내가 앞서 말했던 다른 수단들을 전혀 사용할 수 없을 때 종종 대단히 유용하다. 우리는 이 마지막 수단을 통해 어떤 대상들이 우리로부터 몇 리외 떨어져 있는지 판단할 수 있으나, 이는 다른 수단을 통해서는 가능하지 않다. 그렇지만 이 수단도 검토해 보면 여러 가지 결함이 있다.

첫째, 이 수단은 땅 위에 있는 대상들에 대해서만 우리에게 쓸모 있을 뿐, 공기나 하늘에 존재하는 것들에 대해서는 이 수단을 거의 쓸 수 없거나 써보나 마나이다. 둘째, 이 수단을 땅 위에서 쓸 때도 몇 리외 정도 떨어져 있지 않은 대상들에게만 사용할 수 있다. 셋째, 우리와 대상 사이에 계곡도, 산도, 이 수단을 사용할 수 없게 하는 다른 비슷한 것도 존재하지 않는다는 점이 확실해야 한다. 마지막으로 나는 대상들과 우리 사이에 존재하는 사물들을 분명히 바라볼 때 그 대상들이 얼마나 떨어져 있는지 확실하게 판단하기란 극단적으로 어려운 일임을 확신할 만큼 이 주제에 대해서 충분한 경험을 갖지 않은 사람은 없다고 믿는다. 우리는 이미 이 점을 지나치게 상세히 다뤘던 것 같다.

이상이 대상들의 거리를 판단하기 위해 우리가 쓸 수 있는 수단의 전부이다. 우리는 이들 수단의 상당한 결함들에 주목했고, 그로부터 우리가 내려야 할 결론은 전혀 확실하지 않은 수단들에 근거한 판단들 또한 대단히 불확실하다는 것이다.

이 점으로부터 내가 제시한 명제들이 옳았음을 보여 주는 것은 쉬운 일이다. 우리는 A에서 충분히 떨어진 대상 C를 가정했다. 그 대상은 여러 접점을 갖고 D를 향해 나아가거나, 그 거리를 판단하는 데 확실한 수단이 없으므로 이 점을 알아차리지 않은 채 B를 향해 나아갈 수 있다. 심지어는 B를 향해 나아간다고 믿으면서 D로 물러설 수도 있다. 그 이유는 대상의 이미지가 간혹 시신경에서 커지거나 증가하기 때문인데, 그 대상이 눈 속 투명한 물질에서 다른 순간보다 한순간에 더 큰 굴절이 일어날 수 있어서이기도 하고, 간혹 이 신경에 작은 떨림이 일어나서이기도 하고, 바로 이 신경에 광선들의 매우 부정확한 결합이 일으키는 인상이, 전혀 동요가 일어나지 않았음에 틀림없는 부분들로 확산되어15 전해져서이기도 하다. 그래서 동일한 대상들의 이미지가 이들 경우에 더 커지므로, 그 이미지는 영혼으로 하여금 대상이 다가온다고 믿게 한다. 다른 명제들에 대해서도 이와 마찬가지로 말해야 한다.

이 장을 끝내기 전에 물체들이 우리에게 더 가까워짐에 따라 그것들이 운동하고 있는지 정지해 있는지 더 잘 아는 일이 우리 생명의 보존을 위해 우리에게 대단히 중요하며, 이 모든 일이 우리와 아주 멀리 떨어진 장소에서 벌어질 때에는 그것의 진리를 정확히 아는 일이 대단히 불필요하다는 점을 지적해야 한다. 이 점으로 명백히 알 수 있는 것은 감각은 사물들이 그 자체로 어떠한지가 아니라, 우리 신체의 보존과 관련해서만 그 사물들을 우리로 하여금 알도록 하는 것이라고 내가 모든 감각에 대해 일반적으로 개진했던 내용이 이 경우에 정확히 진실이라는 점이다.

우리가 대상들이 운동하는지 정지해 있는지, 우리에게 접근하는 정

---

15 [옮긴이] 데카르트, 《굴절광학》, disc. 6, t. VI, pp.145~146

도에 따라 더 잘 알고, 그 대상들이 대단히 멀리 떨어져 있을 때 우리의 신체와 더는 아무런 관계가 없거나 거의 관계가 없으므로, 그 대상들이 상당한 크기가 아니라면 우리와 오륙백 보 떨어져 있을 때와 같고, 대상들이 더 작다면 그보다 더 가깝고, 대상들이 더 크다면 어떤 것에서 더 멀리 떨어져 있는 것 같다.

나는 방금 설명했던 수단들에 대해 대상들의 거리, 크기 등을 판단하는 것은 우리의 영혼이 아니라, 영혼과 신체의 결합 법칙의 결과로서 신神임을 다시 알려야 한다고 생각한다. 바로 그런 이유로 나는 이런 종류의 판단들을 우리 내부에서, 우리 없이, 심지어 우리 의지와 무관하게 이루어진다는 점을 지적하기 위해 '자연적'이라고 불렀던 것이다. 그러나 신은 그 판단들을 우리 속에서, 우리를 위해, 우리 스스로가 그 판단을 내릴 수 있었을 그대로 만드셨으므로, 우리 눈과 우리 두뇌에서 현재 일어나는 모든 것인 광학과 기하학을 우리가 완벽하게 알았고, 우리 영혼이 스스로 행동할 수 있으며 감각 또한 마련할 수 있었다면, 나는 영혼이야말로 추론과 판단을 하는 주체이고, 다음에는 그 내부에서 무한한 힘과 지성의 결과일 수밖에 없는 감각작용들을 야기한다고 주장하는 것이다.

그러므로 우리가 눈을 뜨자마자 단번에 우리를 둘러싼 대상들의 크기, 형상, 운동, 색깔을 가르쳐 줄 수 있는 분은 오직 신뿐이다. 그러나 신은 이 대상들이 우리 신체에 만들어 내는 자극들의 결과로서만 그렇게 할 뿐이므로, 우리에게 알려진 이들 자극의 다양성으로부터 우리 감각작용의 다양성의 이유를 끌어내야 한다. 영혼에는 지식과 역량이 없다는 것을 모든 사람이 잘 알고 있지만 영혼이 이를 갖추었다고 가정하면서 내가 하고자 했던 일이 이러하다. 나는 우리의 감각작용에 좌우되는 판단을 '자연적'이라고 부르면서 영혼이 지식과 역량을 갖추지 않았다는 점을 충분히 지적했다.

게다가 우리 내부에서, 우리 없이 일어나는 일을 성찰해 본다면, 우리가 들野 한가운데에서 눈을 뜰 때, 신이 틀림없이 우리 내부에서 끊임없이 작용했음이 틀림없음을 깨달을 것이다. 나는 지금 신이라고 말했지 자연이라고 말하지 않았다. 대단히 관습적으로 쓰고 있는 '자연'이라는 저 모호한 용어는 아리스토텔레스의 엔델레키endéléchie16 이상

---

16 [옮긴이] 이 용어는 행위의 완전성과 물질에 대한 영혼의 기능을 규정하는 것으로 아리스토텔레스의 '엔텔레키아'(enthéléchie, *De l'âme*, liv. II, chap.I 412a~b)라는 것이다. 말브랑슈는 여기서 Endéléchie라고 썼는데, 이는 키케로가 아리스토텔레스의 개념으로 본 것으로 소실된 초기 책을 참조한 것이다. "(…) 아리스토텔레스는 널리 알려진 4원소의 혼합을 통해 세상 만물이 생성된다고 보았으며, 그 외에 정신을 구성하는 제 5원소가 있다고 주장하였습니다. 생각하고, 예측하고, 가르치고 배우고, 어떤 것을 발견하고 많은 것을 기억하고, 사랑하고 증오하고, 욕구하고 두려워하고, 무서워하고 즐거워하는 등 이와 유사한 것들은 4원소에서 발견되는 것들이 전혀 아니라고 생각한 겁니다. 그래서 그는 제 5원소를 제시하였으며 이를 가리킬 마땅한 명칭이 없었기에 새로운 명칭을 만들어 내어 영혼에 해당하는 이것에 '엔델레키아'라는 이름을 붙였습니다. 이는 그것이 계속해서 무한히 운동하기 때문에 붙여진 이름입니다."(《투스쿨룸 대화》, liv. I, chap.x, §32, 김남우 역, 아카넷, 2014, pp.29~31) 말브랑슈의 장서 중에는 가파렐(Gaffarel)의 *Curiosités inouïes sur la sculpture talismanique des Persans, horoscopes des patricarches et lecture des étoiles*이 있었는데, 이 책의 저자는 "키케로와 수많은 저자들"이 "영혼이 '연속적 운동'"(chap. IV, §6, Paris, 1629, p.138)을 뜻하는 것으로 그렇게 수정했음을 지적한다. 그렇지만 말브랑슈는 이 미묘한 차이들은 무시한다. 아리스토텔레스주의에 대한 말브랑슈의 근본적 비판은 언제나 모호한 용어들에 대한 비판이었고, 특히 '자연' 개념의 남용에 반대하는 것이었다.

으로 우리가 생각하는 것을 더 분명히 표현하는 데 적합하지 않다. 내가 말하듯 신은 항상 동일한 법칙의 결과로, 항상 기하학과 광학의 법칙에 따라서, 항상 우리 신체의 상황과 운동과 비교되어 우리 눈 속에서 일어나는 것의 지식에 의존하여, 항상 우리 신체의 보존을 목표로 하고, 우리 눈이 움직일 때마다 변화하는 즉각적 추론으로서의 무한한 추론의 결과로 활동함을 깨달아야 한다.

내가 추론이라고 말할 때 이것은 인간의 관점으로 말하는 것이다. 왜냐하면 추론은 모두 영원한 행위에 의해 형성되어 있기 때문이다. 한마디로 말해서 살짝만 성찰해 보아도 우리는 전능한 자의 손과, 섭리 속에서 그의 지혜의 헤아릴 수 없는 깊이를 느끼게 될 것이다.

10장

감각자질에 관련된 오류들에 대하여

우리는 앞의 장들에서 연장, 형상, 운동과 관련해서 우리 눈의 관계에 따라 내린 판단들이 결코 엄밀한 진실이 아님을 보았다. 그렇지만 그 판단들이 완전히 거짓도 아님에 동의해야 한다. 적어도 그 판단들은 무엇이 됐든 연장, 형상, 운동이 우리 외부에 존재한다는 진실을 포함한다.

존재하지 않고, 단 한 번도 존재한 적 없는 사물들을 우리가 종종 보고, 어떤 사물을 우리의 외부에서 보았다는 사실만으로 그것이 우리 외부에 존재한다는 결론을 내려서는 안 된다는 점은 사실이다. 어떤 이의 정신에 한 관념이 제시되어 있다는 것과, 그 관념이 재현하는 사물이 존재한다는 것 사이에는 필연적 관계가 없다. 잠든 사람들이나 정신착란에 빠져 있는 사람들에게 일어나는 일을 보면 이 점이 충분히 증명된다.[1] 그러나 우리는 보통 연장, 형상, 운동을 볼 때 그것이 우리

---

1 [옮긴이] "미치광이는 검은 담즙에서 생기는 나쁜 증기로 인해 두뇌가 아주 혼란

외부에 있음을 확신한다. 그때 이들 사물은 상상의 존재일 수도, 실재할 수도 있다. 우리는 그 사물들이 우리의 정신과는 무관하게 실제로 존재한다고 믿을 때 잘못 생각하는 것은 아니다. 그렇지만 이 점을 논증적으로 증명하기가 대단히 어려운 일이기는 하다.2

신체의 연장, 형상, 운동과 관련해서 우리가 내리는 판단에 어떤 진리가 포함되어 있다는 점은 확실하다. 그러나 빛, 색깔, 맛, 냄새 및 다른 모든 감각자질들에 관련해서 우리가 내리는 판단은 그와 같지 않아서, 그 판단에는 진리가 포함되어 있지 않다. 우리는 이 점을 제 1권의 나머지 부분에서 보여 주고자 한다.

우리는 여기서 빛과 색을 구분하지 않는다. 빛과 색이 아주 다른 것이라고 생각하지 않고, 또 이 둘을 분리해서 생각할 수 없기 때문이다. 빛과 색을 다룸과 동시에 일반적인 다른 감각자질에 대해서도 말하지 않을 수 없을 텐데, 모든 감각자질은 동일한 원칙으로 설명될 것이기 때문이다. 다음에 나오는 주제들에 많은 주의를 기울여야 하는 것은

되어 있기 때문에 알거지이면서도 왕이라고, 벌거벗고 있으면서도 붉은 비단 옷을 입고 있다고, 머리가 진흙으로 만들어졌다고, 몸이 호박이나 유리로 되어 있다고 우겨댄다. 그렇지만 이들은 한갓 미치광이일 뿐이다. 그래서 내가 이들의 언행 가운데 몇 가지만이라도 흉내낸다면 나 역시도 미치광이로 보일 것이다. 그렇지만 나도 한 인간이다. 밤에는 으레 잠을 자고, 꿈속에서는 미치광이가 깨어 있을 때 하는 것과 똑같은 것을, 아니 종종 더 괴상한 것을 그려낸다."(데카르트, 《성찰》 1, t. IX, pp.14~15) 말브랑슈는 "필연적 관계들"(liaisons nécessaires)(《정신지도를 위한 규칙》, 12, t. X, p.421)"이라는 데카르트의 어휘를 여기 적용함으로써 사물의 관념과 그것의 존재 방식 사이를 똑같이 분리하기에 이른다.

2 주해를 참조.

비록 앞에서 언급한 것들의 유용성과는 아주 다르지만 정말 중대한 것이기 때문이다.

I. 영혼과 신체의 구분

우선 나는 영혼과 신체를, 이 두 실체에 적합한 특성과 실제적 속성을 통해 올바로 구분할 수 있다고 가정한다. 신체는 길이, 너비, 깊이를 갖는 연장일 뿐이다. 그리고 신체의 모든 특성들은 정지와 운동 및 무한히 다양한 형상들에 있을 뿐이다. 다음의 점이 명백하다.[3] (1) 우리가 다른 것을 생각하지 않고도 연장을 생각할 수 있으므로 연장의 관념은 하나의 실체를 재현한다. (2) 연장의 이 관념은 연속적이거나 지속적인 거리의 관계들, 즉 운동과 형상만을 재현할 수 있는데, 이는 연장 속에서는 연장이 포함하는 것만 볼 수 있기 때문이다. 머릿속에서 원하는 대로 나뉠 수 있는 그런 부분들을 갖고, 차례로 정지해 있거나 운동하는 연장을 가정해보자. 그러면 우리는 이들 부분이 서로 어떤 관계들을 맺을지 명확히 이해하게 되겠지만 그 관계들이 우리 신체에 어떤 변화가 일어날 때 느껴지기는 하더라도 기쁨, 즐거움, 고통, 열, 맛, 색깔 및 어떤 다른 감각자질의 특징을 갖는다고 이해하지는 않을 것이다.

예를 들어 나는 가시에 손이 찔리면 고통을 느낀다. 그러나 가시가

---

3 《형이상학에 대한 대담》, 1er Entretien, nombres 1 et 2.

낸 구멍이 고통인 것은 아니다. 그 구멍은 손가락에 났고, 우리는 이 점을 명백히 이해한다. 그렇지만 고통은 영혼이 생생히 느끼고, 그 고통으로 대단히 불쾌하게 변화하므로, 고통은 영혼에 있으며, 내가 방금 말한 속성들도 신체에 있다고 생각해서는 안 된다. 반대로 영혼은 사유하고, 감각하고, 의지하는 자아이고, 나의 내적 감정에 일어나는 모든 변형들이 발견되는 실체이고, 그 변형들은 그것을 느끼는 영혼에서만 존속할 수 있다. 그래서 영혼의 속성이 다양한 사유들과는 다른 데 있다고 생각해서는 안 된다. 그러므로 나는 영혼과 신체를 올바로 구분할 수 있다고 가정하는 것이다.

내가 방금 말한 것으로도 영혼과 신체라는 두 실체의 차이가 충분히 드러나지 않았다면 성 아우구스티누스가 쓴 여러 대목들, 특히《삼위일체론》의 2권 10장, 데카르트가 특히 영혼과 신체의 차이를 고려하는《영혼의 양*Quantité de l'âme*》혹은《성찰*Méditations*》의 4장과 14장, 코르드무아의《영혼과 신체의 구분*Discernement de l'âme et du corps*》의 여섯 번째 담화를 읽고 깊이 생각해 볼 수 있다.[4]

---

4 [옮긴이] 이 핵심 서지는 데카르트주의자 코르드무아와 말브랑슈에게 큰 영향을 준 두 선구자, 성 아우구스티누스와 데카르트를 결합시켜놓고 있다. 코르드무아는 영혼과 신체를 구분하고, 이 두 실체의 기회원인적 상호관계를 가장 세련되게 제시한 인물이다. 성 아우구스티누스의《삼위일체론》10권과 특히 10장(영혼은 전혀 신체적이지 않다는 점을 의식한다)은 대단히 자주 데카르트의《성찰》과 비교된다.

II. 감각기관에 대한 설명

나는 또한 우리가 감각기관의 해부학5을 알 수 있으며, 감각기관이 두뇌 한가운데에 기원을 갖는 가는 실de petits filets로 구성되어 있고, 감각이 있는 우리의 모든 사지에 퍼져 있고, 결국 신체의 모든 외적 부분들까지 전혀 단절되지 않고 이른다고 가정한다. 우리가 깨어 있고 건강한 동안은 그 외적 부분들의 한 끝을 움직일 수 없고, 감각기관들에 포함된 동물정기로 인해 항상 다소 팽팽해 있는 상태이므로 다른 끝도 동시에 움직이지 않는다. 한 부분이 진동되지 않으면 다른 부분도 진동시킬 수 없는 팽팽한 한 현弦에서 일어나는 것도 마찬가지이다.

정말이지 신경망神經網은 작은 도관導管들처럼 비어 있는 것 같고, 특히 우리가 깨어 있을 때는 정확히 동물정기로 채워지는 것 같고, 신경망의 말단에서 진동이 생길 때 그 속에 포함된 정기가 외부에서 받은 동일한 진동을 두뇌까지 전달하는 것 같다. 그러나 대상들의 작용이 두뇌에 전달되는 것은 동물정기의 동일한 진동이거나, 두뇌까지 이어진 신경망의 동요에 의해서이다. 그렇지만 지금 이 점을 반드시 검토할 필요는 없고, 첫 번째 방식이나 두 번째 방식이, 혹은 첫 번째 방식과 두 번째 방식이 결합해서 전달된다는 점을 아는 것으로 충분하다.

---

5 [옮긴이] 데카르트의《인간론》의 해부학과 기계론적 생리학은 영혼의 순수한 정신성을 보충적으로 강화한다. 말브랑슈는 데카르트의 핵심적 공헌을 다음과 같이 요약한다. 신경이란 "대단히 미세한 섬유"와 동물정기, 혹은 "두뇌에서 근육으로"〔《인간론》, t. XI, p.133;《굴절광학》(*Dioptrique*), disc. 4 t. VI, pp.109~112〕 흘러내리는 대단히 미세한 호흡으로 채워진 도관(導管) 같은 것이다.

이 실絲들이 두뇌 외부의 말단에 의해서거나 두뇌 내부의 말단에 의해서거나 이런 두 가지 방식으로 움직여질 수 있음을 또한 알아야 한다. 이 실들이 대상들의 작용으로 외부에서 자극되고, 실들의 진동이 잠이 드는 중에 일어나는 것처럼 두뇌까지 전혀 전달되지 않는다면 영혼은 그 경우에 어떤 새로운 감각작용도 받아들이지 않는다. 그런데 이 가는 실들이 동물정기의 흐름이나, 어떤 다른 원인 때문에 두뇌에서 움직여진다면, 두뇌 외부에 존재하고 우리 신체의 모든 부분에 펴져 있는 이 실들을 구성하는 모든 부분들이 우리가 잠든 동안에 그렇듯 완전히 정지되어 있어도 영혼은 무언가를 지각하게 된다.

III. 영혼은 신체의 어떤 부분과 즉각적으로 결합되어 있는가

말이 나온 김에 완전히 잘린 신체의 부위에서 고통을 느끼는 일이 일어날 수 있다는 것을 경험으로 알 수 있다는 점을 지적해 두는 것이 좋겠다.[6] 그 잘린 부위에 대응하는 두뇌의 망은 실제로 상처를 입었을 때

---

6 [옮긴이] "전에 나는 다리나 팔을 절단한 사람들에게서 그 없어진 신체 부분에 지금도 이따금 고통을 느끼는 것 같다는 말을 들은 적이 있었기 때문에 내가 신체의 어떤 부분에 고통을 느꼈다고 하더라도 그 부분이 내게 고통을 주었다고 확신할 수는 없다고 느꼈다."(《성찰》 6, t. IX, p.61) "손에 심한 병이 걸린 소녀가 치료기를 보고 격앙되지 않게끔 하기 위해서 의사가 올 때마다 눈을 가리게 한 다음 며칠 후에 그 소녀의 팔을 뒤꿈치까지 잘라내고 그곳에 천을 대어 그 소녀가 그 사실을 전혀 알지 못하게 하자 그 소녀는 때때로 잘려나간 손가락이나 다른 부위에서 다양한 통증을 호소했다. (…) 전에는 뇌에서 손까지 뻗어나갔지만 수술 후에는 팔꿈치

와 동일한 방식으로 진동함으로써 영혼은 이들 상상의 부위들에서 대단히 실재적 고통을 느끼기 때문이다. 이 모든 일들은 영혼이 모든 감각기관들이 귀결하는 두뇌의 부분에 즉각적으로 머무른다는 점을 명백히 보여준다.7

내가 영혼이 '그곳에 머무른다y résider'고 말한 것은, 그저 그곳에서 영혼이 변화를 느낀다는 뜻이다. 이 변화는 그 변화의 원인이 된 대상 혹은 그 변화를 습관적으로 일으키는 대상들과 관련해서 그곳에서 일

주변에서 끝나는 신경들이 전에 손의 통증을 뇌에 자리 잡고 있는 영혼에게 전달하기 위해 자극되었던 것과 같은 방식으로 자극되었기 때문이다."(《철학의 원리》, IV, art. 196)

7 [옮긴이] 동물정기(말브랑슈는 데카르트처럼 이 용어를 간혹 "정기"라고 표기한다)가 합류하는 중심을 데카르트는 두뇌 가운데의 "송과선"(松科腺, lande pinéale)에 두었다. 그런데 송과선이라는 표현은《인간론》(t. XI, p129)과《정념론》(art. 31~32)에서는 등장하지 않는다. "영혼이 즉각적으로 기능을 실행하는 몸의 부분은 심장도 아니고 뇌 전체도 아니나 단지 아주 작은 샘(gland)이 있는 뇌의 가장 깊숙한 내부"(§31)이고, 그 이유를 "뇌의 다른 부분이 (…) 모두 이중이고, 나아가 외부 감각의 모든 기관도 이중"이므로 "따라서 두 눈을 통해 오는 두 이미지나 다른 감각기관의 쌍을 통해 오는 두 개의 인상이 영혼에 도달하기 전에 하나의 인상으로 합쳐져서 그 대상을 2개가 아니라 하나로 표상하도록 할 수 있는 어떤 장소가 필연적으로 있어야 한다"(§32)고 추론한다.(데카르트, 《정념론》, 앞의 책, pp.45~46) 데카르트는《성찰》의 여섯 번째 성찰에서 "(…) 정신은 신체의 모든 부분으로서 직접 영향을 받는 것이 아니라, 뇌로부터, 혹은 아마 뇌의 아주 작은 부분, 즉 공통감각이 들어 있는 뇌 부분으로부터만 영향을 받는다"(t. IX, p.69)고 썼다. "이 부분이 동일한 상태에 있게 될 때마다 비록 신체의 그 밖의 부분들이 다른 상태에 있더라도 언제나 동일한 상태를 정신에게 보여준다." 데카르트에 따르면 (《정념론》, art 32) 이 영혼의 자리("principal siège")는 문자 그대로 받아들여져서는 안 되고, 영혼은 공간을 점할 수 없다.

어난다. 또한 그 말은 영혼은 그 부위에 이르는 섬유들을 매개로 해서, 또는 이렇게 말할 수 있다면 이 섬유들에 포함된 정기들의 다양한 동요를 통해서만 그 부위에서 일어나는 일을 지각할 수 있다는 뜻이다. 나는 영혼을 자극하고, 활기를 띠게 하고, 행복하거나 불행하게 만들 수 있는 관념들 속에서가 아니면 영혼은 즉각적으로 '머무를résider' 수 없다고 확신한다. 이 점에 대해서는 다른 곳에서 설명하겠다. 이렇게 가정하고 잘 이해해두면 어떻게 감각작용이 이루어지는지 알기란 그다지 어렵지 않을 것이다. 이 내용은 예를 들어 설명해야 한다.

IV. 대상들이 신체에 가하는 영향

바늘 끝이 손 위에 닿으면 그 바늘 끝이 살肉의 섬유를 뒤흔들고 분리하게 된다. 이 섬유들은 바로 이 지점에서 시작해서 두뇌까지 뻗어 있고, 우리가 깨어 있을 때 섬유들은 충분히 팽창해 있어서 두뇌 섬유들만큼 동요될 수 없다. 그러므로 그 결과 두뇌 속의 이 섬유들의 말단 역시 동요되었다. 손의 섬유들의 운동이 완화될 때 두뇌 섬유들의 운동 역시 완화될 것이다. 또한 운동이 손 위에서 무엇인가를 끊을 정도로 강하다면 마찬가지로 두뇌에서는 더 강하고 더 격렬할 것이다.

마찬가지로 손을 불에 가까이 대면,[8] 끊임없이 엄청나게 많은 수로,

8 [옮긴이] 데카르트는《인간론》에서 여러 차례 발과 손이나 손을 불 가까이에 가져가는 사람을 도판으로 보여준다. 자극은 강도가 얼마만한 것인가에 따라 두뇌에

대단히 강렬하게 나무의 작은 조각들을 불이 밀어내어 이 섬유에 부딪히게 되고 동요의 일부가 그곳에 전해지게 된다. 이는 눈으로 볼 수 없지만 이성으로 증명이 가능하다. 이러한 작용이 완화될 때 손에 대응하는 두뇌 섬유 말단들의 작용도 완화될 것이다. 화상을 입을 때 그렇듯이 이 움직임이 대단히 강렬하여 손에서 일부분을 분리시킬 때 두뇌 내부 섬유의 운동은 그것에 비례해 더욱 강하고 강렬할 것이다. 이상이 대상이 우리에게 충격을 가할 때 우리 신체에 일어나는 것으로 이해할 수 있는 일이다. 그리고 이제는 영혼에 어떤 일이 일어나는지 보아야 한다.

V. 대상들이 영혼에 만들어 내는 영향 및 영혼이 신체 섬유들의 운동을 지각하지 못하는 이유

이렇게 말할 수 있다면 영혼은 특히 신경망 전체가 귀결하는 두뇌의 그 부분에 머물고 있다. 영혼은 그곳에서 우리 신체의 모든 부분들을 유지하고 보존하는 것이다. 그 결과 영혼은 그곳에서 일어나는 모든 변화들을 알고, 자기 신체 체질에 맞는 것과 맞지 않는 것들을 구분할 수 있음이 틀림없다. 신체와의 이 관계를 따지지 않고 변화만을 인정하는 것은 쓸데없는 일일 것이다. 그래서 섬유의 이런 모든 변화들이 사실 많고 적고의 차이만 있는 운동일 뿐이더라도 영혼은 그 변화들을

서 멈추기도 하고, 또는 사지를 움직이는 신경들 속에서 강렬한 반작용을 일으키기도 한다.(t. XI, pp 191~192)

본질적으로 상이한 변화로 간주하리라는 것이 틀림없다. 그 변화들이 자체로는 대동소이하더라도 신체 보존과 관련해서는 본질적으로 다른 것으로 간주해야 하니 말이다.

예를 들어 고통을 일으키는 운동과 간지러움을 일으키는 운동 사이의 차이는 거의 없다. 이 두 운동 사이에 본질적 차이가 있어야 할 필요는 없다. 하지만 이 두 운동이 영혼에 일으키는 간지러움과 고통 사이에 본질적 차이는 있어야 한다. 간지러움을 동반하는 섬유들의 동요[9]는 영혼으로 하여금 그의 신체가 건강한 체질을 가졌고, 대상의 자극에 충분히 저항할 힘이 있고, 그로 인해 상처를 받을까 두려워하지 않으리라는 점을 알게 해준다. 그렇지만 고통을 동반하는 운동은 다소 더 강렬해서 신체의 섬유를 끊을 수 있으므로, 영혼은 이에 주의하기 위해 어떤 불쾌한 감각을 일으켜 그 점을 알리는 것이다. 그래서 신체 내에 일어나는 운동이 그 자체로는 많고 적은 차이뿐일지라도 이를 우리 생명의 보존과의 관계로 고려한다면 그 둘은 본질적으로 다르다고 말할 수 있다.[10]

---

9 이 모호한 추론, 혹은 영혼이 느끼는 것을 신체에 적용하는 이 자연적 판단은 단지 우리가 복합적이라고 말할 수 있는 감각작용일 뿐이다. 내가 앞에서 자연적 판단이라고 말한 것과, 3권의 첫 장 3번을 참조.

10 [옮긴이] 《인간론》 도판 7의 순전히 기계적 반작용을 기술한 뒤 데카르트는 이 '기계'와 결합한 영혼으로 넘어간다. 불의 사례는 열의 기분 좋은 감각과 고통스러운 화상 사이의 연속성을 보여준다. 작은 섬유들이 고통을 일으키는 힘과 "거의 마찬가지의 커다란 힘에 의해 당겨진다면, 섬유들이 끊어지지는 않아도 (…) 두뇌 속에서 어떤 움직임을 일으킬 것이다. 그 운동은 다른 사지들의 건강한 체질을 보여주면서 영혼이 간지러움이라는 어떤 신체적 관능을 느끼게 할 것이다. 그리고 여

바로 이 때문에 우리 영혼은 대상들이 우리 살의 섬유를 자극하는 동요를 알아차리지 못한다. 동요가 일어난다는 것을 알 필요도 없으며, 우리 주변의 사물들이 우리 신체 구조économie를 파괴하거나 유지할 수 있는지 판단할 정도로 충분한 지식을 끌어내는 것도 아니다. 그러나 영혼은 본질적으로 상이한 감정들에 자극을 받는다고 느끼고, 그런 감정들이 신체와 관련하여 대상들의 특질을 정확하게 가리키면서 그 대상들이 해가 될 수 있는지 신속하고 생생하게 느끼게 해준다.

더욱이 영혼이 손이 화상을 입을 때 손에서 일어나는 일만을 알아차리고, 거기서 몇몇 섬유들의 움직임과 분리만을 보았을 뿐이라면, 영혼은 그 점을 거의 걱정하지 않았을 것이다. 심지어 영혼은 간혹 흥분과 방탕에 휩싸여 전부 끊어내는 일을 즐기고자 하는 환상과 변덕을 통해 만족을 얻기까지 한다.

혹은 한 죄수가 자기를 가둔 벽이 파괴되는 것을 보고 걱정은커녕, 자기가 곧 해방이 되리라는 희망에 차, 이를 기뻐할 수도 있다는 것도 마찬가지이다. 그래서 우리가 화상을 입거나 상처가 날 때 우리 신체를 이루는 부분들이 분리된다는 점만을 지각한다면, 우리를 행복하게

러분이 보는 것처럼 그 원인에서 고통에 더욱 가깝다면 그 결과에서 완전히 반대가 될 것이다."(t. XI, p.144) 또 데카르트는 "내가 보기에 빛에 대한 감각을 우리에게 주는 모든 대상 속에 있는 것과 빛의 감각은, 깃털이나 허리띠가 한 일과 간지러움이나 통증보다는 닮았을 거라고 우리가 믿게 만들 이유가 무엇 하나 없다. 하지만 그래도 이런 예들을 인용한 것은 대상 속에 있는 빛이 우리 눈 속에 있는 빛과는 다르다는 것을 여러분에게 절대적으로 믿게 만들기 위해서가 아니라, 그저 여러분이 빛에 대해 의문을 갖게"(《세계론》, chap.II, pp.9~10) 하기 위한 것이라고 썼다.

만들어 줄 일들을 누리지 못하게 만드는 신체 안에 우리 행복이 들어 있지 않다는 점을 이내 확신할 것이고, 그런 식으로 우리는 신체가 파괴되는 것을 보면서 만족할 것이다.

이로부터 내릴 수 있는 결론은 우리 영혼과 신체를 결합한 조물주는 바늘이 우리의 살 속에 들어오거나 불이 살을 이루는 몇몇 부분들을 분리할 때처럼 신체에 해를 미칠 수 있는 변화가 일어날 때는 고통을 느끼도록, 우리 신체에 확실히 무슨 일이 일어나는지도 우리가 방금 말했던 섬유들의 운동을 알아차리지도 않은 채 그 운동이 완화될 때는 간지러움이나 기분 좋은 열기를 느끼도록 대단히 지혜롭게 명령했다는 점이다.

첫째, 많고 적음의 차이만 존재하는 고통과 즐거움을 느낄 때 우리는 그 감각을 일으키는 기회가 되는 대상들을 더욱 쉽게 구분한다. 둘째, 우리 주변의 물체들과 우리가 결합해야 하는지, 분리되어야 하는지 우리에게 알려 주는 이 길이 가장 짧은 길이고, 그 길 덕분에 오직 신을 위해 만들어진 정신의 능력을 덜 쓰게 된다. 셋째, 고통과 즐거움은 우리 영혼이 신체와의 관계 속에서 느끼는 우리 영혼의 변형이고, 그 변형이 영혼에 속했을 어떤 섬유들의 운동에 대한 지식보다 훨씬 더 우리의 영혼을 자극한다. 이렇게 되면 영혼은 대단히 염려하게 되어 사람의 이 양쪽 부분 사이에 대단히 밀접한 결합이 이루어진다. 그러므로 이 모든 점으로부터 감각이 주어진 것은 우리에게 진리를 알려 주기 위해서가 아니라 오직 우리 신체의 보존을 위해서라는 점이 명백하다.

우리가 방금 간지럼과 고통에 대해 말한 것은 일반적으로 다른 모든 감각작용들에서도 이해될 수 있다. 우리는 이를 나중에 더 자세히 살펴볼 것이다. 우리가 다른 감각이 아니라 이 두 감각으로 시작한 것은 그것이 가장 분명하고, 우리가 말하고자 하는 바를 보다 분명하게 이해시켜주기 때문이다.

이제 우리가 빛과 색에 관련된 것이나, 일반적으로 냉, 온, 냄새, 맛, 소리, 고통, 간지러움 같은 모든 감각자질에 관련해서 무한히 많은 오류를 범한다는 점을 보여 주는 일은 대단히 쉬운 일이 되었다. 우리의 모든 감각대상들에서 만나는 감각자질들에 대해 오래 말하고자 했지만, 여러 해를 바쳐도 이를 추론하는 데 충분하지 않다. 감각자질들은 거의 무한한 수에 이르니 말이다. 그래서 이 점에 대해 일반적으로 말하는 것으로 충분할 것이다.

거의 모든 감각작용은 한순간에 그리고 동시에 발생하기 때문에 우리가 혼동하는 네 가지가 있다. 이것이 우리 감각이 범하는 모든 다른 오류들의 원리이다.

VI. 각 감각작용이 혼동하는 네 가지 사실들[11]

첫 번째는 열 속에서의 대상의 '능동l'action', 예를 들면 손의 섬유들에 부딪히는 작은 나무 조각들의 '충격'과 운동이다.

두 번째는 감각기관의 '수동la passion', 즉 불의 작은 부분들이 동요함으로써 손의 섬유들에 일으킨 동요로, 이는 두뇌 속까지 전달된다. 이와는 다른 방식으로 영혼은 아무것도 느끼지 않을 것이다.

세 번째는 '정념la passion', 감각작용 혹은 영혼의 지각으로, 불에 가까이 있을 때 각자가 느끼게 되는 것이다.

네 번째는 영혼이 느끼는 것이 손에 있고, 불에 있다고 내리는 '판단le jugement'이다. 그런데 이 자연적 판단은 단지 감각작용일 뿐이다. 그러나 이 감각작용 혹은 이 자연적 판단 뒤에는 거의 항상 어떤 다른 자유로운 판단이 이어진다. 영혼은 대단히 습관적으로 이 판단을 내리므로 그렇게 하지 않을 수 없는 것이다.

---

11 [옮긴이] 말브랑슈는 여기서 데카르트가 여섯 번째 답변에서 구분한 감각의 세 가지 단계를 다시 취한다. "감각의 확실성이 무엇인지 올바르게 알기 위해서, 우리는 감각과 관련해서 세 가지 단계를 구분해야 합니다. 첫 번째 단계는 신체기관이 외부대상에 의해 자극되는 것입니다. 그리고 이는 그 기관의 작은 부분들의 운동과 그 운동에 의해 일어나는 모양과 위치의 변화일 수밖에 없습니다. 두 번째 단계는 그렇게 자극된 신체기관과 결합되어 있기 때문에 정신에 직접적으로 일어나는 모든 결과들을 포함합니다. 고통과 가려움과 목마름과 배고픔과 색과 소리와 맛과 냄새와 따뜻함과 차가움 등과 같은 것에 대한 지각이 그런 것들입니다. (…) 마지막으로 세 번째 단계는 모든 판단들을, 즉 신체기관의 운동을 계기로 우리가 어렸을 때부터 외부대상들에 대해 익숙하게 내리는 모든 판단들을 포괄합니다."(§9, t. IX, pp.236~238)

이상이 서로 다른 네 가지 사실들인데, 사람들은 이 네 가지를 세심히 구분하지 않고, 영혼과 신체의 긴밀한 결합 때문에 툭하면 혼동하는 경향이 있다. 이것이 영혼의 속성과 신체의 속성이 결합되어 물질의 속성과 정신의 속성을 올바로 구분하지 못하게 되는 이유이다.

그러나 우리가 어떤 대상을 감각할 때 우리 내부에서 일어나는 이 네 가지 사실 중에, 첫 두 가지는 신체에, 나머지 두 가지는 영혼에만 속해 있다. 영혼과 신체의 본성에 대해서 조금이라도 성찰을 해보았다면 그렇다는 사실을 알 수 있다. 내 전제는 모두들 그렇게 성찰했어야 했다는 것이다. 그러나 이 문제는 개별적으로 설명해야 한다.

11장

이 장 및 이어지는 세 장에서는 우리가 방금 말했듯 흔히 혼동해왔고, 그저 단순한 감각작용으로 간주했던 네 가지 문제들을 다루겠다. 그리고 우리가 범하는 오류들을 그저 개괄적으로만 설명할 것이다. 세부사항으로 깊이 들어가고자 했다면 끝이 없을 것이니 말이다. 그러나 우리는 독자들의 정신이 감각으로 인해 우리가 범할 수 있는 모든 오류들을 대단히 쉽게 발견할 수 있기를 희망한다. 그렇지만 이를 위해서 독자들은 방금 읽은 장에서만큼, 이어지는 장들에서 부지런히 성찰해 주시기를 부탁드린다.

I. 우리의 감각 외부의 섬유에 일어나는 대상들의 작용에 관련하여 흔히 빠지곤 하는 오류에 대하여

각각의 감각작용에서 우리가 혼동하는 문제들 중 첫 번째는 우리 신체 외부의 섬유들에 가해지는 대상들의 능동l'action이다. 영혼의 감각작용과 대상들의 능동 사이에 거의 차이를 둘 수 없음이 확실하다. 이 점은 증명이 필요치 않다. 예를 들어 거의 모든 사람들은 우리가 느끼는 열은 그 열을 일으키는 불 속에 있고, 빛은 공기 속에 있고, 색채는 색을 띤 사물들 위에 있다고 생각한다. 그들은 지각할 수는 없지만 이 감정을 일으키거나, 더 자세히 말하자면 이 감정을 동반하는 물체들이 운동한다는 점을 전혀 생각하지 않는다.

II. 이 오류의 원인

거의 모든 사람들이 고통이 그들을 찌르는 바늘 속에 있다고 판단하지 않는 것과 마찬가지로 열이 불 속에 있다고 판단한다는 것은 사실이다. 그것은 바늘과 바늘의 능동은 가시적인 반면, 불에서 쏟아져 나오는 작은 나무 조각들과, 우리 손에 가해지는 그 조각들의 운동은 가시적이지 않기 때문이다. 그래서 우리는 몸을 덥힐 때 우리 손을 자극하는 그 조각들을 전혀 보지 못하면서 손에서 열을 느끼지만, 거기서 다른 것은 전혀 보지 못하므로 자연스럽게 이 열이 불 속에 있다고 판단한다.

우리가 감각작용의 원인이 무엇인지 모를 때 그 원인이 대상에 있다고 생각하는 것은 보통 사실이다. 그리고 고통과 간지러움은 우리가 보고 접촉하는 바늘이나 깃털 같은 감지될 수 있는 물체들과 생기기 때문에, 우리는 우리에게 그런 감각을 일으키는 대상들 속에 그 감각들과 유사한 것이 조금이라도 있다고 전혀 판단하지 않는다.[1]

III. 반박

화상火傷을 입는 원인이 열만큼이나 작은 나무 조각들에 있다고 해도, 우리가 화상은 불 속에 있는 것이 아니라, 단지 손에 있다고 판단한다는 것은 사실이다. 그 열의 원인을 우리는 불이라고 생각하는 것이다. 그러나 이것의 이유는 화상이 고통의 일종이라는 데 있다. 우리는 여러 차례 고통이 그것의 원인이 되는 외부 물체에 존재하지 않는다고 판단한 뒤에도 화상에 대해서는 여전히 동일한 판단을 내리는 경향이 있다.

우리를 그런 식으로 판단하게끔 하는 것은 고통 혹은 화상으로 인해

---

1 [옮긴이] "간지러움이나 아픔 같은 여러 관념, 즉 외부 물체와 닮은 점이 하나도 없다는 걸 이해하지 못하는 사람은 아무도 없을 것이다. 깃털로 잠든 아이의 입술 위를 살짝 스치면 그 아이는 누군가가 자신을 간질인다고 느낀다. 그런데 여러분은 그 아이가 느낀 간지럽다는 관념이 이 깃털 안에 있는 무엇과 닮았다고 생각하는가? (…) 내가 보기에 빛에 대한 감각을 우리에게 주는 모든 대상 속에 있는 것과 빛의 감각은, 깃털(…)이 한 일과 간지러움이나 통증보다 닮았을 것이라고 우리가 믿게 만들 이유가 하나도 없다."(《세계론》, t. XI, pp.5~6)

우리 영혼이 신체를 이루는 부분들에 강력하게 집중되기 때문이며, 그 때문에 우리는 다른 것을 생각하지 못하게 된다. 그래서 정신은 화상의 감각작용을 그에게 제일 눈앞에 보이는 대상에 결부시킨다. 우리는 잠시 뒤에야 화상이 우리가 고통을 느꼈던 부위에 어떤 뚜렷한 흔적을 남겼음을 깨닫기 때문에, 이로써 우리가 화상이 손에 있다고 내렸던 판단을 확인하게 된다.

그러나 이 점 때문에 '대상들이 어떤 비가시적인 부분들의 운동에 의해 우리에게 작용할 때마다 우리가 감각작용을 갖게 된다고 생각하는 습관이 있다'는 대단히 일반적인 규칙을 받아들이면 안 되는 것은 아니다. 그리고 바로 이런 이유로 우리는 보통 색, 빛, 냄새, 맛, 소리 및 어떤 다른 감각들이 공기나 그 감각들의 원인이 되는 외부 대상에 있다고 믿는데[2] 그것은 이 모든 감각작용이 어떤 지각할 수 없는 물체의 운동으로 인해 우리 내부에 산출되는 까닭이다.

눈雪에 흰색의 감각작용을 결부하거나 눈을 희게 보는 것이며, 고통을 손가락을 찌른 바늘이 아니라 바늘에 찔린 손에 결부하는 일이 우리에게 달린 일이라고 생각해서는 안 된다. 이 모든 것은 내가 9장에서 말한 자연적 판단처럼 우리 내부에, 우리 없이, 심지어 우리의 의지와 무관하게 이루어진다. 또 이 모든 것은 생명의 보존과 관련해서만 우리 내부에서 이루어진다.

격하고 강렬한 감각은 바늘이 아니라 바늘에 찔린 손가락 속에서 느껴지는 것임이 분명하다. 강렬하지 않은 색의 감각은 대상 속에 존재

---

2 나는 어떤 의미에서 대상들이 우리의 감각작용의 원인인지 다음에 설명하겠다.

하여 서로를 구분하기 위한 것이다.[3] 나는 아직 대상들을 그 자체로 보지 않음을 증명하지 않았고, 그 대상을 응시할 때 우리가 무엇을 보는지 설명하지도 않았으므로 나는 여기에서 왜, 그리고 어떻게 흰색과 눈이, 색깔과 대상이 결부되는지 분명하게 제시할 수 없다. 그것은 영혼에 관련된 관념들, 말하자면 신체가 눈을 뜰 때 정신의 눈을 밝히는 관념들의 지식에 달린 일이다.

---

3 [옮긴이] 감각작용을 이처럼 생명의 목적성(finalité vitale)에 두는 것은 프라딘(J. Pradines)이 멀리서 예고하는 거리의 감각과 즉각적이거나 깊은 접촉의 감각에 대한 구별을 예비한다.〔《감각의 철학》(*Philosophie de la sensation*) Paris, t. I, 1928, p.164 이하; 《일반 심리학 논고》(*Traité de psychologie générale*), t. I, 943, p.423〕 이 분석은 코르드무아가 《구분》(*Discernement*, disc. 6, éd. cit.,) pp.181~189와 특히 pp.187~188에서 발전시켰다. "그래서 두뇌의 이 부분들의 운동이 영혼의 어떤 감각과 결부되므로, 이 운동이 두뇌에 닿자마자 (…) 영혼이 신체 전체의 보존을 위해 그 운동을 연관 짓는 것보다 더욱 유리한 곳에 그 운동을 연관 짓는다. 사실 영혼은 시각(la vision)을 신체의 외부와 관련짓는다. (…) 청각 (…) 과 후각은 (…) 해로운 것들이 지나치게 가까워지기 전에 그것들을 피하기 위해서, 혹은 그것들이 멀리 떨어져 있을 때 사용할 수 있는 것들을 찾으러 가기 위해서 그렇게 한다. 마찬가지로 영혼은 미각과 촉각을 신체의 말단과 연관 짓는다. 첫 감각작용이 잘못을 저지를 수 있으므로, 우리의 신체에 닿거나, 신체 안으로 들어가게 될 사물들을 마지막으로 시험해 보는 것이 좋다. 마지막으로 영혼은 허기와 갈증의 감각을 위와 목구멍에 연관시키"는데, 이는 "신체의 나머지 모든 부분이" 부족한 것을 얻기 위해 배치되는 데 "유용하기 때문이다".

12장

I. 감각 섬유 운동에 관련한 오류들에 관하여

각각의 감각작용에서 발견되는 두 번째 문제는 두뇌까지 연결되는 감각의 섬유들의 동요이다. 우리가 항상 이 동요를, 영혼의 감각작용으로 본다면 이는 잘못 생각하는 것이며, 우리가 감각을 통해 지각하지 않을 때는 그런 동요가 없다고 판단해야 한다.

II. 우리는 이 운동을 지각하지 못하거나, 감각작용과 혼동한다

예를 들어 우리는 불이 우리 손의 섬유에서 자극하는 동요와, 열의 감각작용을 혼동한다. 그래서 우리는 손에 열이 있다고 말한다. 그러나 가시적 대상들이 우리 눈 깊은 곳에 있는 시신경에 일으키는 동요를 우리가 느끼지 못하기 때문에 우리는 그 신경은 동요하지 않으며, 우리가 보는 색을 띠고 있지 않다고 생각한다. 반대로 우리는 이들 색깔을 표면에 띠고 있는 외부 대상만이 존재한다고 판단한다. 그러나 다음의 실험을 통해 우리는 색은 가시적 대상들에서만큼 시신경 깊은 곳에서도 거의 마찬가지로 강하고 생생하다는 점을 알 수 있다.

III. 이 점을 증명하는 실험

바로 도살한 쇠눈牛目을 취해, 시신경이 있는 자리에서 눈동자 반대편에 있는 피부를 벗기고, 그 피부가 있던 자리에 투명할 정도로 충분히 얇은 종이를 놓자. 그렇게 한 뒤, 이 쇠눈을 창문 구멍에 끼워, 눈동자는 공기 중에 노출하고 눈의 뒤쪽은 방 안을 향하도록 하는데, 방이 아주 깜깜하도록 꼭 닫아 두어야 한다. 그러면 방 바깥에 있는 대상들의 색깔들이 보일 것이다. 그 대상들은 눈 깊은 곳에 드러나 있지만 상像은 반대로 그려진다. 대상들의 색이 충분히 강렬하지 않을 경우 눈 속에 그려진 대상들이 지나치게 가깝다면 눈의 측면을 압박해서 길쭉하게 늘이고, 대상들이 아주 멀리 있을 때는 눈의 길이를 더 짧게 만든다.

이 실험으로 우리는 우리 손에 열이 있다고 판단한 것과 마찬가지로 감각이 진리를 발견하기 위해 우리에게 주어졌고, 우리가 감각대상에 대해 이성적으로 판단을 내렸던 것이라면 눈 깊은 곳에서 색을 판단하거나 느끼는 것이 틀림없다고 판단했음을 알게 된다.

그러나 우리가 감각자질을 얼마나 기이하게 판단하는지 이유를 조금 설명해 보자면 영혼은 신체와 대단히 밀접하게 결합해 있고, 원죄 이후 너무도 육적肉的으로 바뀌었고, 그 결과 도대체 주의를 기울일 수 없게 되어 오직 영혼 자신에게만 속하는 많은 것들을 신체에 부여하고, 그래서 지금은 신체와 더 이상 거의 구분되지 않게 되었음을 고려해야 한다. 그래서 영혼은 우리가 지금 말하는 모든 감각작용이 신체에서 일어나는 것이라고 여길 뿐 아니라, 상상의 힘, 심지어 추론의 힘까지 신체에 부여하기도 한다. 영혼이란 신체의 가장 섬세하고 가장 미세한 부분에 불과하다고 믿을 정도로 어리석고 무지한 수많은 철학자들이 있으니 말이다.

테르툴리아누스를 제대로 읽어본다면 내가 말한 것의 증거들이 차고 넘친다는 것을 알게 될 것이다. 그가 수많은 저자들을 언급하고 나서 스스로 그런 생각을 밝혔기 때문이다. 이는 정말 사실로, 테르툴리아누스는《영혼론》에서 신앙, 성경, 심지어 특별한 계시들을 동원해서 영혼이 육적임을 믿지 않을 수 없다는 점을 증명하기 위해 노력한다.[1]

이 사실에 놀라서는 안 되는 것이 그는 신조차 육肉이라는 과도한 망상에 사로잡혔기 때문이다.[2] 그 생각들이 얼마나 터무니없는 것인지

---

1 Aug., *Epist.*, CLVII. 〔테르툴리아누스는《영혼론》(*De l'âme, Contre les philosophes*) 5장에서 히파락소스, 히폰, 탈레스, 엠페도클레스, 크리티아스를 거명한다. 에피쿠로스가 영혼을 원자들의 결합물로 보듯, 크리톨리아스와 아리스토텔레스주의자들이 에테르(제 5원소), 스토아주의자들이 영(spiritus)으로 보듯, 앞에 언급한 이들은 영혼을 불, 물, 피의 결합물로 보았다. ―옮긴이〕

2 [옮긴이] 테르툴리아누스는《프락세아스에 반대하여》(*Contre Praxéas*) 7장에서 "그러니 신이 설령 영(spiritus)임에도 육임을 부정할 것인가?"라고 말했다. 성 아우구스티누스는 이 편지에서 테르툴리아누스가 신 스스로 신체라고 가정하는 꿈을 꾸

충분히 보여 주고, 연장과 사유, 영혼과 신체를 구분해야 한다는 점을 확고하게 해주는 성 아우구스티누스나 데카르트의 몇몇 책을 여러분들이 읽었다는 전제하에 이런 생각들을 내가 나서서 반박하지는 않겠다. 그 생각들이 얼마나 터무니없는 것인지 충분히 보여 주고, 연장과 사유, 영혼과 신체를 구분해야 한다는 점을 확고하게 해주는 성 아우구스티누스나 데카르트의 몇몇 책을 읽어보길 바란다.

영혼은 대단히 맹목적이라 제 자신을 알지 못하고, 감각작용이 영혼에서 나온다는 점을 이해하지 못한다. 그러나 이 점을 설명하려면 영혼의 세 종류의 감각작용을 구분해야 한다. 강하고 격한 감각작용이 있고, 약하고 활기 없는 감각작용이 있고, 전자와 후자 사이의 중간 정도 되는 감각작용이 있다.

IV. 영혼의 세 종류의 감각작용의 설명

강하고 격한 감각작용이 일어나면 정신은 놀라서 확 깨어난다. 그것은 감각작용들이 정신에 대단히 쾌적하거나 대단히 거북한 까닭이다. 고통, 간지러움, 한기寒氣, 열기, 일반적으로 두뇌에 현기증을 동반할 뿐 아니라 정기를 신체 내부 부분들을 향해 움직이게 하는 감각작용들이 그것이다. 이렇게 정기가 운동하면서 신체가 다른 방식으로 배치되고 정념이 자극된다. 우리는 이 점을 다른 곳에서 설명하겠다.

었다고 비난했다.

약하고 활기 없는 감각작용이 일어날 때 영혼은 거의 자극되지 않는다. 그것은 중간 정도의 빛, 모든 종류의 색, 예사롭고 충분히 약한 소리처럼 대단히 쾌적한 것도 아니고 대단히 거북한 것도 아니다.

마지막으로 나는 강한 감각작용들과 약한 감각작용들 사이의 감각작용을 중간 정도라고 부른다. 이런 종류의 감각작용은 강한 빛이나 강한 소리 등처럼 영혼을 평범하게 자극한다. 그런데 약하고 활기 없는 감각작용이 중간 정도가 될 수 있고, 결국 강하고 격한 것이 될 수 있음에 주목해야 한다.

예를 들어 빛에서 갖는 감각작용은 횃불의 빛이 전혀 매섭지 않거나 횃불이 멀리 떨어져 있을 때 약하다. 그러나 횃불을 우리 쪽으로 충분히 가깝게 접근시킬 때 감각작용은 중간 정도가 되고, 횃불을 우리 눈에 아주 가깝게 대어 눈이 부시게 하거나, 혹은 태양을 바라볼 때 대단히 강하고 대단히 격해질 수 있다. 그래서 빛의 감각작용은 정도에 따라 강하거나, 약하거나, 중간 정도일 수 있다.

V. 감각작용에 동반된 오류들

그러므로 다음은 영혼이 이 세 가지 감각작용에 내리는 판단이다. 그때 우리는 영혼은 거의 항상 감각 인상이나 감각의 자연적 판단을 맹목적으로 따르며, 또 영혼은 자기가 고려하는 모든 대상들에 즐겨 영향을 행사하면서 그 대상들에 부여하고자 한 것을 제거한다는 점을 알 수 있다.

이 감각작용들 중 첫 번째는 대단히 격하고 자극적이므로 영혼은 이들 감각작용이 어떤 방식으로든 자신에게 속한다는 점을 인정하지 않을 수 없다. 그래서 영혼은 이들 감각작용이 대상 속에 있다고 판단할 뿐 아니라, 자기 신체를 이루는 사지에 있다고 생각하고, 그것을 영혼의 일부처럼 간주한다. 그래서 영혼은 냉冷과 온溫이 얼음과 불에서뿐 아니라, 자기 손에 있다고 판단한다.

약한 감각작용은 영혼에 거의 자극을 주지 않으므로 영혼은 그 감각작용들이 자기에게 속했다고도 믿지 않고, 제 자신 내부 및 제 신체 내부에 있는 것이 아니라 그저 대상 속에 있다고 믿는다. 바로 이런 이유로 우리는 빛과 색을 우리 영혼과 우리 눈에서 떼어내어 외부 대상들에 입힌다. 이성을 통해 우리가 그 감각작용들이 물질에 대한 우리의 관념 속에 전혀 존재하지 않는다는 것을 알고, 경험을 통해 대상에서만큼이나 우리 눈 속에서 감각작용을 판단했어야 한다는 것을 알고 있더라도 말이다. 나는 이 점을 쇠눈을 창문 구멍에 끼워 수행했던 실험을 통해 증명했다.

그런데 모든 사람들이 처음에 색, 냄새, 맛 및 다른 모든 감각작용들이 자기들의 영혼의 변화라는 점을 알지 못하는 이유는 우리 영혼에 대한 명확한 관념을 갖지 않은 데 있다. 우리가 어떤 사물을 그것을 머릿속에 그려주는 관념을 통해 알 때 우리는 그 사물이 가질 수 있는 변형들을 명확히 알게 되니 말이다. 예를 들어 모든 사람들이 둥긂이 연장의 한 변형이라는 데 동의하는 것은 그 둥긂을 머릿속에 그려주는 명확한 관념을 통해서 연장을 알고 있기 때문이다.

그래서 다른 곳에서 설명하겠지만 우리가 영혼을 그것의 관념에 의해서가 아니라, 우리가 영혼에 대해 가진 내적 감정에 의해서 알게 되므로[3] 우리는 흰색, 빛, 색 및 다른 약하고 활기 없는 감각작용들이 우리 영혼의 한 변형인지 아닌지를, 그저 단순히 보는 것으로는 알 수 없고, 오직 추론을 통해서 알 수 있다. 그러나 우리는 고통이나 즐거움과 같은 격한 감각작용들은 우리를 자극하므로 우리 내부에 있다고 쉽게 판단하고, 그 감각작용들이 우리에게 속한 것인지를 그것들의 관념을 통해 알 필요는 없다고 판단한다.

중간 정도의 감각작용들은 영혼이 정말 난감해 하는 것이다. 한편으로 영혼은 감각의 자연적 판단을 따르고자 하고, 이를 위해 영혼은 이런 종류의 감각작용이 대상에서 왔다고 판단하고자 가능한 자기와 멀리 떨어뜨려 본다. 그러나 다른 한편 영혼은 감각작용들이 제게 속한다는 점을 그 자체로 내부에서 느낄 수 없는데, 무엇보다 이 감각작용이 내가 강하고 격한 감각작용이라고 이름 붙인 것에 가까워질 때 그렇다. 그래서 영혼은 자기가 내린 판단을 따르게 된다. 영혼이 감각작용의 충격을 강하게 받으면 그것이 대상 내부에서만큼이나 자기 신체에 있다고 판단한다. 영혼은 감각작용의 충격을 거의 받지 않으면 그것이 오직 대상 내부에 있다고 판단한다. 감각작용이 강한 것들과 약한 것들의 정확히 중간이라면 영혼은 감각을 통해서만 판단할 때 그것을 믿어 버릴 수밖에 없다.

예를 들어 촛불을 약간 멀리서 바라본다면 영혼은 빛이 단지 대상 속에 있을 뿐이라고 판단한다. 촛불을 우리 눈 아주 가까이 놓으면 영

---

3 3권 2부 7장을 참조.

혼은 그것이 촛불뿐 아니라 눈 속에도 있다고 판단한다. 그것을 1피에 정도 떨어뜨려 놓으면 영혼은 얼마간 그 빛이 그저 대상 속에 있는 것인지 판단하지 못한 채로 있게 된다.

그런데 영혼은 빛이 물질의 한 가지 속성도, 한 가지 변형도 아니며, 그럴 수도 없고, 영혼은 현재 상태에 대한 진리를 발견하기 위해 이성을 사용할 생각을 못하고 그저 감각만을 사용할 뿐이므로 자신이 그저 자기 내부에 존재할 뿐임을 생각해 내지 못한다. 감각으로는 결코 진리를 발견할 수 없고, 우리가 감각을 가진 것은 오직 신체의 보존을 위해서일 뿐이다.

그런데 영혼이 감각으로 지각할 수 있는 대상을 고려할 때 자신의 이성, 즉 순수한 지성의 작용sa pure intellection을 사용하지 않는 이유는, 영혼이 순수한 지성의 작용을 통해 알아차리게 되는 사물들이 아니라, 반대로 감각적 사물들의 자극을 대단히 강하게 받기 때문이다. 영혼은 자신에게 큰 충격을 주는 것에 맹렬히 집착하고, 자극을 주지 않는 사물들에 집착하는 일은 등한시한다. 그래서 영혼은 자기가 내리는 자유로운 판단을 거의 항상 감각의 자연적 판단과 일치시킨다.

그러므로 다른 모든 감각자질들만큼 빛과 색을 온전히 판단하려면 색의 감각과 시신경의 운동을 세심히 구분해야 하고, 아울러 운동과 충격impulsion은 신체의 속성이기 때문에 이들은 서로 대상 속에서, 그리고 우리의 감각기관에서 마주칠 수 있지만, 우리가 보는 빛과 색은 다른 감각자질들과는 아주 다른 영혼의 변형들인 데다 그 둘에 대해 우리는 아주 다른 관념을 가졌다는 점을 이성으로써 인식해야 한다.

예를 들어 어떤 농부는 색을 잘 보고, 이 색을 그 색이 아닌 모든 것과 구분한다는 점이 확실하다. 이와 마찬가지로 그가 색을 띤 대상에서도 그의 눈 깊은 곳에서도 운동을 알아차리지 않는다는 것도 확실하다. 그러므로 색은 운동이 아니다. 마찬가지로 어떤 농부가 대단히 뜨거운 열을 느끼고, 열과 열이 아닌 모든 것을 구분할 정도로 열에 대한 명확한 지식을 갖췄다고 하자. 그러나 그는 자기 손의 섬유들이 동요되었다고는 생각하지 않는다. 그러므로 그가 느끼는 열은 운동이 아니다. 열과 운동의 관념들이 다르고, 운동 없이 열을 가질 수 없는 까닭이다. 사각형의 관념이 원의 관념과 다르고, 사각형을 생각하지 않고 원을 생각할 수 있다는 것 말고 사각형이 원이 아니라고 말할 다른 이유가 없으니 말이다.

우리에게 이런저런 사물을 느끼게 하는 자연적 원인이 자기 안에 반드시 그 사물을 포함하는 일이 필요하지 않다는 점을 이해하는 데는 약간의 주의를 기울이기만 하면 된다. 내가 내 눈에 타격을 가해 번쩍하는 빛을 보는 데 내 손 안에 빛이 있어야 할 필요가 없는 것도 마찬가지이다.[4] 내가 손에 불을 가까이 두고 열을 느끼는 데 불 속에 열이 있어야 하고, 내가 느끼는 모든 다른 감각자질들이 대상 속에 있어야 할 필요가 없는 것도 이와 같다.

내 영혼이 어떤 감각작용으로 변형되기 위해서는 대상들이 영혼과

---

4 [옮긴이] "눈에 어떤 상처를 입은 사람들은 무수히 많은 불과 광채를 보는 것 같다. (…) 그래서 이 감정은 충격의 힘에서만 나오는 것 같고, 그 충격은 강렬한 빛이 그렇게 하듯 시신경의 작은 실들을 움직인다. 이와 동일한 힘이 귀에 충격을 가하면 어떤 소리를 듣게 할 수 있고, 다른 부위들에서 신체를 접촉하면 고통을 느끼게 할 수 있다."(데카르트, 《굴절광학》, disc. 6 t. VI, p.131)

이어진 내 살의 섬유 속에서 어떤 동요를 일으키는 것으로 충분하다. 운동과 감각 사이에는 어떤 관계도 없다는 점이 사실이다. 신체와 정신 사이에도 아무 관계가 없다. 창조주는 자신의 본성이나 의지로, 본성상 완전히 대립하는 두 실체를 결합시켜 놓았던 것이니, 이들의 변형이 상호적이라는 데 놀라서는 안 된다. 두 실체가 하나가 되기 위해서는 반드시 그래야 한다.

우리의 감각은 단지 신체의 보존을 위해서 주어진 것이므로, 우리가 감각자질에 대해 판단하듯이 감각이 우리를 판단하게 한다는 것은 당연한 일이다. 고통과 열이 그것의 원인이 되는 대상들 속에만 존재한다고 판단하는 것보다 그것을 우리의 신체 속에 존재하는 것처럼 느끼는 것이 우리에게 더욱 이득이 된다. 고통과 열은 우리의 사지에 해가 될 수 있으므로 그 둘의 공격을 받을 때 미리 예비하여 그것으로 해를 입지 않도록 하는 것은 당연한 일이다.

그러나 색色은 사정이 다르다. 색은 보통 색이 모이는 눈 깊은 곳에 상처를 낼 수 없고, 눈 속에 색이 칠해진다는 것을 아는 것도 불필요하다. 우리가 색을 필요로 하는 것은 대상들을 보다 분명하게 알기 위해서일 뿐이다. 바로 그런 이유로 우리 감각은 대상이 색을 가졌다고 생각하게끔 한다. 그래서 우리 감각 인상이 우리에게 내리게끔 하는 판단들은 신체의 보존과 관련해서 고려한다면 대단히 정확하기는 하지만, 이들 판단은 완전히 기이한 것으로 진리로부터 멀리 떨어져 있다. 이 점은 이미 우리가 부분적으로 살펴보았고, 다음에 더 자세히 살펴볼 것이다.

13장

I. 감각작용의 정의

각각의 감각작용에서 발견되는 세 번째 문제는 예를 들면 우리가 불 가까이 있을 때 느끼는 것으로, '영혼과 결합된 신체 속에 일어나는 일과 관련된 우리 영혼의 변형'[1]이다. 이 변형은 신체 내부에서 일어나는 일이 혈액 순환과, 생의 다른 기능들을 돕는 데 적절할 때 쾌적하다. 우리는 이 변형을 열熱이라는 모호한 용어로 부른다. 이 변형은 신체 내부에서 일어나는 일로 신체가 불편해지거나 화상火傷을 입을 때, 즉 신

---

1 [옮긴이] 데카르트는 "사유"의 사례들의 말미에 덧붙여 "감각"을 영혼의 양태들 중 하나로 제시했다. "나는 사유하는 것이다. 즉, 의심하고, 긍정하며, 부정하며, 약간의 것을 이해하고, 많은 것을 모르며, 의욕하고, 의욕하지 않으며, 상상하고, 감각하는 것이다."(《성찰》, 3, t. IX, p.27) 그렇지만 여섯 번째 성찰에서는 감각과 상상력을 순수 사유와 구분하면서, 이것의 이유를 신체와 영혼의 결합에서 찾는다.(t. IX, p.62)

체 속에서 일어나는 운동으로 섬유 일부가 끊어질 때 고통스러운 것이고, 그러므로 앞의 것과 완전히 다르다. 보통 그것은 고통 혹은 화상이라고 불린다. 다른 감각작용들도 이와 같다. 본 주제에 대해서 보통 어떤 생각들을 하는지 아래에 적어본다.

II. 우리는 생각보다 감각작용을 더 잘 알고 있다

첫 번째 오류는 우리가 감각작용에 대해 전혀 모른다고 믿는 것이다. 고통, 즐거움 및 다른 감각작용들이 무엇인지 아는 일을 대단히 어려워하는 사람들이 많다. 그들은 영혼과 신체를 혼동하면서 감각작용은 영혼에만 있고, 영혼의 변형일 뿐이라는 점에 동의하지 않는다. 사실 이런 유의 사람들은 자기들이 모를 수 없는 것을 배우고자 한다는 점에서 감탄스러운 이들이다. 고통을 느끼는 사람이 고통이 무엇인지 완전히 모르기란 가능하지 않은 일이기 때문이다.

예를 들어 손에 화상을 입은 사람은 색, 소리, 맛, 냄새, 즐거움으로 느낀 고통을, 그가 느낀 고통과는 완전히 다른 고통을 정말 뚜렷이 구분한다. 그는 고통과 감탄, 욕망, 사랑을 아주 잘 구분하며, 고통과 사각형, 원, 운동을 구분한다. 그리고 그는 그 고통이 자기가 느끼는 고통이 아닌 다른 모든 것과 완전히 다르다는 점을 인정한다. 그런데 그가 그 고통에 대해 전혀 몰랐다면, 나는 그가 감각한 것이 그런 일들과 전혀 다르지 않다는 점을 명백하고 확실하게[2] 인정할 수 있을 것인지 정말 알고 싶다.

그러므로 우리는 색을 볼 때, 혹은 어떤 다른 감정을 느낄 때 즉각적으로 느끼는 것을 어떤 방식으로든 알고 있다. 우리가 그것을 몰랐다면 우리는 어떤 감각대상도 모를 것임이 정말 확실하다. 예를 들어 우리가 물로 느끼는 감각작용과 포도주로 느끼는 감각작용이 다르다는 것을 몰랐다면 그 둘을 구분할 수 없었을 것임이 분명하다. 우리가 감각을 통해 아는 모든 대상도 마찬가지이다.

III. 반박과 답변

그렇지만 나를 재촉하여, 고통, 즐거움, 색 등이 무엇인지 설명하라고 묻는다면 내가 말言로 정확히 설명할 수 없으리라는 점은 사실이다. 그러나 이로부터 내가 색을 보거나 화상을 입을 때 적어도 내가 현재 느끼는 것을 어떤 방식으로든 모른다는 결론이 도출되지는 않는다.

그런데 모든 감각작용이 다른 모든 것들처럼 말로써 설명될 수 없는 이유는 그것이 사물들의 관념을 자기들 좋은 그런 이름들과 결부하고자 하는 인간의 의지에 달린 것이기 때문이다.[3]

---

2 [옮긴이] 데카르트는 감정을 단순히 사유처럼 고려한다면 감정의 명석판명한 지식을 가질 수 있다고 말했다. "우리가 명석하게 지각할 수 있는 것들 중 감각, 감정, 욕구가 남았는데, 우리의 지각 속에 담겨 있어서 내밀히 의식하는 것 이외에는 그것들에 관해 어떤 판단도 내리지 않도록 엄밀하게 주의를 기울인다면 우리는 그것들을 매우 어려운 일이기는 하지만 명석하게 지각할 수 있다."(《철학의 원리》, 1권 66절)

3 [옮긴이] 언어의 관례주의는 아리스토텔레스 이후 가장 흔한 주장이 되었다.(*De*

그리스 사람들과 히브리 사람들처럼 하늘을 '우라노스Ouranos'며 '샤마짐Schamajim' 등으로 부를 수 있다. 그러나 이들은 감각작용을 자기들

---

l'interprétation, chap.I~IV) 미셸 푸코는《말과 사물》에서 "고전주의 시대의 문턱에서 기호는 이제 세계의 형상이 아니며, 기호가 나타내는 것은 이제 닮음이나 친화력이 견고하고 은밀한 끈에 의해 기호와 연결되지도 않는다"(*Les Mots et les choses*, Paris, 1966, p.72)고 말하면서 말브랑슈를 언급한다. "이제 기호가 의미하기 시작하는 것은 바로 인식의 내부에서이다. 기호가 확실성이나 개연성을 얻게 되는 것은 바로 인식으로부터이다. 그리고 신은 자연을 통해 우리에게 말하기 위해 여전히 기호를 활용하면서도, 우리의 정신 속에 의미 관계를 정립하기 위해, 인상들 사이에 확립되는 관계와 우리의 인식을 이용한다. 이상과 같은 것이 말브랑슈의 저서에서 제시된 감정 또는 버클리에게서 찾아볼 수 있는 감각의 역할이다. 모든 이에게 공통된 판단, 감정, 시각적 인상, 3차원에 대한 지각에서 성급하고 혼란스럽지만 절박하고 불가피하고 커다란 구속력을 갖는 인식은 추론적 인식에 대해 기호의 구실을 하는데, 우리의 정신은 완전무결하지 않기에, 우리 자신에게는 정신의 힘에만 의거해서 추론적 인식에 도달할 여유나 여지가 없다. 말브랑슈와 버클리의 경우, 신에 의해 마련된 기호는 이 두 가지 인식의 교묘하고 시중한 중첩이다. 이들의 경우에는 이제 디비나티오(불가사의하고 열려 있으며 신성한 기호의 공간으로 인식이 편입되는 현상)가 아니라, 간결하고 스스로에게로 움츠러든 인식, 즉 일련의 많은 판단이 기호의 날렵한 형상 속으로 틀어박히는 현상이 있다."(*Ibid.*, pp.73~74) 데카르트는 언어를 유사성이 없는 관계의 모델로 취했다. "잘 알려진 사실이지만 말이라는 것은 그것이 표시하는 사물과는 아무런 공통점이 없는데도 우리에게 이들 사물을 떠오르게 하며, 게다가 그때 우리는 말의 발음이나 철자에 주의를 기울이는 일마저 하지 않는 경우가 많다. (…) 그런데 말이라는 것, 즉 인간이 정한 규칙이 아니면 아무런 의미도 가지지 않는 말이 그것과 닮은 점이 하나도 없는 사물을 우리에게 떠올리게 만들 수 있다고 하면, 자연도 어떠한 신호를 만들어 내서 그 신호 자체는 우리가 빛에 대해 가진 감각과 닮은 점이 무엇 하나 없더라도 빛의 감각을 우리에게 알려준다는 게 어떻게 불가능하겠는가?"〔《세계론》(*Le Monde*), chap.I, t. XI, p.4〕 이 점은 코르드무아(*Discours physique de la parole, dans Œuvres*, Paris, 1968, pp.209~210)가 발전시킨 것이다. 고유하게 말해서 영혼이 경험한 정념들의 자연적 기호와 언어의 지속적 대립이 생긴다.(*Ibid.*, p.211)

좋은 대로 말이나 어떤 다른 것에 결부시키는 것이 아니다. 그들이 눈을 감고 있다면 색에 관한 말을 들어도 색을 전혀 보지 못하고, 혀와 두뇌의 섬유들의 배치에 변화가 일어나지 않는다면 맛을 느끼지 못한다. 한마디로 말해서 감각작용은 인간의 의지에 달린 것이 아니다. 인간을 지은 존재, 인간을 영혼의 변형과 신체의 변형이라는 이 상호적 관계 속에서 보존하는 이만이 존재한다. 그래서 어떤 사람이 내가 그에게 열이나 색깔을 머릿속에 떠올려 주기를 바란다면 나는 이를 위해 말을 사용하는 대신, 자연이 이 감각대상들에 결부시켰던 운동을 그의 감각기관에 새겨야 하는 것이다. 즉 나는 그를 불에 가까이 데려가고, 그림들을 보도록 한다.

바로 이런 이유로 맹인들에게는 적색, 초록색, 노란색 등이 의미하는 최소한의 지식조차 줄 수 없다. 듣는 사람과 말하는 사람이 동일한 관념들을 갖지 않으면 서로를 이해할 수 없듯이, 감각작용이 말言 소리 혹은 청신경의 운동이 아니라 시신경의 운동에 결부된 것이 아니므로 그 감각작용을 맹인에게 그려 보여 줄 수 없다. 맹인들의 시신경은 색을 띤 대상들로 인해 동요될 수 없기 때문이다.

IV. 왜 감각작용에 대해서 아무것도 모른다고 생각하는지의 문제

그러므로 우리는 감각작용에 대해 다소 지식을 갖고 있는 것이다. 그렇지만 우리가 여전히 감각작용에 대해 더 알고자 한다거나, 여전히 그것에 대해 아무것도 모른다고 생각하는 것은 어찌 된 일인지 이제 살펴보도록 하자.

원죄 이후에 영혼은 신체적 성향을 갖게 되었다. 영혼이 감각으로 느낄 수 있는 사물을 애착하게 되면 영혼과 지성으로 알 수 있는 문제들과의 결합이나 관계는 그만큼 계속 감소한다. 감각으로 느껴지지 않는 사물들에 영혼은 혐오밖에 느끼지 않으며, 그 사물들을 고려하는 일에 즉시 질려 버린다. 영혼은 두뇌에 그 사물들을 재현하는 몇몇 이미지를 전력을 다해 만들어 내고, 어렸을 때부터 이런 유의 이해 방식에 아주 익숙해서 영혼이 상상할 수 없는 것은 알 수 없는 것이라고 믿기까지 한다.

그러나 신체를 갖지 않았으므로 신체 이미지를 통해 정신에 재현될 수 없는 여러 가지 것들이 있다. 갖은 변형을 겪는 우리의 영혼이 그렇다. 그러므로 우리 영혼이 자기 본성과 자기만의 감각작용을 재현하고자 할 때, 영혼은 신체적 이미지를 구성하기 위해 노력하게 된다. 즉 영혼은 모든 신체를 가진 존재들 속에서 자신을 찾는 것이다. 그래서 때로는 이것으로, 때로는 저것으로, 때로는 공기로, 때로는 불로, 또는 신체를 이루는 부분들의 조화로 자처한다.[4] 그런 식으로 물체들 사이

4 [옮긴이] 성 아우구스티누스는 《삼위일체론》의 10권 10장에서 "지성이 자기가 불이려니 하고 생각할 때는, 지성이 자기가 공기려니 하고 생각하는 바와 똑같은 비중을 두어 생각하고 있으며, 그 밖에 물체의 어떤 것이려니 생각할 때도 마찬가지다. 그러므로 지성이 '자기는 이것이다'라고 하는 생각과 '자기는 이것이 아니다'라고 하는 생각을 똑같은 비중으로 한다는 것은 절대로 있을 수 없다. 지성이 자기가 불이든지 공기든지 이러저러한 물체든지, 아니면 물체의 부분이든지, 또

에 존재하고자 하고, 신체의 변형들과 같은 감각작용인 자기만의 변형들을 상상하고자 하면서 영혼이 길을 잃고 완전히 제 자신을 망각하게 된대도 놀라서는 안 된다.

영혼으로 하여금 훨씬 더 적극적으로 감각작용을 상상하도록 만드는 것은 영혼이 자신의 감각작용들이 대상 속에 있고, 그 감각작용들은 대상의 변형이라고, 그 결과 그것은 상상될 수 있는 어떤 신체적인 것이라고 판단하기 때문이다.

그러므로 영혼은 감각작용들의 본성은 그것의 원인이 되는 운동이거나 한 물체의 어떤 다른 변형에 있다고 판단한다. 그런데 이 점은 육적인 것을 전혀 갖지 않고, 육적 이미지들을 통해서는 재현될 수 없는

그렇지 않고 물체의 조화나 집합이든지 하다고 생각할 때, 지성이 생각하는 것은 모두 표상적 사상(事象, phantasia imaginaria)을 가지고 생각하는 것이다."(《삼위일체론》, liv. X, chap.x, §16, 성염 역, 분도출판사, 2015, p.825) 이 텍스트는 데카르트의 《성찰》의 두 번째 성찰(t. IX, p.21)과 유사하다. 영혼-조화의 이론은 플라톤과 아리스토텔레스가 각각 비판한 것이다. 플라톤은 《파이돈》에서 소크라테스를 등장인물로 삼아 "(…) 조화는 복합적인 것이고 혼은 몸과 관련된 것들이 긴장된 상태로 있는 가운데 이루어진 일종의 조화라는 이 생각이 그대로 있다면 말일세. 설마하니 자네는 조화가 먼저 이루어져 있었다고, 즉 조화를 이루어야만 하는 구성 요소들이 있기도 전에 조화가 있었다고 자신이 말하는 것을 받아들이지 '않겠지'"라고 말한다.(《파이돈》, 92a~b, 박종현 역, 서광사, 2003, p.378) 또한 아리스토텔레스는 《영혼론》에서 "영혼은 일종의 조화라고들 한다. 왜냐하면 조화는 상반자들의 혼화 또는 합성이며, 신체는 상반자들로부터 합성된 것"이라는 의견을 반박한다. "그러나 조화는 혼합된 요소들의 비율 또는 합성인 반면에, 영혼은 그 가운데 어떤 것도 운동을 유발하는 것은 조화가 아니며, 모든 사람들은 그것이 오히려 영혼에 의한 것이라고 말한다. 조화라는 단어를 영혼과 관련하여 말하는 것보다 건강 또는 전반적인 신체의 훌륭한 기능 수행들과 관련하여 말하는 것이 더 적절하다."(407b~408a, 유원기 역, 궁리, 2001, p.98)

것인 영혼이 느끼는 것과 다르다. 이렇게 되면 영혼은 당황스러워져, 영혼 본래의 감각작용을 알지 못한다고 믿게 되어 버린다.

신체적인 이미지들을 통해 영혼과 영혼의 변형을 재현할 목적으로 헛된 노력을 기울이지 않으면서 감각작용이 무엇인지 설명해 줄 것을 부탁하는 사람들은 관념을 통해서는 영혼도, 영혼의 변형도 알 수 없다는 점을 반드시 알아야 한다. 나는 '관념idée'이라는 말을 정확한 의미로 쓰고 있는데, 이 책의 제 3권에서는 그저 '내적 감정sentiment intérieur' 이라는 표현으로 이를 설명할 것이다.[5]

그래서 그들이 어떤 관념들을 통해 영혼과 영혼의 감각작용들의 설명을 듣고자 한다면 그들은 모든 사람이 자기들에게 가르쳐 줄 수 없는 것을 듣기를 바라는 것이다. 사람들은 사물들의 관념들을 우리에게 제시하면서가 아니라, 그저 우리가 자연적으로 느끼는 사물들을 생각해보도록 하면서만 우리를 가르칠 수 있다.

우리가 감각작용과 관련해서 범하게 되는 두 번째 오류는 우리가 그 감각작용들을 대상에 부여한다는 것이다. 이 오류는 이미 11장과 12장에서 설명했다.

---

5 2부 7장. 또한 같은 장의 주해를 참조.

V. 모든 사람들이 동일한 대상에 대해 동일한 감각을 갖는다고 믿는 것은 잘못이다

세 번째 오류는 모든 사람이 동일한 대상들에 대한 동일한 감각작용을 갖는다고 판단하는 것이다. 예를 들어 우리는 모든 사람이 하늘은 푸르게, 들판은 초록색으로, 모든 가시적 대상을 우리가 보는 동일한 방식으로 본다고 믿으며, 다른 감각에 해당하는 모든 다른 감각자질도 그러하다고 믿는다. 심지어 몇몇 사람들은 그들이 의심할 여지없는 것으로 믿는 것을 내가 의심한다는 점에 놀라기까지 할 것이다.

그러나 나는 그들이 이 문제를 판단하는 방식으로 판단할 이유가 전혀 없다고 확신할 수 있다. 그들이 잘못 생각한다는 것을 수학적으로 증명할 수는 없지만 나는 그들이 잘못 생각하지 않는다면 세상에 우연도 그런 우연이 없으리라는 점을 증명할 수는 있다. 또한 나는 그들이 정말 오류를 범했음을 확신하며, 그것을 뒷받침할 충분히 강력한 이유들도 갖고 있다.

내가 개진하는 내용이 진리라는 점을 인정하기 위해서 내가 이미 증명했던 것, 즉 감각작용과 감각작용의 원인 사이에는 대단히 커다란 차이가 있다는 점을 기억해야 한다. 일반적으로 말해서 이 점으로부터 시신경의 내부 섬유들에서 이루어지는 유사한 운동들로 인해 서로 다른 사람들이 동일한 감각, 즉 동일한 색을 볼 수 없게 될 수 있다고 판단할 수 있다. 한 사람에게 푸른색의 감각작용을 일으키는 운동이 다른 사람에게는 초록색이나 회색의 감각작용을 일으키고, 심지어는 누구도 한 번도 경험해 보지 못한 새로운 감각작용을 일으킬 수 있다.

그것이 가능하며, 그것과 반대되는 일을 증명할 필요가 없다는 점이 확실하다. 그러나 그것이 그러하리라는 개연성은 없다는 점에 나는 동의한다. 그보다는 신은 우리의 영혼과 신체를 결합시켰고 그러면서 항상 동일한 방식으로 행동하며, 서로 다른 사람들의 두뇌 내부의 섬유들에서 이루어지는 유사한 운동들에 동일한 관념과 동일한 감각작용을6 결부시켜 두었다고 믿는 것이 더욱 합리적이다.

그러므로 두뇌에 이르는 섬유들의 운동이 동일하면 모든 사람들이 동일한 감각작용을 갖게 되리라는 점이 사실이어야 한다. 동일한 대상들이 두뇌에서 동일한 운동을 산출하지 않는 일이 벌어진다면, 그 대상들은 결과적으로 영혼에서 동일한 감각작용을 일으키지 않을 것이다. 그런데 모든 사람의 감각기관이 동일한 방식으로 배치되어 있지 않으므로, 모든 사람이 동일한 대상들의 동일한 인상들을 수용할 수 없다는 점이 내게는 의심할 여지없는 것으로 보인다.

예를 들어 짐꾼들이 호기로 주고받는 주먹질이 여린 사람들을 불구로 만들어 버릴 수 있을 것이다. 동일한 타격이라도 건장한 체질의 남자와, 아이나 허약 체질의 여성에 아주 상이한 운동을 일으키고, 결과적으로 아주 상이한 감각작용을 촉발한다. 그래서 세상에 완벽히 일치하는 감각기관을 가졌다고 확신할 수 있는 두 사람이 없으므로, 세상에 동일한 대상들에 대해 완벽히 동일한 감각을 갖게 되는 두 사람이

---

6 [옮긴이] 엄밀하게 말해서 두뇌의 다양한 운동에 항상 조응하는 것은 한 가지 감각작용이지, 엄밀한 의미에서 한 관념이 아니다. 예를 들어 사각형의 관념이 우리에게 감각적 형상을 취하는 것은 지각, 혹은 우리 영혼의 매개를 통해서이다. 말브랑슈는 아직 이 두 용어를 명확하게 구분하지 않고 있다.

있으리라고 확신할 수 없다.

이것이 인간의 성향들 사이에서 발견되는 기이한 다양성의 근원이다.[7] 음악을 극히 좋아하는 사람들이 있는 반면, 음악에 무감각한 사람들도 있다. 음악을 좋아하는 사람들 중에서도 청신경 섬유, 피, 정기가 갖는 거의 무한한 다양성에 따라 어떤 이들은 한 장르의 음악을 좋아하고, 다른 사람들은 다른 장르의 음악을 좋아한다. 예를 들어 프랑스 음악, 이탈리아 음악, 중국 음악, 또 다른 음악들 사이에 얼마나 큰 차이가 있으며, 결과적으로 다양한 민족들이 갖는 취향과 다양한 음악 장르들 사이에 얼마나 큰 차이가 있는가? 각기 다른 시대에 우리는 같은 협주를 듣고도 아주 다른 인상을 받는 일이 일어나기도 한다.

엄청난 양의 정기들이 동요되어 상상력을 뜨겁게 덥혔다면, 더 부드럽고, 규칙과 수학적 정확성을 더 잘 따르는 음악보다, 대담한 음악, 많은 불협화음이 들어간 음악을 듣는 것을 더 좋아하게 된다.[8] 이는 경험으로 증명되며, 그 이유를 드는 일은 어렵지 않다.

---

7 [옮긴이] 감각작용이 주관적임을 들어 취향의 다양성을 설명하는 진부한 주제이다. "다른 사람들은 혐오감밖에 갖지 않는 사물들을 진미로 먹는 사람들이 있다", "여러 사람들이 대단히 기분 좋게 느끼는 향수가 다른 사람들에게는 견딜 수 없을 경우가 있다."(Rohault, *Physique*, liv. I, chap.xxix, §2 et chap.xxv, §2, p.225 et 240) 허약한 체질이었던 말브랑슈는 파리 중앙시장 레 알에서 가까운 곳에서 살았으므로 짐꾼들을 관찰할 기회가 있었다.

8 [옮긴이] "감각에 가장 유쾌한 것은 가장 달콤한 것이 아니라 더욱 완화된 방식으로 가볍게 자극하는 것이다. 그래서 (…) 소금과 식초가 담수보다 종종 더 혀에 유쾌한 기분을 느끼게 한다. 그리고 이로 인해 음악에서 3도 화음과 6도 화음, 심지어 간혹 불협화음을 받아들이는 것이다."(데카르트, 《인간론》, t. XI, p.151) 또한 메르센에게 보내는 편지(1630년 3월 18일, t. I, p.108 et 133)를 참조.

냄새도 마찬가지이다. 오렌지 꽃향기를 좋아하는 사람은 아마 반대로 장미꽃이며 다른 꽃들의 향기를 견뎌내지 못할 것이다.

맛도 다른 감각작용만큼 다양하다. 서로 다른 사람들 혹은 서로 다른 시대에 있는 사람을 모두 기쁘게 해주기 위해서는 소스가 완전히 달라야 한다. 어떤 이는 달콤한 맛을 좋아하고, 다른 이는 강한 맛을 좋아한다. 어떤 사람은 달콤한 술을 좋아하고, 다른 사람은 그것을 끔찍해한다. 몸이 건강할 때 그 술의 맛이 좋다고 생각하는 바로 그 사람이 열이 날 때는 그것을 쓰게 느낀다.[9] 다른 감각들도 이런 식이다.

그러나 모든 사람들은 즐거움을 좋아한다. 유쾌한 감각작용들을 좋아하는 것이다. 사람들 모두는 이 점에서 성향이 같다. 그렇지만 사람들은 동일한 대상들을 똑같이 좋아하지는 않으므로 그 대상들로부터 동일한 감각작용들을 느끼는 것이 아니다.

그래서 어떤 사람이 자기가 달콤한 것을 좋아한다고 말한다면 그가 그것으로 갖게 되는 감각작용이 쾌적한 것이기 때문이며, 다른 사람이 자기는 달콤한 것을 좋아하지 않는다고 말한다면 사실 그가 그 맛을 좋아하는 사람과 감각작용이 동일하지 않기 때문이다. 그가 달콤한 것을 좋아하지 않는다고 말할 때 그 말은 그가 다른 사람과 동일한 감각

---

9 [옮긴이] "내가(소크라테스) 건강할 때 마시면, 포도주는 내게 달콤하고 즐겁게 느껴지겠지? (…) 그것은 (…) 능동적 요소와 수동적 요소는 둘이서 동시에 이동하는 달콤함과 지각을 낳는데, 수동적 요소 쪽에서는 지각이 혀를 지각하는 것으로 만들어 주고 포도주 쪽에서는 그 주위를 맴도는 달콤함이 포도주를 건강한 혀에는 달콤한 것으로 만들 뿐더러 달콤하게 느껴지게도 만들기 때문일세."(플라톤, 《테아이테토스》, 159 c~e, 천병희 역, 숲, 2016, p.57)

작용을 갖고 싶지 않다는 뜻이 아니라, 그저 그는 그런 감각작용이 없다고 말하는 것이다. 그래서 달콤한 것을 싫어한다고 말한다면 부적절하게 말하는 것이 되고, 그러므로 모든 사람들이 달콤하고 유쾌하게 느끼는 설탕을 좋아하지 않는다, 꿀을 좋아하지 않는다, 등으로 말해야 할 것이며, 다른 사람들과 입맛이 동일하지 않은 것은 혀의 섬유들이 다른 방식으로 배치되어 있기 때문이라고 해야 한다.

다음에 더욱 뚜렷한 한 가지 사례를 제시한다. 스무 명이 있다고 가정해 보자. 그중에 손이 차가운 한 사람이 있고, 그는 프랑스에서 냉온의 감각작용들을 설명하는 데 사용하는 명사들을 모르는데, 그를 제외한 다른 모든 사람은 반대로 손이 극단적으로 뜨겁다고 하자. 겨울에 그들 모두에게 세숫물로 약간 미지근한 물을 제공했다면, 한 사람 한 사람이 다 씻은 다음 우선 손이 대단히 뜨거운 사람들은 "정말 물이 차갑군. 정말 싫어."라고 말할 것이다. 그러나 극단적으로 차가운 손을 가진 사람이 마지막에 씻으러 와서는 반대로 말할 것이다. "나는 왜 당신들이 찬물을 싫어하는지 모르겠어. 나는 차가운 것을 느끼고 씻는 것이 좋은데 말이야."라고 말이다.

이 사례에서 마지막 사람이 자기는 차가운 것이 좋다고 말할 때, 그 말이 그가 뜨거운 것을 좋아하고, 다른 모든 사람들은 자기와 반대로 느낄 때 자기는 그렇게 느낀다는 말이 아니라면 다른 뜻이 전혀 아닐 것이다.

그래서 어떤 사람이 자기는 쓴 것이 좋고 달콤한 것은 견딜 수 없다고 말할 때 이 말은 그 사람과 쓴 것이라면 무조건 혐오감을 느낀다는 것과 달콤한 것을 좋아한다고 말하는 사람들의 감각작용이 서로 다르다는 뜻이 아니다.

그러므로 어떤 사람에게 유쾌한 감각은 그 감각을 느끼는 모든 사람들에게 유쾌하지만, 감각기관의 배치가 상이하므로 동일한 대상이라고 해도 모든 사람에게 똑같은 감각작용을 느끼게 하는 것은 아니라는 점이 확실하다. 물질physique과 정신morale에서 이 점을 가장 중요하게 지적해야 한다.

VI. 반박과 답변

여기서 한 가지 반박을 받을 수 있겠지만 이를 해결하기란 대단히 쉽다. 즉 극도로 어떤 고기를 좋아하는 사람들이 결국 그것을 끔찍하게 여기게 되는 일이 간혹 일어난다는 점 말이다. 그들은 고기를 먹을 때 어떤 더러운 것이 섞인 것을 발견하고 너무 놀랐거나, 그들이 고기를 너무 과도하게 먹었던 바람에 대단히 심하게 앓았거나, 그 밖의 다른 이유들이 있다. 이런 유의 사람들은 더 이상 그들이 예전에 좋아했던 것과 동일한 감각작용을 좋아하지 않게 되었다고들 할 것이다. 그들이 똑같은 고기를 먹을 때 그들은 여전히 동일한 감각작용을 갖지만, 그것이 그들에게 더는 쾌적하지 않게 된다는 것이다.

이 반박에 대답하기 위해 그 사람들이 대단히 끔찍해하고 역겨워하는 고기를 먹을 때 동시에 두 가지 상이한 감각을 갖는다는 점에 주의해야 한다. 위의 반박은 그들이 자기가 먹은 고기의 감각작용을 갖는다고 가정한다. 그런데 그들은 자기가 먹은 것과 섞여 있는 것을 보았던 더러움을 강력하게 상상하는 것으로부터 나오는 혐오라는 다른 감정 또한 갖는다. 이것의 이유는 두 운동이 두뇌에서 동시에 일어날 때 그중 하나는 상당한 시간이 흐른 뒤가 아니면 다른 하나 없이 더는 자극되지 않는다는 것이다. 그래서 쾌적한 감각작용은 이 다른 혐오스러운 감각작용 없이 나오지 않으며, 우리는 동시에 이루어지는 일들을 혼동하므로, 예전에는 쾌적한 것이었던 이 감각작용이 이제는 더 이상 그렇지 않다고 상상한다.

그렇지만 감각작용이 계속 동일하다면 당연히 계속 쾌적함을 주어야 한다. 그래서 감각작용이 유쾌하지 않다고 상상한다면, 그것은 그 감각작용이 쾌적한 것보다 혐오스러운 것을 더 많이 일으키는 다른 감각작용에 결부되어 그것과 혼동되었기 때문이다.

내가 약하고 활기 없다고 불렀던 색과 어떤 다른 감각작용들이 모든 사람에게 동일한 것은 아니라는 점을 증명하기란 더 어렵다. 맛이나, 더욱 강하고 더 격한 다른 감각작용들에서처럼 하나가 다른 하나보다 더 쾌적함을 판별할 수도 없고, 서로 다른 사람들이 갖는 즐거움이나 혐오의 다양성을 통해 감각작용의 다양성을 인정할 수도 없는 것이다. 그러나 다른 감각작용들이 서로 다른 사람들에게서 동일하지 않다는 점을 보여 주는 근거는, 색에서 얻는 감각작용이 다양하다는 점 역시 틀림없이 보여 준다. 사실 서로 다른 사람들의 시각 기관이 청각이나 미각 기관에서처럼 대단히 다양하다고 확신할 수 있다. 모든 사람에게 시신경이 완전히 똑같이 배치되어 있다는 점을 전제할 이유가 전혀 없기 때문이다. 자연의 모든 사물에, 특히 물질적 사물들은 무한히 다양하니 말이다. 그러므로 모든 사람이 동일한 대상을 동일한 색깔로 보는 것은 아닌 것 같다.

그러나 몇몇 사람들이 대상을 똑같이 희거나 검다고 보는 것은 아니지만 흰색과 검은색을 우리가 보는 것과는 다른 색으로 보는 일은 전혀 일어나지 않거나 거의 일어나지 않는다고 나는 생각한다. 그렇지만 중간색인 붉은색, 노란색, 푸른색, 그리고 특히 지금 이 세 가지 색이 섞인 색에 완전히 동일한 감각작용을 갖는 사람은 극히 드물다고 나는 생각한다. 간혹 예를 들어 한쪽 눈으로 볼 때 어떤 물체들을 노란색으로 보는 사람들이 있는데, 그들이 다른 쪽 눈으로 보면 그 물체들은 초록색이나 파란색으로 보인다. 그런데 이 사람들이 외눈으로 태어났거나, 초록색으로 불리는 것을 푸른색으로 보게끔 하는 두 눈을 갖고 있다고 가정했다면, 그들은 우리가 보는 대상을 동일한 색으로 본다고 믿었을 것이다. 그들은 항상 자기가 푸른색으로 보게 될 것을 초록색으로 명명하고자 할 테니 말이다.

또한 어떤 이들의 지적에 따라 동일한 색은 모든 유의 사람들을 똑같이 즐겁게 하지 못한다는 점을 들어 모든 사람이 동일한 대상을 동일한 색으로 보는 것이 아님을 증명할 수 있을 것이다. 이 감각작용들이 모두 동일했다면, 모든 사람이 똑같이 쾌적했을 테니 말이다. 그러나 이 증거에 대해서도 앞의 반박에 내가 제시했던 대답에 근거해서 대단히 강력한 반박을 할 수 있으므로, 그 반박이 제기될 만큼 충분히 견고한 것 같지 않다.

사실 한 색을 다른 색보다 훨씬 더 좋아하는 일이 아주 드문 일인 것처럼 한 가지 맛을 다른 맛보다 훨씬 더 좋아하는 것도 마찬가지이다. 그 이유는 색의 감각은 물체들이 우리의 양식에 적합한지 혹은 적합하지 않은지 판단하기 위해 주어진 것이 아니기 때문이다. 그것은 선과 악의 자연적 성격들인 즐거움과 고통으로 뚜렷이 드러난다. 색을 가진 대상들은 먹는 데 좋은 것도 아니고 나쁜 것도 아니다. 색을 가진 대상들이 쾌적하거나 쾌적하지 않게 보였다면 그 대상들을 보고는 항상 정념들을 자극하고 동반하는 정기들의 흐름이 이어질 테니 말이다. 영혼에 충격을 주지 않고 자극할 수는 없는 일이다. 우리가 종종 좋은 것들을 싫어하고, 나쁜 것들을 좋아하게 되는데, 그렇게 되면 우리는 오랫동안 우리 생명을 보존하지 못할 것이다. 결국 색의 감각은 그저 이 물체들과 저 물체들을 구분하기 위해서만 주어진 것이다. 우리가 풀을 초록색으로 보든 붉은색으로 보든 좋은 것이다. 풀을 초록색이나 붉은색으로 보는 사람이 동일한 방식으로 바라보기만 한다면 말이다.

그러나 이들 감각작용에 대한 설명은 그만하면 충분하다. 이제 자연적 판단들과 그 판단을 동반하는 자유로운 판단들에 대해 말해 보도록 하자. 그것이 우리가 지금 다루었던 세 가지 다른 판단들과 혼동하는 네 번째 것이다.

14장

I. 우리의 감각작용에 동반하며, 감각작용들과 혼동되는 거짓 판단들에 대하여

이렇게 개진된 일반 명제, 즉 우리가 갖는 외부대상들의 감각작용에는 하나나 여럿의 그릇된 판단들이 포함된다는 명제에 충격을 받지 않을 사람은 극히 적으리라 예상된다. 대부분 우리 감각작용에는 사실 판단도 거짓 판단도 존재하지 않는다는 점을 믿기조차 하지 않는다. 그래서 이들은 이 명제의 새로움에 놀라서 분명 스스로 이렇게 말할 것이다. 도대체 어떻게 이런 일이 생길 수 있을 것인가? 나는 이 성벽城壁이 희다고 판단하지 않지만, 희다고는 본다. 나는 고통이 내 손에 있다고 판단하지 않지만 정말 확실히 그렇게 느낀다. 내가 느끼는 것과는 다르게 대상들을 느낀다면 그렇게 확실한 것들을 누가 의심할 수 있겠는가? 마지막으로 유년기에 가졌던 편견에 끌리기 마련인 그들의 성향[1] 때문에 그들은 훨씬 더 멀리 나아갈 것이다. 그들이 자기들의 생각을 반대한다고 확신하는 사람들에게 모욕과 경멸을 쏟아내지 않는다면 그들은 분명 온건한 사람들로 꼽힐 자격이 있을 것이다.

하지만 우리 사유가 실패하고 말리라 예언하는 것으로 끝내서는 안 된다. 더욱 시의적절한 노력으로 대단히 강력한 증거들을 제시함으로써 사유를 성공케 하고, 환히 밝히도록 노력해서, 눈을 뜨고 공격을 당하는 일이 없고, 주의 깊게 검토해서 무릎을 꿇리지 않을 수 없도록 해야 한다. 우리는 외부 대상들이 어떤 거짓 판단도 포함되지 않는 감각작용을 전혀 갖지 않음을 증명해야 한다. 그 증명은 다음과 같다.

내가 보기에 우리의 영혼들이 연장을 갖는다는 점에 동의할지라도 우리와 항성들 사이에 존재하는 그 정도의 광대한 공간을 갖는 것은 아니라는 점을 의심할 수 없다.[2] 그래서 우리들 영혼이 하늘의 별들을

---

1 [옮긴이] "여기서 우리는 오류의 최초의 그리고 주된 원인을 알 수 있다. 어렸을 때 우리의 정신은 신체와 너무 밀접하게 관련을 맺고 있었기 때문에 신체를 자극한 것들에 대한 생각들로만 차 있었다. 그때 정신은 그런 생각들을 그의 밖에 있는 어떤 것과 연관시키지 않고 단지 신체에 불편함이 일어난 곳에서는 통증을, 편안함이 일어난 곳에서는 쾌락을 느끼곤 했다. 신체가 큰 편안함이나 불편함이 없이 자극된 곳에서는 자극된 부분과 방식의 차이에 따라 여러 가지 감각을, 즉 맛과 냄새와 소리와 따뜻함과 차가움과 빛과 색 등과 같은 감각을 느끼곤 했는데, 이 감각들은 의식 바깥에 있는 어떤 것을 표상하는 것이 아니다. 동시에 또한 정신은 크기와 모양과 운동 등과 같은 것을 지각하곤 했다. 이것들은 정신에 감각으로서가 아니라 의식 바깥에 존재하거나 적어도 존재할 수 있는 것으로 나타나곤 했거나 이러한 것들의 양태로서 나타나곤 했는데, 이는 설사 정신이 그런 차이를 인식하지 못했다 하더라도 사실이다. 그리고 자연은 스스로의 힘으로 다양하게 움직일 수 있는 기계를 만들었는데 이는 다름 아닌 신체이다."(데카르트, 《철학의 원리》, 1권 71절)

2 [옮긴이] 말브랑슈는 당연히 영혼은 연장을 갖지 않는다고 생각하지만(1권 1장

볼 때 영혼들이 하늘에 있다고 믿는 것은 합리적이지 않다. 또한 영혼들이 1,000보步 거리에 있는 집들을 보려고 신체에서 그 1,000보 정도의 거리를 나온다는 것도 믿을 수 없다. 그러므로 우리 영혼은 집들과, 영혼이 그곳에 없는 별들을 보는 것임이 틀림없다. 영혼은 자신이 존재하는 신체에서 나오지 않고도, 신체 외부에 있는 집들을 보기 때문이다.

그런데 별들은 영혼이 볼 수 있을 유일한 것으로, 즉각적으로 영혼과 결합되어 있지 하늘에 있는 것이 아니므로, 그 결과 하늘에서 별들을 보고, 그다음에는 별들이 하늘에 있다고 판단하는 모든 사람들은 두 가지 거짓 판단을 하는 것이다. 하나는 자연적 판단이고, 다른 하나는 자유로운 판단이다. 전자는 감각, 혹은 우리 속에서 우리 없이 우리의 뜻과는 무관하게 존재하는 어떤 복합 감각작용이므로, 우리는 그것을 따라 판단해서는 안 된다. 후자는 우리가 삼갈 수 있는 의지의 자유로운 판단이며, 그러므로 우리가 오류를 피하고자 한다면 그 판단을 내려서는 안 된다.

1절) 이곳에서는 이 점을 진지하게 다루지 않고 있다.

II. 이 거짓 판단이 일어나는 이유

그런데 다음이 왜 즉각적으로 보이는 바로 저 별들이 영혼의 외부에, 하늘에 있다고 믿는 이유이다. 영혼이 보고자 할 때 별들을 보는 것은 영혼의 힘 때문이 아니다. 영혼은 이 대상들의 관념과 본성상 결합되어 있는 운동들이 두뇌에 일어날 때만 별들이 있음을 알아차릴 수 있기 때문이다. 그런데 영혼이 알아차리는 것은 감각기관들의 움직임이 아니라, 그저 제 자신의 감각작용일 뿐이고, 바로 이 감각작용들이 제 자신 속에 홀로 만들어지는 것이 아님을 안다. 감각작용들이 외부에 존재하고 그것을 재현하는 원인 안에 있다고 판단하게 된다. 그리고 영혼은 이러한 종류의 판단을 사물들을 지각하는 순간에 매우 많이 반복해왔기 때문에 이제는 거의 그런 판단을 멈출 수 없게 되었다.

내가 방금 말한 것을 철저히 설명하기 위해 상과 관념des espèces et des idées[3]이라고 불리는 저 수많은 작은 존재들이 불필요하다는 점을 보여줄 필요가 있을 것 같다. 그 존재들은 무無인 것이 아니지만 무엇이든 재현하고, 우리가 원할 때 창조하고 또 파괴하고, 우리가 이해하지 못하는 문제들을 설명하기 위해 우리의 무지로 하여금 상상케 하는 것이다. 신이 모든 인간을 비추는 빛의 진정한 아버지[4]임을 믿는 사람들의 생각이 얼마나 견고한지 보여 주어야 할 것이다. 그 존재가 없으면 가

---

3 [옮긴이] 그리스어 형상(Eidos)은 라틴어 species로 번역할 수 있다.

4 [옮긴이] 〈요한복음〉 1장 9절에서는 신의 아들 혹은 말씀을 "모든 인간을 비추는 진정한 빛"으로 소개한다.

장 단순한 진리도 이해할 수 없게 될 것이며, 태양이 제아무리 빛을 비춘들 눈에 보이지도 않을 것이다.

바로 이런 생각으로 인해 나는 역설처럼 보이는 이 진리를 발견하게 되었다. 우리에게 피조물들을 재현해주는 관념들은 오직 그 동일한 피조물에 대응하고 그 피조물을 재현하는 신의 완전함에서 나온다. 한마디로 말해서 관념들의 본성에 대한 내 생각을 설명하고 증명해야 할 것이고, 그렇게 되면 그다음에 내가 방금 말했던 것들을 보다 명확하게 언급하는 것은 쉬운 일이 될 것이다.

그러나 그렇게 되면 우리는 주제에서 너무 멀어질 수 있을 테니, 이 모든 내용은 제 3권에서만 설명하겠다. 우리는 그런 순서를 따를 수밖에 없다. 지금은 한 감각작용과 여러 가지 판단이 혼동되어 있는 한 사례를 제시하는 것으로 충분한데 이는 대단히 뚜렷하고 이론의 여지가 없는 것이다.

나는 세상의 그 누구도 달을 바라볼 때 달이 자기 앞 천 보쯤 떨어져 있다고 보지 않으며, 달이 뜨거나 질 때보다 지평선 위로 높이 떴을 때 더 크다고 보지 않으며, 아마 그저 감각작용에 어떤 판단도 개입되지 않았음을 생각하지 않고 달이 더 크다고 보지 않는다고 생각한다. 그러나 감각에 그 무슨 종류의 판단도 없었다면, 그는 달이 그에게 가깝게 보이는 곳에서 달을 바라보지 않으리라는 점이 확실하다. 더욱이 그는 달이 지평선 위로 높이 올랐을 때보다 달이 뜰 때 더 작다고 볼 것이다. 내가 6장에서[5] 이미 언급했던 자연적 판단 때문에 우리가 달이

---

5 [옮긴이] 이 내용은 7장 4절에 있다. 말브랑슈의 실수이다.

더 멀리 떨어져 있다고 판단하기 때문이 아니라면 달이 뜰 때 달을 더 크다고 보지 않으니 말이다.

그러나 복합 감각작용으로 간주할 수 있는 우리의 자연적 판단 외에도, 우리의 거의 모든 감각작용에서 자유로운 판단을 마주치게 된다. 사람들은 예를 들어 자연적 판단에 의해 고통이 그들의 손에 있다고 판단할 뿐 아니라, 또한 자유로운 판단에 의해서도 그렇게 판단한다. 그들은 그렇게 판단 내리는 데 대단히 강한 습관이 들어서 그런 판단을 하지 않기가 너무 어려워진 것이다. 그러나 이들 판단은 생명의 보존에는 대단히 유용하지만 그 자체로는 대단히 그릇된다. 우리 감각은 우리 신체를 위해서만 가르치며, 감각의 판단에 부합하는 모든 자유로운 판단은 진리와는 대단히 멀리 떨어져 있기 때문이다.

그러나 이 모든 문제들의 근거를 밝힐 방법을 제시하지 않고 방치하지 않으려면 존재에는 두 가지 종류가 있음을 인정해야 한다.[6] 우리 영혼이 즉각적으로 보는 존재들이 하나이고, 바로 그 존재들을 통해서만 알게 되는 존재들이 다른 하나이다. 예를 들어 내가 해가 뜨는 것을 지각할 때 우선 나는 내가 즉각 보는 것을 지각하는 것이다. 나는 나의 외부와 내 눈과 내 두뇌에 어떤 운동을 산출하는 무언가가 있기 때문에 그것을 지각하고, 내 영혼 속에 들어 있는 이 첫 번째 태양은 외부에 있으며, 존재한다고 판단한다.

---

6 이 점을 올바로 이해하기 위해 이 책의 3권이나, 내가 쓴《형이상학에 대한 대담》(*Entretiens sur la métaphysique*)에서 관념들의 본성에 대해 언급할 내용을 미리 읽었어야 한다.

그런데 우리 영혼과 내밀하게 결합된 이 첫 번째 태양을, 지평선에 다른 태양이 뜨지 않아도, 심지어는 태양이 존재하지 않을 때조차 보게 되는 일이 일어날 수 있다. 마찬가지로 태양이 지평선 위에 높이 떠올랐을 때보다 다른 태양이 뜰 때 먼젓번 태양이 더 크다고 볼 수도 있다. 우리가 즉각 보고 있는 먼젓번 태양이 다른 태양이 떴을 때 더 크다는 점이 사실이라도, 그 결과 우리가 바라보거나 시선을 향하게 된 다른 태양이 더 크다는 결론이 나오는 것은 아니다.

우리가 보는 것은 정말로 뜨고 있는 태양이 아니고, 우리가 응시하는 이 태양이 우리가 보고 있는 태양이 아닌 것이, 그 태양은 수백만 리외lieue 거리에 떨어져 있기 때문이다. 그러나 실제로 더 큰 것은 우리가 보는 그대로의 저 첫 번째 것이다. 우리가 즉각 보고 있는 모든 것은 항상 우리가 보는 그대로인 까닭이다. 우리가 잘못 생각하지 않을 때는 우리가 즉각적으로 보는 것이 우리가 보는 것의 원인인 외부 대상 속에 있다고 판단할 때뿐이다.

마찬가지로 우리 정신과 즉각적으로 결합되어 있는 저 먼젓번 태양을 보면서 빛을 볼 때 우리가 그 빛을 본다고 믿는 것은 잘못 생각하는 것이 아니며, 이는 의심할 수 없다. 그러나 우리의 오류는 어떤 이유도 없이, 심지어 모든 근거에 반反하여 우리가 즉각적으로 보는 이 빛이 우리 외부의 태양 속에 존재한다는 데 있다. 우리 감각의 다른 대상들도 마찬가지이다.

III. 오류는 우리의 감각에서가 아니라 단지 우리의 판단에서 일어난다

우리가 처음부터 말해왔고 앞으로도 차차 말하게 될 것에 유념해본다면, 감각작용이 이루어질 때마다 발생하는 오류는 우리의 감각작용은 대상 속에 있다는 우리의 판단에서만 생긴다는 점을 쉽게 알게 된 것이다.

첫째, 대상들의 작용은 대상들을 이루는 부분들 중 몇몇 부분들에서 일어나는 운동에 있으며, 이 운동이 우리 감각기관에 전달된다는 것은 어떤 감각작용에나 있는 두 가지 사실인데 이 점을 모르는 것은 오류가 아니다. 어떤 것을 모르는 것과 그것에 대해 오류를 범하는 것은 굉장히 다른 일이다.

둘째, 우리는 문자 그대로 감각작용인 세 번째 사실도 잘못 생각하지 않았다. 열을 느끼고, 빛, 색 또는 다른 대상들을 볼 때 설령 우리가 광란에 빠졌더라도 그 대상들을 보는 것은 사실이다. 예언자들이 자기들이 보는 것을 보고 있다는 것만큼 사실인 것은 없으니 말이다. 그래서 그들의 오류는 그들이 보는 것은 그들 외부에서 본 것이므로 정말 외부에 존재한다는 그들의 판단에 있을 뿐이다.

이 판단은 우리가 자유롭게 동의했음을 함축하고 있고, 그 결과 오류에 빠지기 쉽다. 우리는 이 책의 첫 부분에 두었던 규칙에 따라서 항상 오류에 빠지지 않도록 해야 한다. 우리는 그것이 무엇이라도 우리가 자제할 수 있고, 여기서 일어나듯이 명백성과 확실성으로 받아들이지 않을 수 없는 경우가 아니면 판단을 내려서는 안 된다. 감각작용이 대상 속에 존재한다고 판단하는 데 우리는 대단히 강력한 습관이 들어서 극단적으로 이렇게 판단하는 성향을 느끼기는 한다. 열은 불 속에 있고, 색은 그림 속에 있는 것처럼 말이다. 그런데 우리를 재촉하여 그것을 믿지 않을 수 없도록 하는 확실하고 명백한 이유를 우리는 보지 못하므로, 그래서 우리는 자유를 그릇되게 사용함으로써 기꺼이 오류를 따르는 것이다.

15장

우리 감각의 일반적 오류들의 사례로 사용되기 위한 시각의 개별 오류들의 설명

내가 보기에 이 책을 연 도입부는 일반적 감각자질과 관련한 우리 감각의 오류를 인정하는 데 충분한 것 같다. 우리는 감각자질로 빛과 색을 언급했는데, 그렇게 하는 것이 맞는 순서였다. 이제 조금 개별적인 경우로 내려가서, 우리의 감각들이 만들어 내는 오류들을 세부적으로 검토하는 일이 필요할 수도 있다. 그렇지만 이 문제들은 그냥 넘어가겠다. 우리가 앞에서 언급한 내용 다음에 약간의 주의만 기울이는 것으로 우리가 늘어놓지 않을 수 없는 지겨운 담화를 대체할 것이다. 그래서 우리 시각으로 빛과 색에 관해 범하게 되는 일반적 오류만을 언급하겠고, 이 사례만으로도 다른 모든 감각의 오류를 깨닫게 하는 데 충분하리라 생각한다.

우리가 잠시 태양을 바라볼 때 우리 눈과 우리 영혼에서 일어나는 일이자, 우리가 범하게 되는 오류는 아래와 같다.

굴절광학의 제일 요소들과 눈의 감탄할 만한 구조를 어느 정도 아는 사람들은 태양 광선이 '수정체' 및 다른 체액에서 굴절된 뒤, 다음에는 눈 깊은 곳을 덮고 있는 '망막'이나 시신경에 모인다는 점을 모르지 않는다. 마찬가지 방식으로 '돋보기'나 볼록 렌즈를 투과하는 태양 광선은 '광원光源 le foyer' 혹은 볼록면의 상호 비례에 따라 그것과 2, 3, 4푸스 거리의 이 렌즈의 발화점에 모인다. 그런데 이 돋보기의 광원에 어떤 작은 천 조각이나 검은 종이를 두면[1] 태양 광선은 이 천이나 종이에 엄청난 자극을 가하고, 천이나 종이의 작은 부분들을 강렬하게 동요시켜 그 부분들을 끊고 서로 분리한다는 점은 경험으로 알고 있다. 한마디로 말해서 태양 광선은 천이나 종이를 태워, 연기나 재灰로 만들어 버린다.

그래서 이 실험의 결과 시신경이 검었고, 빛이 눈 속으로 들어가는 통로인 눈동자 혹은 '포도막uvée'의 구멍이 태양 광선을 축소시켜 그 안으로 들어가지 못하게 만드는 대신, 확장되어 태양 광선을 자유롭게 그리로 들어가게 했다면, 우리의 '망막網膜'이며, 이 천布이며, 이 검은 종이에 일어나는 일도 동일한 것이다. 섬유들은 대단히 동요될 것이므로 이내 찢어지고 불탈 것이다.

이런 이유로 대부분의 사람들은 잠깐 태양을 바라보는 것으로도 대단한 고통을 느낀다. 이들은 눈동자의 열린 구멍을 꼭 닫을 수 없으니 말이다. 그러나 시신경 망을 자극할 정도로 충분한 광선이 그 구멍으로 강렬히 들어가는 것은 아니고, 신경이 끊어지면 어쩌나 할 우려도 없다.

---

1 검은 종이는 쉽게 탄다. 그러니 흰 종이를 태우려면 더 크거나 볼록한 '돋보기'가 필요하다.

그렇지만 영혼은 우리가 방금 말한 모든 것을 전혀 모른다. 영혼은 태양을 바라보면서 시신경을 지각하지도 않고, 이 신경에 운동이 일어나고 있다는 것도 지각하지 않는다. 그런데 그것은 오류가 아니라 단순한 무지이다. 영혼이 범하는 첫 번째 오류는 영혼이 느끼는 고통이 자기 눈 속에 있다고 판단하는 것이다.

우리가 태양을 바라본 뒤 즉시, 눈을 뜬 채 아주 캄캄한 장소에 들어간다면 태양 광선이 시신경 섬유에 일으킨 그런 강력한 동요는 감소되면서 조금씩 변한다. 어떤 작은 경련 같은 것들이 일어난다는 점을 추가하면 이로써 망막 섬유에서 이해할 수 있는 모든 변화가 설명될 수 있다. 섬유가 상처를 입을 때 모든 신경에 이런 변화가 일어나기 때문이다. 그러나 이는 단지 희고 노란 빛일 뿐으로 영혼은 이를 지각하지 않는다. 그리고 두 번째 오류는 영혼이 자신이 보는 빛이 자기 눈 속에 있거나 우리와 가까운 성벽 위에 있다고 판단하는 것이다.

마지막으로 '망막' 섬유의 동요는 계속 감소하고, 조금씩 멈춘다. 그러나 영혼은 자기 눈 속에서 일어나는 일을 느끼지 못한다. 영혼은 흰색이 주황색이 되었다가, 붉은색, 초록색, 결국 푸른색이 되고,[2] 색의 광채가 '망막'의 동요처럼 조금씩 감소하다보면 앞에 지나가 버린 색

2 [옮긴이] 데카르트는《굴절광학》에서 "색들이 약해짐에 따라 색이 다양하게 변하고 하나에서 다른 하나로 변한다"(t. VI, p.131)고만 언급했다. 이 현상은 16세기 의사 페르넬이 1554년에 기술한 것이다. 페르넬은 흰색 혹은 초록색에서 시작해서 붉은색과 보라색으로 이동하고 결국 검은색이 된다고 말했다.(*Physiologique*, liv. VI, ch. XI, p.152) 분명 말브랑슈는 개인적 실험으로 이 내용을 뒷받침한다. 마지막 판본(G)에서만 초록색이 추가 되었다.

을 되찾지만, 영혼에 경련이 일어나고 있으니 순서는 전혀 그대로가 아니다.

우리가 범하는 세 번째 오류는 우리의 눈 속이나, 우리와 가까운 성벽 위에 일어나는 변화를 많고 적고의 차이만으로 판단하는 것이다. 우리가 보는 푸른색, 주황색, 붉은색의 차이는 변화가 많고 적다는 것과는 정말 다른 방식으로 구별되니 말이다.

이상이 빛과 색에 관련하여 우리가 범하는 몇몇 오류들이다. 이 오류들로 인해 우리는 또 다른 많은 오류들에 또다시 빠지게 된다. 이 점은 다음 장에서 설명하겠다.

16장

I. 우리 감각의 오류들은 잘못된 결론을 끌어내게 되는 일반적이고 가장 풍부한 원리로 사용된다

내가 보기에 선입견에 젖지 않고 정신에 주의를 기울일 수 있는 사람들에게는 우리 감각작용 및 감각작용에서 일어나는 일반적 오류들이 무엇인지 충분히 설명한 것 같다. 이참에 보여 주어야 하는 것은 이들 일반적 오류들을 무엇이라도 설명할 수 있는 명백한 원칙처럼 사용하고서는, 그 원칙에서 수많은 거짓 귀결들을 끌어냈고, 이번에는 그 귀결들을 원칙으로 삼아 다른 귀결들을 끌어냈고, 그렇게 해서 실체 없고 실재하지 않는 이들 상상의 학문을 만들고는 그것을 맹목적으로 따른다는 점이다. 그러나 그 상상의 학문은 허깨비와 같아서 그 학문을 전체적으로 이해하는 사람들에게 길을 잘못 들고 말았다는 혼란과 수치, 혹은 환영과 공상에 빠지는 데서 기쁨을 찾는 이 광기의 성격밖에는 남기지 않는다. 이 점을 특히 여러 사례들을 통해 보여 주어야 한다.

이미 말했듯이 우리는 습관적으로 우리 자신의 감각작용을 대상에 부여해왔고, 색, 냄새, 맛 및 다른 감각자질들이 색을 띠고, 향기가 나고, 맛이 좋다고 부르는 다른 물체들 속에 있다고 판단했고, 이 점이 오류임을 인정했다. 이제 우리는 이 오류를 사용하여 잘못된 귀결을 끌어냈고, 그다음에는 이 잘못된 귀결을 또 다른 원칙으로 삼아, 그 원칙에 기대어 추론을 계속하고 있음을 보여 주어야 한다. 한마디로 말해서 여기서 '우리 감각작용이 대상 속에 있다'는 이 거짓 원칙이 인간 정신에 이론의 여지 없이 보일 때, 인간 정신이 몇몇 개별적 진리들을 탐구할 때 사용하는 방식을 제시해야 한다.

그러나 이 점을 더욱 분명히 드러내기 위해 우리가 본성을 연구하는 어떤 물질을 따로 취해 보도록 하자. 예를 들어 꿀과 소금이 무엇인지 알고 싶은 어떤 사람이 무엇을 할지 살펴보도록 하자. 그가 해야 할 첫 번째 일은 색, 냄새, 맛 등을 비롯한 감각자질들을 관찰하는 것이다. 꿀의 감각자질은 무엇이고, 소금의 감각자질은 무엇인지, 그리고 그 감각자질들은 어떤 점에서 적합하고 어떤 점에서 다른지, 그 감각자질들은 다른 물체들의 감각자질과 어떤 관계를 가질 수 있는지 관찰한다. 이렇게 한 뒤에 감각작용이 감각대상 속에 존재한다고 확실한 원칙으로서 가정해 보고, 그 추론 방식을 아래에서 살펴보도록 하겠다.

II. 대상들에게 부여하는 차이들의 기원 및 차이들은 영혼 속에 있다

내가 꿀과 소금을 맛보고, 보고, 만지면서 느끼는 모든 것은 그 꿀과 소금 속에 있다. 그런데 내가 꿀에서 느낀 것과 내가 소금에서 느낀 것이 본질적으로 다르다는 점은 의심할 수 없다. 소금의 흰색은 분명 꿀의 색과, 꿀의 단맛은 소금의 자극적인 맛과 많고 적고 이상의 차이가 있다. 그 결과 꿀과 소금 사이에는 본질적 차이가 있음에 틀림없다. 내가[1] 하나에서 느낀 모든 것과, 다른 하나에서 느끼는 모든 것은 단지 많고 적고의 차이만 있는 것이 아니라 본질적으로 다르다.

앞의 사람이 취하게 될 첫 번째 방식은 다음과 같을 것이다. 분명 그가 꿀과 소금이 본질적으로 다르다는 점을 판단할 수 있는 것은 하나의 외관이 다른 하나의 외관과 본질적으로 다르다는 것을, 즉 그가 꿀에서 갖는 감각작용과 소금에서 갖는 감각작용은 본질적으로 다르다는 것을 발견하는데, 그 이유는 그것들이 감각에 일어나는 자극을 통해서만 판단할 뿐이기 때문이다. 그러므로 그 사람은 자신의 결론을 어떤 새로운 원칙으로 간주하고, 그로부터 이런 종류의 다른 귀결들을 끌어낸다.

---

1 [옮긴이] 여기서 '나'는 말브랑슈가 아니라, 그가 비판하는 사람들을 가리킨다.

III. 실체 형상들에 대하여

그러므로 꿀과 소금 및 자연의 다른 물체들이 본질적으로 서로 다르므로, 이들 물체 사이에 존재하는 모든 차이는 그것을 구성하는 작은 부분들의 상이한 구성에 있을 뿐이라고 우리에게 믿게끔 하려는 사람들은 심각하게 잘못 생각하는 것이다. 형상은 상이한 물체들에 있어서 본질적인 것이 아니고, 그들이 꿀에 있다고 상상하는 이 작은 부분들의 형상은 변하고, 설령 꿀의 이 작은 부분들과 소금의 작은 부분들의 형상이 같더라도 꿀은 항상 꿀로 남을 것이다. 그래서 모든 상이한 물체들에 공통된 원原물질에 결합되어, 그들을 본질적으로 서로 구분케 해주는 어떤 실체가 반드시 있어야 한다.

이상이 그 사람이 취하게 될 두 번째 방식으로, 다행스럽게 발견된 '실체 형상formes substantielles'이다.2 이들 풍요로운 실체는 그것들이 우리네 철학자들의 상상력에서만 존속할 뿐이지만 우리가 자연에서 보는 모든 것을 만들어 낸다. 하지만 그가 창안한 이 존재에 넉넉히 부여할 속성들을 살펴보도록 하자. 그는 분명 모든 다른 실체들에 가장 본질적 속성들을 모두 제거하여 새로운 모습을 띠게 할 것이다.

2 [옮긴이] 여기서는 라이프니츠를 가리킨다. 라이프니츠의《형이상학》9절 참조.

Ⅳ. 스콜라 학파 자연학의 가장 일반적인 오류들의 기원

그러므로 자연적 물체 각각은 그것을 구성하는 두 실체가 있다. 하나는 꿀과 소금 및 모든 다른 물체들에 공통된 것이고, 다른 하나는 꿀을 꿀이게 하고, 소금을 소금이게 하고, 모든 다른 물체들을 그들의 현재 모습 그대로이게 해주는 것이다. 그 결과, 전자는 물질로서, 그 반대를 갖지 않고, 스스로를 보호할 필요가 없으므로 어떤 형태도 띠지 않고 부동하고 무력하게 머물 것이다.

그러나 실체 형상인 후자는 그 형상을 보호하기 위한 특질과 능력을 항상 동반할 필요가 있다. 실체 형상은 기습을 받을지 모르므로 항상 경계 태세를 취해야 하고, 끊임없이 그 형상의 보존을 위해 애쓰고, 이웃한 물질에 지배력을 확장하고, 정복을 가능한 가장 멀리 밀어붙여야 한다. 그 형상들이 무력했거나 활동을 결여한다면 그만 다른 형상들의 기습을 받고, 곧 무로 사라져 버릴 것이다. 그러므로 형상들은 항상 투쟁하고, 자기를 파괴해 버릴 생각만 하는 대립하는 형식에 맞선 불구대천不俱戴天의 반감과 증오를 키워야 한다.

한 형상이 다른 형상의 물질을 차지해 버리는 일이 일어난다면, 예를 들어 시체의 형상이 개의 몸을 차지한다면 이 형상은 개의 형상을 사라지게 하는 것으로 그치지 않는다. 그 형상은 자기가 상대하는 적의 모든 특질들을 파괴하면서 증오를 채운다. 이내 시체의 털은 새로운 창조의 순백을 띤 흰색을 갖고, 피는 의심의 여지 없이 적색을 띤 붉은색을 띠고, 신체 전체는 여주인을 충실히 따르는 특질을 가져, 미약한 힘으로 여주인을 지킬 것이다. 그런 뒤 곧 죽은 신체의 특징을 갖는 이 힘들은 사라져 버리는 것이다. 그러나 항상 싸울 수는 없는 일이고, 세상 모든 것은 안식처를 갖기 마련이니, 예를 들어 분명 불은 그 중심이 있어야 하고, 그 중심에서 불은 계속해서 가벼움과 자연적 성향에 의해 나아가고자 노력해야 휴식하고, 더는 불타지 않고, 심지어 불을 지키기 위해서만 간직한 열조차 잃게 된다.

이상이 우리가 실체 형상이 존재해야 한다는 바로 이 마지막 원칙에서 끌어낼 수 있는 결과들의 작은 일부이다. 우리네 철학자가 좀 지나치게 자유롭게 끌어낼 수 있는 결론이 바로 이것이다. 보통 다른 사람들은 동일한 주제를 여기서 다룬 것보다 더 진지하게 말한다. 매일같이 철학자마다 자신의 기질과 성향, 상상력의 풍부함이나 메마름에 따라 무한히 많은 다른 귀결들을 끌어내는데, 오직 이 귀결들만이 그들을 서로 구분케 해준다.

여기서는 이 가공架空의 형상들과 싸우지 않고 넘어가겠다. 그 문제는 다른 사람들이 충분히 검토했으니 말이다. 그들은 실체 형상들이 결코 자연 속에 존재한 적이 없었고, 그 형상들은 거짓되고, 우스꽝스럽고, 심지어는 모순되기까지 한 수많은 귀결을 끌어내는 데 사용되었음을 충분히 보여 주었다. 우리는 그 형상들의 기원이 인간 정신에 있고, 오늘날 그 형상들이 모든 사람들에게 공통된 '감각은 사람들이 느끼는 대상들 속에 존재한다'는 편견에서 기인했음을 인정하는 것으로 그친다. 약간 주의를 기울여 이미 언급했던 것,[3] 즉 대상이 우리의 신체에 가하는 자극에 거의 차이가 없더라도 우리가 본질적으로 상이한

3 10장, 5절.

감각작용을 갖는 일이 신체 보존을 위해서 반드시 필요하다는 점을 고려한다면, 우리 감각대상에 그토록 커다란 차이가 있다고 생각하는 것은 오류임을 명확히 알게 될 것이다.

그런데 지나가면서 하는 말이지만 나는 여기서 '형상', '본질적 차이'라는 용어들은 흠 잡을 데가 없다고 말해야 한다. 꿀은 분명 그것의 형상에 의해 꿀이고, 그래서 소금과 본질적으로 다르다. 그러나 이 형상 혹은 이 본질적 차이는 그 부분들의 상이한 구성에 불과하다.[4] 이렇게 구성이 상이하기 때문에 꿀은 꿀이게 되고, 소금은 소금이게 된다. 꿀이나 소금을 이루는 부분들의 구성을 갖고, 그런 식으로 꿀이나 소금의 형상을 갖는 것이 일반적으로 물질에는 우발적인 일이더라도, 꿀과 소금이 지금 모습이기 위해 그들을 이루는 부분들 속에서 이러저러한 구성을 갖추는 일은 본질적인 것이라고 말할 수 있다.

마찬가지로 냉, 온, 즐거움, 고통의 감각작용은 영혼에 본질적이지

---

4 [옮긴이] "그러나 우리는 어떻게 크기, 모양, 운동이 자신들과 전혀 다른 본성을 지닌 어떤 것을, 예를 들어 많은 사람들이 사물들에 존재한다고 가정하는 형상 실체나 실제적 성질을 만들 수 있는지 결코 이해할 수 없다. 또한 그 후 어떻게 그런 성질들이나 형상들이 다른 물체들에게 장소 운동을 야기할 수 있는 힘을 가지고 있는지 결코 이해할 수가 없다. 그렇기 때문에, 그리고 우리 영혼의 본성이 다양한 장소 운동이 그것에 모든 감각을 불러일으키기에 충분하도록 되어 있다는 것을 우리가 알기 때문에, 또한 그 같은 운동 이외의 어떤 것도 외감이라는 기관으로부터 뇌까지 전달되는 것을 발견하지 못하기 때문에 (…) 외부 대상에서 우리가 빛이나 색이나 냄새나 맛이나 소리나 따뜻함이나 차가움 같은 촉각적 성질들의 이름과 형상 실체들의 이름을 가지고 지칭하는 것이란 단지 우리의 신경을 다양한 방식으로 자극하는 그 대상들의 다양한 상태라고밖에는 달리 말할 수 없다."(데카르트, 《철학의 원리》, 4권 198절)

않고, 단지 그 감각작용을 느끼는 영혼에게만 속한다. 바로 이러한 감각작용을 통해 영혼이 냉, 온, 즐거움, 고통을 느낀다고 하는 것이다.

17장

우리는 여러 증거들을 통해 "우리 감각작용은 대상 속에 있다"는 편견이 자연학을 오류투성이로 만든 원칙임을 충분히 언급했다. 이제는 앞의 편견이 "우리 감각대상들은 우리 감각작용의 실제적 원인이다"라는 편견과 결합되었을 때도 대단히 위험하다는 점을 언급하기 위해 도덕에서 끌어낸 다른 증거들을 제시해야 한다.

I. 우리의 감각이 거짓 이득만을 제공한다는 것을 보여 주는, 도덕에서 끌어낸 사례

세상에서 감각적인 선善에 집착하는 사람들을 보는 것만큼 흔한 일이 없다. 어떤 이들은 음악을 좋아하고, 다른 이들은 미식美食을 좋아하고, 또 다른 사람들은 다른 것에 열중한다. 그들이 특정 대상을 선이라고 확신하는 데 어떤 추론의 방식을 사용하는지 다음에 대략 적어본다.

향연에서 우리를 즐겁게 하는 이 무척 좋은 맛들, 귀를 즐겁게 만드는 이 음들, 그 밖에 우리가 느끼는 다른 즐거움들은 분명 감각대상들 속에 포함되어 있거나, 적어도 이들 대상이 우리에게 그런 즐거움들을 느끼게 하고, 우리는 그 방식을 통해서만 그 즐거움을 맛볼 뿐이다. 그런데 즐거움은 선하고, 고통은 악하다는 점은 의심의 여지가 없다. 우리는 이 점을 내적으로 확신한다. 그러면 그 결과 우리 정념들의 대상은 행복해지기 위해 집착해야 하는 대단히 실질적인 선善이 된다.

이상이 흔히 우리가 그 점을 생각지도 않고 행하는 추론이다. 그래서 우리 감각작용은 대상 속에 있거나, 대상들은 그들 안에 우리에게 감각작용을 느끼게 할 수 있는 힘을 갖췄기 때문에, 우리는 무한히 우리 발아래에 있는 사물들을 우리의 선으로 간주하는 것이다. 그 사물들은 기껏해야 우리 신체에나 작용할 수 있을 뿐이고,[1] 신체를 이루는 섬유들 속에서 운동을 일으키지만, 우리 영혼에는 전혀 작용하지 못하고 즐거움이나 고통도 느끼게 할 수 없다.

1 나는 어떤 의미로 대상들이 신체에 작용하는지 마지막 권에서 설명하겠다.

II. 우리의 선은 오직 신뿐이고, 모든 감각대상들이 우리에게 즐거움을 느끼게 하는 것은 아니다

확실히 신체에 어떤 일이 일어나는 경우에 우리 영혼이 제 자신에게 작용하는 것이 아니라면, 그런 힘을 가질 수 있는 유일한 존재는 신뿐이다. 또한 대단히 개연적으로[2] 영혼은 동의하지 않고도 즐거움과 고통을 느끼므로 신체를 이루는 섬유의 다양한 방식의 동요에 따라 즐거움이나 고통의 원인이 되는 것이 영혼이 아니라면, 내가 아는 것은 인간에게 그런 즐거움이나 고통을 느끼게 해줄 정도로 강력한 손은 오직 조물주의 것이라는 점이다.

사실 우리의 실질적 선善은 신뿐이다. 우리가 누릴 수 있는 모든 즐거움들로 우리를 채워줄 수 있는 존재는 오직 신뿐이다. 신이 우리에게 즐거움을 느끼게 해주자는 결심을 했던 것은 신을 알고 신을 사랑해서이다. 그리고 신이 우리가 자기 보존에 애쓰도록 우리 신체에서 일어나는 운동에 결부시켰던 즐거움은 대단히 하찮고, 대단히 약하고, 금세 끝나 버린다. 그럼에도 우리는 원죄로 인해 전락한 상태에서 즐거움의 노예처럼 살아간다. 그러나 천국에서 선민選民들이 느낄 즐거움들은 무한히 더 많을 것이다. 신은 우리를 자기를 알고 자기를 사랑하도록 지으셨기 때문이다.

신은 만물로부터 무한히 초월해 있으므로, 신을 소유하게 될 사람들의 즐거움은 확실히 그 어떤 즐거움과도 비교가 되지 않을 것이다.

---

2 3권 1장, 3번을 참조.

III. 에피쿠로스주의자들과 스토아주의자들의 오류의 기원

우리는 방금 선善의 관점에서 우리가 범하는 오류의 원인에 대해 말했는데, 이를 보면 지고한 선le souverain bien과 관련한 스토아주의자들과 에피쿠로스주의자들의 의견이 틀렸음을 충분히 알 수 있다. 에피쿠로스주의자들은 최고의 선 혹은 지고한 선을 즐거움에 두었다. 즐거움은 미덕에서만큼이나 악덕에서도 느껴지고, 심지어는 미덕보다 악덕에서 더 일상적으로 느껴지므로 그들은 모든 종류의 쾌락에 젖었던 것이라고 보통 생각들을 했다.

그런데 그들이 범한 오류의 첫 번째 원인은 그들의 감각대상 속에 쾌적한 무엇이 있으며, 그것이 그들이 느끼는 즐거움의 실제적 원인이라고 잘못 판단하고, 그들 스스로 갖는 내적 감각을 통해 즐거움이란 그들을 위한 것이거나, 적어도 그들이 이를 향유하는 시간 동안 선이라는 점을 확신했으므로, 그들은 모든 정념에 이끌렸고, 나중에 일어날 불편함을 견디는 일도 두려워하지 않았다는 데 있다. 반면 그들은 우리가 감각으로 지각하는 사물에서 느끼는 즐거움이 그것의 실제 원인에서처럼 이들 사물 내부에 존재할 수 없고, 다른 방식으로도 존재할 수 없음을, 그러니까 그 결과 감각적 선은 우리 영혼과 관련해서는 선일 수 없음을 고려하지 않는다. 나머지는 이미 설명했다.

이와는 반대로 스토아주의자들은 감각적 즐거움은 단지 신체 속에 있고, 신체를 위해서 존재할 뿐이고, 영혼은 자기만의 특별한 선善을 가져야 하므로, 행복은 미덕에서 찾아야 한다고 확신했다. 다음이 그들이 범한 오류의 근원이다.

스토아주의자들은 감각적 즐거움과 고통은 영혼 속이 아니라, 그저 신체 속에 있다고 믿었다. 또 그들은 이 거짓 판단을 다른 거짓 귀결들을 위한 원칙으로 사용했다. 고통이 악이 아니고, 즐거움이 선이 아니며, 감각의 즐거움은 그 자체로 선한 것이 아니고, 인간과 짐승들에 공통적이라는 점 등이다.

그러나 에피쿠로스주의자들과 스토아주의자들이 어떤 점에서는 옳았지만 많은 부분에서 오류를 범했음을 보기란 쉬운 일이다. 복자福者들의 행복은 단지 완성된 미덕, 즉 신의 지식과 사랑 및 끊임없이 이 둘에 동반되는 대단히 달콤한 즐거움 말고는 다른 것이 아니니 말이다.

그러므로 외부 대상들에는 쾌적하거나 쾌적하지 않은 그 무엇도 포함되어 있지 않고, 그 대상들은 우리의 즐거움의 원인이 아니고, 그 즐거움을 두려워할 이유도 사랑할 이유도 없고, 두려워하고 사랑해야 하는 존재는 오직 신뿐임을 기억하도록 하자.

오직 신만이 우리를 벌하고 보상하고, 우리가 즐거움과 고통을 느끼도록 할 만큼 충분히 강한 분이고, 결국 우리가 대단히 강력하고 대단히 자연적이고 대단히 정의로운 성향에 이끌리는 즐거움을 희망해야 할 것은 오직 신에서뿐이고, 신으로부터 그 희망을 찾아야 함을 기억하도록 하자.

18장

우리 감각은 빛, 색 및 다른 감각자질들을 가진 대상에 대해 우리를 속일 뿐 아니라, 심지어 그 대상들과 관계가 없는 대상들과 관련해서 우리를 유혹도 하는데, 이는 그 대상들에 충분한 주의를 기울여 확실한 판단을 내릴 수 없기 때문이다. 이 점은 설명해 볼 가치가 있다.

I. 우리의 감각은 감각적이지 않은 사물들 속에서 오류에 끌릴 수 있다

정신이 우리가 대상에 갖는 명석판명한 관념들에 주의를 기울이고 그 관념들에 전념하는 일은 그 대상들이 실제로 어떤 존재인지 발견하기 위해 반드시 필요하다. 눈을 뜨지 않고, 시선을 고정하지 않고 어떤 작품의 아름다움을 보는 일이 불가능한 것과 마찬가지로, 그렇게 정신은 주의를 기울여 보지 않는 이상, 대부분의 사물들을 그 사물들이 서로 맺는 관계를 통해 볼 수 없다. 그런데 우리 자신의 감각 이상으로 명석판명한 관념들에 주의를 다른 곳으로 돌리지 않게 하는 것이 없으니, 그 결과 우리를 진리로부터 더 멀리 떨어뜨리고, 일찌감치 오류 속에 던져 넣는 것이 없음이 확실하다.

이 진리를 올바로 이해하기 위해서는 영혼의 세 가지 지각 방식, 즉 감각, 상상력, 정신의 방식을 통해 모두 똑같이 진리에 이르는 것이 아니고, 그 결과 영혼은 자기가 이들 수단으로 지각한 모든 것에 똑같은 주의를 기울이는 것이 아님을 아는 일이 절대적으로 필요하다. 영혼은 가장 자극적인 것에 전념하고, 그것과 관련이 적은 것에는 주의를 기울이지 않는다.

그런데 영혼이 감각들을 통해 지각한 것은 영혼을 자극하고, 극단적으로 집중시킨다. 영혼이 상상력을 통해 알게 된 것은 영혼을 훨씬 덜 자극한다. 그러나 지성이 영혼에 재현하는 것, 그러니까 내가 말하고자 하는 것은 영혼이 감각과 상상력과는 무관하게 그 자체로 지각하는 것은 영혼을 거의 깨우지 않는다. 가장 별것 아닌 감각의 고통도 훨씬 더 중요한 일을 성찰할 때보다 정신에 더욱 뚜렷이 제시되고 정신을 더욱 주의 깊게 만든다는 점을 의심하는 사람은 없다.

이것의 이유는 감각은 대상이 바로 눈앞에 있듯이 재현하고, 상상력은 대상이 부재하듯이 재현한다는 데 있다. 영혼에 제시된 몇몇 선善, 혹은 악惡 중에 현전하는 것이 영혼을 자극하고, 부재하는 다른 것보다 더 열의를 갖게 한다는 것이 당연하다. 영혼은 이러한 경우에 어떻게 해야 할지를 신속하게 결정해야 하니 말이다. 그래서 영혼은 대단히 고상한 공론 이상으로 단순한 자극에 훨씬 열중한다. 이 세상의 즐거움과 악은 끔찍한 고통과, 영원하고 무한한 즐거움 이상으로 영혼에 자극을 일으킨다.

그러므로 감각은 영혼으로 하여금 재현하는 것에 극단적 열의를 갖게 한다. 그런데 영혼은 제한적이라 동시에 많은 사물들을 명확하게 이해할 수 없으므로,[1] 감각이 제공하는 것에 반해 지성이 재현하는 것을 명확히 지각할 수 없다. 그러므로 영혼은 지성의 명석판명한 관념들이 그 자체로 사물들의 진리를 발견할 수 있게끔 한다. 영혼은 자신을 더욱 자극하는 감각의 혼란스러운 관념들에만 열중한다. 관념들 그 자체인 것에 따라서 사물들을 영혼에 재현하는 것이 아니라, 단지 관념들이 신체와 맺는 관계에 따라서만 재현하는 것이다.

II. 인간의 대화에서 끌어낸 사례

예를 들어 어떤 사람이 진리를 설명하고자 한다면 그는 반드시 언어를 사용해야 하고, 뚜렷한 몸짓과 방식을 통해 마음의 굴곡과 내적 감정

---

1 [옮긴이] "한 번의 눈길로 한꺼번에 많은 대상들을 보고자 하는 사람은 아무것도 올바르게 보지 못한다. 마찬가지로 단 하나의 사유 행위로 한꺼번에 많은 것에 늘 주의를 기울이는 사람은 지성에 혼란을 느끼기 쉽다. 그러나 매우 섬세한 활동에 종사하며, 시각을 주의 깊게 하나하나의 부분에 돌리는 데 익숙한 직공들은 훈련에 의해서 아주 작고 미세한 대상들을 구분하는 기술을 갖게 된다. 역시 마찬가지로 여러 대상에 동시에 자신의 사유를 분산시키지 않고, 가장 단순하고 쉬운 개별적 것에 주의를 기울이면서 언제나 집중하는 사람들은 머리가 맑은 법이다."(데카르트, 《정신지도를 위한 규칙》 9, t. X, pp.400~401)

을 표현해야 한다. 그런데 영혼은 동시에 여러 가지를 분명하게 지각할 수 없다. 그래서 감각을 통해서 영혼에 이르는 일에 대단한 주의를 기울이면서도 영혼은 그것이 의미하는 이유들은 거의 고려하지 않고, 긴 총합문에 내재한 운율, 말과 몸짓의 관계, 얼굴 표정, 풍채, 사람이 말할 때 취하는 방식에서 나오는 감각적 즐거움에 훨씬 몰두한다.

그러나 영혼은 귀 기울여 듣고 나서는 습관적으로 판단하고자 한다. 그래서 영혼은 감각을 통해 얻는 다양한 인상들에 따라 상이한 판단을 내리게 된다.

예를 들어 수월하게 말하고, 긴 총합문에서 듣기 좋은 운율을 유지하고, 신사와 재사才士의 풍모를 보이고, 명문가 출신이고, 많은 수행원들을 거느리고, 권위적이고 엄숙하게 말하고, 다른 사람들이 존경심을 가지고 침묵을 지키며 그의 말을 경청하고, 명성을 떨치거나 제일급의 정신을 가진 이들과 교제하고, 즐겁거나 존경받을 정도로 충분히 행복하다면, 그가 개진할 모든 점에서 그는 옳을 것이며, 깃과 장식 소맷부리조차 없어도 대단한 것을 증명할 것이다.

그러나 이런 것과는 반대되는 자질들을 가질 정도로 충분히 불행한 이라면, 설령 증명하고자 해도 그는 아무것도 증명하지 못할 것이며, 그가 세상에서 가장 아름다운 말을 할지라도 누구도 그 말을 알아차리지 못할 것이다.

청중이 기울이는 주의는 감각을 자극하는 것에만 관련되므로, 청중은 기형을 가진 어떤 사람을 보면서 갖게 될 혐오에 완전히 사로잡히면서도 그의 생각에는 열중하지 못할 것이다. 깃이 더럽고 구겨졌다면 그것을 패용한 사람은 물론, 그에게서 나올 수 있는 모든 것이 경멸받을 것이다. 또 철학자와 몽상가가 이런 방식으로 말하게 되면 보통 사람들은 가질 수 없는 고상하고 숭고한 진리들을 몽상이나 기상천외한 것으로 다루게 될 것이다.

이상이 인간의 판단에 대한 문제이다. 인간의 눈과 귀는 이성에만 좌우되는 사물들 속에서조차 이성을 판단하는 것이 아니라 진리를 판단한다. 인간은 오직 감각적이고 쾌적한 방식에만 전념하고, 진리를 발견하기 위해 강하고 진지한 주의를 기울이는 법은 거의 없다.

III. 감각의 방법에 대해서는 그냥 넘어가기로 한다

그러나 사물들을 방식으로써 판단하고, 우리 마음에 들고 우리 감각을 만족시키는 장식을 갖추지 않았다고 그 진리를 무시하는 것보다 더 부당한 일이 있을까? 진리 자체보다 이 쾌적한 방식들에 더욱 신경을 써 연구하고, 견고한 문제들보다 허영에 가득 찬 말을 하는 정신을 더욱 공들여 연구하고, 사물의 견고성 이상으로 말의 허영의 정신에 골몰하는 일은 철학자들이나 재기를 뽐내는 사람들에게 부끄러운 일이 될 것임에 틀림없다.

운율을 맞춘 총합문이며, 정념을 일깨우는 형상과 기세를 통해 설득되는 존재는 살肉과 피를 가진 영혼, 보통의 인간이다.

어리석은 자들은, 뒤집어진 말들 아래 숨어 있는 것을
분간해 내면, 그 모든 것을 더욱더 찬탄하고 사랑하며

미묘하게 귀에 닿을 수 있는 것, 재치 있는 소리로

채색된 것을 진리로 세우기 때문이다.2

그러나 현명한 사람들은 유해한 힘과, 이들 감각적 방식이 마련하는 강력한 매혹에 무너지지 않기 위해 노력한다. 감각은 다른 사람들만큼이나 이들 현자에게도 영향을 준다. 사실 현자들도 인간이므로 다른 사람들만큼이나 감각의 영향을 깊이 받는다.

그러나 그들은 감각과 맺는 관계를 무시한다. 그들은 변호사들에게 말과 거짓된 수사修辭의 사용을 엄격히 금지하고, 어둠 속에서만 그들의 말을 들었던 아레오파고스 판사들의 유명한 예들을 모방한다.3 그들의 말과 몸짓을 꾸미는 장식 때문에 진리와 정의를 거스르는 무언가에 설득될까 두려웠고, 그들의 견고한 이성을 고려하는 데 더욱 전념하기 위해서였다.

---

2 [옮긴이] 루크레티우스, 《사물의 본성에 관하여》, I, v. 641~644, 강대진 역, 앞의 책, pp.72~73

3 [옮긴이] 아리스토텔레스는 《수사학》 첫 머리에서 "모든 사람이 법률은 그런 규정을 정해야 한다고 믿거나 실제로 그런 법률을 가져서 아레오파고스에서처럼 본론에서 벗어난 발언은 금할 것"(I, 1354a, 천병희 역, 숲, 2017, p.25)을 규정한다.

19장

다른 두 가지 사례

우리 오류 대부분의 제일 원인이 영혼이 감각을 통해 일어난 것에 강력히 몰두하고, 순수 지성이 영혼에 재현하는 사물들에 무관심으로 일관하는 데 있음이 확실하다. 우리는 바로 앞에서 사람들의 대화 과정으로부터 끌어낸 한 가지 예를 제시했다. 그것이 도덕에 대한 대단히 중대한 결과를 마련한다. 다음은 우리가 자연의 나머지와 공유하는 교류에서 끌어낸 다른 예들이다. 자연학을 위해 이 예들에 반드시 주목할 필요가 있다.

I. 신체의 본성에 관련한 오류에 대하여

자연학 분야에서 범하는 주요한 오류 하나는 우리가 거의 느끼지 못하는 다른 물질들보다, 훨씬 더 많은 감각을 느끼는 물체들에 더 많은 실체가 있다고 상상하는 것에서 비롯된다. 대부분의 인간은 공기 중과 물속보다 금과 납 속에 훨씬 더 많은 질료가 있다고 믿는다. 또 감각을 통해 공기의 효과에 주목해 본 적이 없던 아이들조차 보통 공기에는 실재적인 것이 전혀 없다고 상상한다.

금과 납은 대단히 무겁고, 단단하고, 눈에 잘 띄지만, 물과 공기는 거의 느껴지지 않는다. 이로부터 사람들은 금과 납이 물과 공기보다 더 많은 실재를 갖고, 1피에의 공기 입방체나 비가시적 물질보다 황금 1피에 입방체에 더 많은 질료가 있다는 결론을 내린다.

그들은 항상 우리를 속이는 감각 인상을 통해 사물들의 진리를 판단하고, 결코 우리를 속이지 않는 정신의 명석판명한 관념들은 무시한다. 감각적인 것은 우리를 자극하고 주의를 집중시키지만, 지성적인 것은 우리를 졸음에 빠뜨리기 때문이다.

이 거짓 판단들은 물체들의 실체와 관련되어 있다. 다음이 동일한 물체들의 특질에 대한 다른 사례들이다.

II. 그것들의 특질과 완전성에 관련한 오류에 대하여

사람들은 거의 항상 자기들에게 더욱 쾌적한 감각작용을 자극하는 대상들이 가장 완전하고, 가장 순수하다고 판단한다. 그러면서 물질의 완전성과 순수성이 무엇으로 되어 있는지 알지 못하고, 심지어는 그 점에 개의치도 않는다.

예를 들어 사람들은 진흙탕은 불순하고, 물은 대단히 맑고 순수하다고 말한다. 그러나 흙탕물을 좋아하는 낙타들과, 진흙탕에 뒹굴기를 좋아하는 동물들은 사람들의 생각과는 다를 것이다. 이들이 짐승임은 사실이다. 그러나 멧도요의 내장을 좋아하고, 흰담비의 배설물의 냄새를 향기롭게 맡는 사람들은 다른 모든 동물들에서 나온 물질을 말하더라도 그것을 불순한 것이라고 하지는 않는다. 마지막으로 사향과 용연향은 일반적으로 모든 사람들이, 그것이 그저 배설물에 불과하다는 점을 알고 있는 사람들조차 높이 평가한다.

확실히 물질의 완전성과 순수함은 우리 자신의 감각과의 관계로만 판단된다. 그리고 이로부터 앞에서 충분히 설명했지만 모든 사람들의 감각은 제각기 다르므로 물질의 완전성과 순수성은 대단히 다양하게 판단될 것임에 틀림없다.

그래서 어떤 물체들이 가졌다고 생각하는 상상적 완전함에 대해 허구한 날 쓰는 책들은 오류로 가득 차 있고, 그것도 아주 낯설고 기이할 정도로 다양한 그런 책들이 포함하는 추론은 우리 감각의 거짓되고, 혼란되고, 불규칙적인 관념에만 기대고 있을 뿐이다.

어떤 철학자들은 정확히 순수와 불순이라는 말이 의미하는 바를 정확히 모른다면 물질이 '순수'하거나 '불순'하다고 말해서는 안 된다고 말한다. 우리가 무슨 말을 하는지도 모르고서, 즉 우리가 사용하는 용어들에 대응하는 판명한 관념들을 갖지 않고 말해서는 안 되기 때문이다. 그런데 이 단어들 각각에 명석하고 분명한 관념들을 고정시켰다면, 철학자들은 그들이 순수하다고 부르는 것이 종종 대단히 불순하고, 그들에게 불순하게 보이는 것이 종종 대단히 순수하다는 것을 알게 될 것이다.

예를 들어 그들이 물질을 구성하는 부분들이 가장 섬세하고 가장 움직이기 쉬울 때 그것을 가장 순수하고 가장 완전한 것이라고 말하고자 한다면 금, 은, 보석은 극단적으로 불완전한 물체들일 것이다. 그리고 이와는 반대로 공기와 불은 대단히 완전한 물질일 것이다. 살이 썩고 나쁜 냄새가 나게 된다면, 바로 그때가 살이 완벽해지는 때일 것이고, 악취를 풍기는 썩은 시체는 보통 살보다 훨씬 완전한 때일 것이다.

반대로 그들이 가장 완전한 물체들의 구성 부분들이 가장 굵고, 견고하고, 움직이기 힘든 것이기를 바란다면, 흙은 황금보다 더 완전할 것이고, 공기와 불은 가장 불완전한 물체일 것이다.

우리가 '순수'와 '완전함'이라는 용어에 내가 방금 말한 분명한 관념들을 결부하고 싶지 않다면, 그 자리에 다른 용어들을 대체해도 된다. 그러나 감각적 개념을 통해서만 이들 단어를 규정하고자 한다면, 그것을 표현하는 용어들의 의미를 고정시키지 못할 테니 무엇이 되었든 우리는 영원히 혼동할 것이다. 우리가 이미 증명했듯이 모든 사람은 동일한 대상들을 아주 상이하게 감각한다. 그러므로 우리가 서로 이해도 못 한 채 말하고자 하지 않는다면 우리가 가진 감각작용을 통해 이 대상들을 정의할 수 없고, 어디에서나 혼동하게 될 것이다.

그러나 결국 나는 설령 그것이 하늘을 구성하는 물질이라고 할지라도 그 속에 다른 것들 이상의 완전성을 포함할 수 있는 물질이 있다고 생각하지 않는다. 모든 물질은 형상과 운동만이 가능할 수 있는 것 같아서, 불규칙한 형상과 운동을 갖든, 규칙적 형상과 운동을 갖든 똑같은 일이다. 이성은 우리에게 태양이 진흙보다 완전하거나 더 밝다고 말하지 않으며, 우리 소설과 우리 시인들이 빚어내는 그런 아름다움들이 가장 부패한 시체들보다 우월하다고 말하지 않는다.

우리에게 그런 말을 하는 것은 바로 우리의 거짓되고 기만적 감각이다. 아무리 항의를 한들, 우리가 제시한 이유들을 주의 깊게 검토하는 사람들에게 빈정거리는 태도와 내지르는 탄성은 냉정하고 익살스러워 보일 것이다.

그저 느낄 줄만 아는 사람들은 태양이 빛으로 가득하다고 믿는다. 그러나 느끼고 추론할 줄 아는 사람들은 그들이 느낄 줄 아는 만큼 올바로 추론할 줄 안다면 그렇게 생각하지 않는다. 감각에 의한 판단을 가장 잘 따르는 사람들조차 우리가 말한 것들을 올바로 성찰했다면 지금 우리의 생각을 따를 것이라고 믿는다.

그러나 그들은 감각의 착각을 지나치게 좋아했다. 그들은 대단히 오래 전부터 편견에 복종했고, 그들의 영혼은 지나치게 자신을 망각했으며, 신체에서 본다고 믿는 모든 완전성이 바로 영혼에 속한다는 점을 인정하지 못했다. 또한 우리는 그런 유의 사람들에게 말하는 것이 아니다. 우리는 그들이 어떻게 승인하거나 평가하든 걱정하지 않는다. 그들은 듣고자 하지 않으니, 판단할 수 없다. 그러므로 진리를 옹호하는 것으로 감각의 오류로부터 해방되고, 정신의 빛을 올바로 사용하기 위해 진지하게 노력하는 사람들의 승인을 받는 것으로 충분하다.

우리는 그들에게 가능한 더 많은 주의를 기울여 이 사유를 성찰하고, 판단할 것만을 요구한다. 그들은 단죄하거나 승인하거나 둘 중 하나일 것이다. 우리는 그들더러 그들의 판단에 따르라고 한다. 그들이 깊이 생각한다면, 논박하는 것이 부당한 일일 삶과 죽음의 권리를 이 사유들에 대해 얻을 것이다.

20장

제 1권의 결론

내가 보기에 우리는 감각대상의 관점에서든, 지성을 통해서만 지각될 수 있는 사물의 관점에서든 감각으로 인해 범하게 되는 일반적 오류들을 충분히 발견했다. 그리고 나는 그 관계를 따라 우리가 방금 말한 주제들을 다소 깊이 사유하고자 할 때, 그것 때문에 우리가 원인을 모르는 오류에 빠지는 일은 없으리라 생각한다.

I. 우리의 감각은 우리의 신체를 위해 주어진 것일 뿐이다

우리는 또한 우리 감각이 우리를 둘러싼 모든 물체들과 우리의 신체가 맺는 관계들을 대단히 충실하고 대단히 정확하게 우리에게 알려준다는 점을 보았다. 그러나 감각은 이 물체들이 그 자체로 무엇인지는 우리에게 가르쳐 줄 수 없으며, 감각을 올바로 사용하려면 건강과 생명을 보존하는 목적으로만 사용해야 하며, 감각이 정신을 따를 때까지 드높아지고자 할 때 이를 완전히 무시해서는 안 된다는 점을 보았다.

이것이 내가 이 첫 권 전체를 돌아보고자 할 때 바라는 가장 중요한 주제이다. 우리가 감각을 갖게 된 것은 우리 신체의 보존을 위해서일 뿐임을 이해해야 하며, 바로 이 생각을 통해서 우리는 강건해지며, 지금 우리의 무지에서 해방되기 위해서 우리가 감각에서 얻은 것이 아닌 다른 도움을 찾아야 한다는 점을 이해해야 한다.

II. 우리의 감각이 우리에게 보고하는 것은 의심해야 한다

분명 지금까지 말한 것들로도 앞의 마지막 명제들을 확신하지 못하는 사람들이 있고, 그런 사람들이 분명 지나치게 많다면, 그들에게 훨씬 더 적은 것만을 요구하겠다. 그들이 그저 감각을 의심하는 것만으로 충분하다. 그들이 거짓과 기만의 관계를 고스란히 거부할 수 없을지라도, 우리는 그들에게 그저 이 관계들이 전적으로 사실임을 진지하게 의심해 볼 것을 요구하는 것이다.

그리고 실제로 내가 보기에 이성적인 사람들의 정신에 어떤 불안감을 일으킬 만큼, 즉 지금까지 했던 것과는 다른 방식으로 그들의 자유를 사용해 볼 것을 자극할 만큼 우리는 그 점에 대해 충분히 말한 것 같다. 그들의 감각의 관계들이 사실이라는 점을 의심할 수 있다면, 그들은 훨씬 더 쉽게 동의를 유지하고, 지금까지 그들이 범했던 오류에 빠지지 않을 수 있다.

무엇보다 이 책의 첫 부분에 둔 '전적으로 명백하게 보이는 사실들에만 전적으로 동의해서는 안 된다. 그리고 우리가 그곳에 이르지 못했다면 자유를 잘못 사용했을 것임을 전적으로 확실히 인정하지 않고서는 그 사실에 동의할 수 없다'는 규칙을 그들이 기억한다면 말이다.

III. 정확히 의심하는 것은 결코 사소한 일이 아니다

더욱이 우리가 그저 의심하는 법만을 배웠다고 거의 진전을 보지 못한 것이라고 생각해서는 안 된다. 정신과 이성을 통해서 의심할 줄 안다는 것은 우리가 생각하는 것만큼 별것 아닌 것이 아니다. 의심과 의심 사이에는 큰 차이가 있음을 여기서 말해야 한다. 격노하고 격분해서 의심하고, 맹목적이고 악의적으로 의심하고, 변덕스럽게 의심하는데 그것은 우리가 의심하고 싶어 하기 때문이다.

그러나 우리는 신중과 의혹, 지혜와 정신의 통찰력으로써도 의심한다. 아카데미학파 회원들과 무신론자들은 첫 번째 종류로 의심하지만 진정한 철학자들은 두 번째 종류로 의심한다. 첫 번째 의심은 빛으로 인도되지 않고, 계속 그로부터 멀어지는 암흑의 의심이다. 반면 두 번째 의심은 빛에 의해 유지되며, 나아가 빛을 만들어 내는 데 일조한다.

첫 번째 방식으로만 의심하는 사람들은 정신을 갖고 의심한다는 것이 무엇인지 이해하지 못한다. 그들은 데카르트가 형이상학적 성찰의 첫 번째 성찰에서 의심하는 법을 가르치는 것을 비웃는다. 그들이 보기에는 변덕에 의해 의심하기만 하면 되기 때문이다.[1] 즉 우리 본성이 허약하고, 우리 정신은 맹목으로 가득하다고 말하기만 하면 되기 때문이다.

이 편견들과 다른 비슷한 것들을 세심히 쫓아버려야 한다. 그들은 감각의 유혹에 더는 빠지지 않고, 더는 전혀 잘못 생각하지 않기 위해 그것이면 충분하다고 생각한다. 정신이 약하다고 말하는 것으로는 충분하지 않다. 정신은 오류에 쉽게 빠진다고 말하는 것으로도 충분하지 않다. 그 오류가 무엇인지 정신이 깨달아야 하는 것이다.

이상이 우리 감각의 본성과 오류를 설명하는 이 첫 권에서 수행했다고 생각하는 내용이며, 우리의 상상력의 본성과 오류를 설명하는 제 2 권에서 동일한 의도를 계속 따라 나갈 것이다.

---

1 [옮긴이] 홉스는 데카르트가 첫 번째 성찰에서 제시한 "깨어 있음과 참된 감각을 꿈과 구별해 줄 어떤 기준도 없다"는 점을 긍정하면서도, "이미 플라톤이나 그 밖의 다른 고대 철학자들이 감각사물들과 관련된 그런 불확실성에 대해 자세히 논의했고, 또 깨어 있음과 꿈을 구별하는 어려움은 널리 알려져 있는 사실"로 격하한다.(Descartes, *Troisième Objections*, t. IX, p.133) 이에 대해 데카르트는 의심의 근거들을 제시한 것은 "지적인 것들에 대한 고찰과 물질적인 것들과의 구분을 위해 독자들을 준비시키기 위해 사용한 것"일 뿐이라고 답한다.

키케로는 "(제논과 경쟁을 벌인) 아르케실라오스는 어떤 것도 알려질 수 없다고 주장했고, 심지어 자신이 아무것도 모른다는 점을 안다는 것조차 알려질 수 없다고 주장했"(키케로, 《아카데미 학파》, 양호영, 아카넷, 2021, p.46)던 점을 지적한다. 몽테뉴는 "아르케실라오스가 전수하고 카르네아데스가 확립"한 아카데미 학파보다는 피론주의를 선호한다. "피론주의만큼 진실하고 유익한 것은 없다. 이 사상은 인간성의 허약함을 인정하고 하늘에서 내리는 어떤 외부의 힘을 받아들이기에 적당하며, 인간의 지식을 벗어던지고 자기 속의 신앙에 더 많은 자리를 만들어 주기 위해서 자기 판단을 없애 버리는 까닭에, 그만큼 더 자기에게 거룩한 지식을 받아들이기에 적합하다."(*Essais*, liv. II, chap.xii, éd. Villey-Saulnier, PUF, 2004, p.506)

성 아우구스티누스에서 데카르트까지

철학을 통한 신앙의 회복

니콜라 말브랑슈: 부당하게 경시된 철학자

니콜라 말브랑슈Nicolas Malebranche(1638~1715)는 흔히 데카르트 사상과 체계를 적극적으로 수용한 여러 에피고넨 중 한 명으로 간주된다. 20세기 후반에 다시 활발히 논의되기 시작된 스피노자와 라이프니츠와는 달리 말브랑슈는 여전히 데카르트의 이념과 체계 안에 머무는 그의 제자로만 해석된다. 프랑스에서도 사정은 크게 다르지 않아서 말브랑슈의 철학의 개별 연구는 손에 꼽을 정도이다. 서구 근대 지성사에서 말브랑슈가 차지하는 중요성이 크고 이에 따라 풍부한 논의가 전개되고 있는 것에 비하면 턱없이 적은 수이다. 말브랑슈가 철학자라기보다 신학자로 간주되어 논의되었던 까닭이다.

반면 신학에서는 데카르트 철학의 깊은 영향력을 강조하여 근대 데카르트주의 철학자들 중 한 명으로 간주한다. 로크의 세기에 영국의 영향력을 벗어나기 위해 말브랑슈를 취했던 것도 이들이다. 더욱 세속적이었던 이탈리아에서는 말브랑슈의 깊은 신앙심을 보급하기 위해 그를 번역하고 읽었다. 그런가 하면 18세기 프랑스 작가들에게 이신론과 심지어는 무신론의 근원으로 비판되었던 것도 말브랑슈를 신학의 이단의 기원으로 묶어 버렸던 원인이 되었다. 이런 까닭에 말브랑슈의 철학은 오랫동안 제자리를 찾지 못해 왔다.

고대의 진리는 신학에서, 새로운 세대의 진리는 철학에서

물론 신학에의 깊은 몰입이 말브랑슈만의 것은 아니다. 파스칼(1623~1662)이 그 대표적인 경우가 아니던가. 그러나 파스칼은 데카르트가 내세운 기하학적 방법으로 절대적 신을 인식할 수 있다고 생각하지 않았다. 그에 따르면 계시종교와 초자연적인 기적을 배제하는 인간적인 방법으로는 신의 참된 인식에 이르지 못한다.

그렇지만 말브랑슈의 생각은 달랐다. 신은 인간에게 진리를 찾을 수 있는 수단을 마련해 주었으며 그로써 신을 인식하고 사랑할 수 있게 했다. 그것이 성경에 따르면 신이 인간을 창조한 이유이다. 다만 신은 인간의 자기 보존을 위해 감각과 상상력, 그리고 정념을 마련하지 않을 수 없었다. 그로 인해 인간이 오류를 범하고 급기야 신을 부정할 수 있으리라는 것을 신이 예견하지 못한 것이 아니다. 인간이 오류에 빠지게 되는 것은 신이 그를 환히 밝히고 있는 빛을 부정하거나 보지 못하는 까닭이다. 인간은 새로움과 화려함의 광채에 이끌려 항상 그에게 미덕을 행하고 자신을 사랑할 것을 명령하는 신의 말씀을 듣지 못하니 이것이 오류에 빠지게 되는 원인이다.

> 그 지식들은 눈부시게 화려하고 그것을 가진 사람들에게 허영심을 불어넣기 때문이다. 그래서 이런 식으로 지식인들은 보통 교만과 자만에 가득 차 있어서 설령 그들이 능력이 없어도 자기들이 모든 것을 판단할 권리가 있다고 주장한다. 이 때문에 그들은 수많은 오류에 빠지게 된다.
>
> —2권 139쪽

물론 오랫동안 인간을 무지의 상태에 남겨 둔 편견과 미신은 언젠가 새로운 과학의 방법을 통해 극복될 것이다. 이것이 철학의 역할이며, 그가 데카르트의 수학적 방법을 자신의 철학의 기초로 삼았던 이유이다. 그러나 신앙의 진리는 불변하며 그것은 초대 기독교 교회의 해석을 벗어나서는 안 된다. 이런 까닭에 말브랑슈는 신앙은 성 아우구스티누스에 기대고 철학은 데카르트의 방법론을 취했다. 그가 부모님을 여읜 뒤, 1660년에 성 아우구스티누스의 이념에 충실했던 오라토리오회에 입회했던 것은 우연이 아니었다. 본 번역 어디에서나 찾아볼 수 있듯이 성 아우구스티누스의 수많은 인용과 해석이 등장하는 것도 이 때문이다.

말브랑슈의 철학은 데카르트와 성 아우구스티누스를 원천으로 두었을 뿐 아니라 성 아우구스티누스로 대표되는 초기 기독교 교회의 이상과 데카르트로 대표되는 근대 철학의 합리주의적인 방법을 결합하고자 했다는 점에서 의의가 있다. 새로운 세대가 그리스와 로마의 업적에 필적했거나 이미 뛰어넘었다고 주장했던 신구논쟁의 중심에서 말브랑슈는 단호히 철학 분야에서 새로운 세대가 아리스토텔레스와 플라톤을 능가했음을 강조한다. 그러나 그는 신학의 진리는 여전히 고대에 있으며, 이에 이르기 위해서는 고대를 따라야 한다고 주장한다.

> 신학의 분야에서라면 고대를 사랑해야 한다. 진리를 사랑해야 하고, 진리는 고대에 있기 때문이다. 일단 진리를 손에 넣고 나면 호기심은 완전히 중단되어야 한다. 그러나 철학의 분야에서는 반대로 항상 진리를 사랑하고, 진리를 탐구하고, 진리에 대한 호기심을 가져야 하는 것과 같은 이유로 새로움을 사랑해야 한다. 아리스토텔레스와 플라톤이 과오를 범하지 않는다고 믿었다면 아마 그들을 이해하는 데나 전념하면 그만일 것이다. 그러나 이성은 그렇게 믿도록 가만 두지 않는다. 반대로 이성은 우리가 신新철학자들 이상으로 아리스토텔레스와 플라톤을 무지했다고 판단하기를 바란다. 우리가 살아가는 시대에 세상은 이천 년 이상 되었고, 이미 말한 대로 우리가 가진 경험은 아리스토텔레스와 플라톤의 시대 이상이기 때문이다.
>
> —2권 149쪽

철학과 종교에서 일견 모순적으로 보이는 그의 태도는 모든 새로움을 추구하는 것과는 거리가 멀다. 그 새로움은 감각을 자극하고 정신을 미혹하여 진리를 바로 보지 못하게 한다. 새로운 것의 찬란함과 눈부심은 진리와는 무관하며, 오히려 소박하고, 화려하게 빛나지 않는 진짜 진리를 바로 보지 못하도록 하는 까닭이다.

기회원인

동시대 철학자 라이프니츠는 말브랑슈의 체계를 기회원인론으로 일축했다. 사실 말브랑슈는 영혼과 신체를 이질적인 두 실체로 분리한 데카르트 철학의 기본 원리를 따르고 있지만, 여기서 한 걸음 더 나아가 영혼과 신체는 어떤 경우에도 서로 직접적인 영향을 미치지 않는다는 점을 주장하는 데까지 나아간다. 그가 영혼과 신체를 연결해 주는 것으로 가정한 데카르트의 송과선松科腺, lande pinéale의 존재를 부정하는 것이 그 이유이다. 이로부터 데카르트 철학에 대한 반성이 시작된다. 말브랑슈에 따르면 영혼의 속성인 사유는 연장을 속성으로 하는 신체에 영향을 줄 수 없고, 그 반대도 마찬가지이다. 다시 말하자면 신체에서 발생하는 운동이 정신에 변형을 일으킬 수 없는 것과 마찬가지로, 정신의 의지가 신체를 운동하게 만들 수 있는 것도 아니다.

한 예로 우리가 팔다리를 움직이고자 한다면 우리 자신의 팔다리 운동이 자연적 원인임을 의심할 수는 없다. 그러나 참된 원인은 오직 신의 의지에 의해서만 나타나는 것이므로 이러한 자연적 원인은 참된 원인이 될 수 없고 신이 마련한 기회원인에 불과하다. 그렇다면 팔다리를 움직이고자 하는 우리의 의지는 어떻게 실행되는가? 우리는 그 의지가 어떤 방식으로 신체의 각 부분을 추동시키고 운동하게 만드는지 모른다.

한마디로 말하면 우리는 팔다리를 움직이고자 하지만 그 운동이 어떻게 이루어지는지에 대한 지식을 갖지 못하므로, 실제로 팔다리의 여러 부분이 어떻게 움직이는지 아는 존재의 개입이 필요하게 된다. 이

것이 말브랑슈가 말하는 '기회원인'이다.

> 우리는 신, 즉 무한히 완벽하여 전능한 존재의 관념을 생각할 때, 그 존재의 의지와 모든 물체들의 운동 사이에서, 신이 한 물체가 움직이기를 바라면서 동시에 그 물체가 움직이지 않기를 바란다고 생각하는 것이 불가능한 그러한 관계가 있다는 것을 알고 있다. 그러므로 우리가 그 사물들을 느끼는 것이 아니라 그 사물들을 생각하듯이 말하고자 한다면 물체들을 움직일 수 있는 것은 오직 그 존재의 의지뿐이라고 말해야 한다. 그러므로 물체들의 동력은 신의 의지에 다름 아니므로, 스스로 움직이는 물체 내부에 존재하지 않는다. 그래서 물체는 어떤 작용도 하지 않는 것이다. 어떤 움직이는 공이 다른 공과 마주치거나 그렇게 마주친 공을 움직이게 할 때, 처음 공은 자기가 가진 것을 제외하고는 그에게 아무것도 전달하지 않는 것이, 그 공은 그 자체로 그 공이 그 공과 마주친 공에게 전달하는 힘을 갖지 않기 때문이다. 그러나 하나의 공은 그것이 전달하는 운동의 자연적 원인이다. 그러므로 자연적 원인이 실질적이고 실재하는 원인인 것이 아니라, 기회원인만이 그렇다. 기회원인은 조물주가 이런저런 방식으로 작용하도록, 이런저런 접촉으로 작용하도록 확정한다.
>
> —4권 96쪽

말브랑슈의 기회원인은 모든 자연적 원인들이 그것에 이르는 결과를 가져오는 것이 아니라는 점을 전제한다는 점에서 인과성la causalité을 문제 삼는다. 우리가 모든 결과들의 원인을 직접적으로 이해하고 찾을 수 있다고 주장하는 것은 오만한 일이다. 우리는 팔다리를 움직이고자 하지만 그 의지를 실현하는 것은 내가 아닌 신이며, 한 공이 다른 공과 충돌하여 후자를 운동시키고자 하지만 그 운동을 실현하는 것은 공이 아닌 신이다. 신의 개입이 없이는 어떤 신체의 자극으로도 정신은 변화될 수 없으며, 정신이 어떤 의지를 갖는다고 한들, 그것이 신체의 직접적 작용인이 되는 것은 아니다. 따라서 우리가 두려워할 것은 질병, 재난, 사고 같은 것이 아니라, 오직 전능한 신의 의지뿐이다.

> 우리가 두려워해야 할 존재는 오직 신뿐이다. 페스트, 전쟁, 기근, 우리의 적, 심지어 악마도 두려워해서는 안 된다. 두려워해야 할 존재는 오직 신뿐이다.
>
> 우리를 찌르고자 하는 칼을 피해야 하고, 불을 피해야 하고, 우리 위로 막 무너지게 될 집을 피해야 한다. 그러나 우리는 이런 일들을 두려워해서는 안 된다. 우리는 악의 자연적이거나 '기회원인'인 대상들을 '피해'야 한다. 그러나 우리가 악한 이들에게 닥칠 모든 불행의 '진정한 원인'으로서 '두려워해'야 할 존재는 오직 신뿐이다.
>
> —5권 305쪽

그런데 내 신체를 제어하거나 향유할 수 있는 것이 내 의지가 아니라 오직 신의 의지일 뿐이라면 말브랑슈는 인간의 자유를 부정하는 것일까? 말브랑슈는 이 문제를 통해《진리의 탐구》의 후반부를 시작한다. 신체와 물체의 운동의 참된 원인이 신이라면 정신 변형의 참된 원인 역시 신이어야 한다. 그래서 신은 정신을 보편선으로 인도하는 성향inclinaison을 마련했다. 최초의 인간이 저지른 죄가 아니었다면 우리는 이 성향에 이끌려 조금의 망설임도 없이 보편선을 향하게 되었겠지만, 원죄 이후에 정신은 신이 아니라 신체에 얽매이게 되었으므로 개별선을 찾고 이를 향유하게 된 것이다.

이런 맥락에서 말브랑슈는 "정신은 신이 빛을 비추지 않는다면 아무것도 알 수 없고, 신이 변형을 가하지 않는다면 아무것도 느낄 수 없고, 신이 보편선을 향해, 그러니까 자신을 향해 정신을 움직이게 하지 않는다면 아무것도 의지할 수 없다"(4권 97~98쪽)고 썼다. 그러나 신은 우리가 그가 정해 놓은 보편선이 아니라 개별선에 끌리는 것을 막지 않는다. "개별선이 모든 선을 포함하는 것이 아니고, 정신은 명확하고 뚜렷한 시선으로 개별선이 모든 선을 포함한다고는 믿을 수 없으므로 신은 이 개별선의 사랑에 필연적으로도, 저항할 수 없게도 끌리게 하지 않는다. 개별선에 집중하느냐는 우리의 자유이고, 우리에게는 더 멀리 나아갈 수 있는 힘이 있음을 느낀다. 한마디로 말해서 보편선으로 이끄는 자극, 혹은 (…) 우리의 의지는 이 개별선에 필연적으로든 강요에 의해서든 멈춰 설 필요는 없는 것이라고 느끼는 것이다."(5권 23~24쪽)

무엇보다 우리가 무엇이 보편선이고 무엇이 개별선인지 명확하게 판단할 수 없는 것은 우리가 창조물 전체를 남김없이 파악할 수 있는 역량을 갖지 못했기 때문이다. 반면 신은 자신의 피조물 모두에 대한 관념을 갖고 있다. 이 불균형이 우리가 오류와 죄악에 빠지게 되는 원인이다. 그러나 신은 우리에게 보편선을 향해 나아갈 수 있는 방법으로서 자유를 제시했다. 우리가 어떤 개별선이 그저 쾌락의 향유일 뿐임을 깨닫고 이를 거부할 수 있는 이유가 바로 그것이다. 따라서 말브랑슈에게 자유란 보편선으로서의 신의 명령을 올바로 듣고 따르고 그의 율법을 실천하는 것과 다른 것이 아니다.

신 안에서 바라보기

진리는 우리에게 접근이 불가능한 것인가? 그렇지만 말브랑슈의 의도는 우리는 진리를 획득할 수 있으며, 그 유일한 방법은 명석판명한 관념을 따르는 일임을 강조하는 데 있다. 방금 말한 대로 우리의 능력으로는 신이 창조한 세계와 그의 의도를 이해할 수 없다. 반면 신은 자신이 창조한 모든 것에 대한 관념을 가지고 있는데 바로 그렇기 때문에 그는 이 모든 창조물들을 만들 수 있었다. 데카르트는 우리가 태어날 때부터 관념을 갖고 태어나기 때문이라는 관념을 통해 이를 설명하지만 말브랑슈는 스승의 이 생각을 미뤄놓고, 대신 모든 창조물의 관념을 갖고 있는 신 안에서 모든 것을 인식해야 한다고 주장한다. 이것이 말브랑슈의 '신 안에서 바라보기vision en dieu' 개념이다. 우리는 직접 무한하고 전능한 신 존재를 포착하고 이해할 수 없다. 다만 신은 자기 내부의 관념들을 인간으로 하여금 찾도록 하여 그가 영원한 진리를 발견할 수 있게끔 가능성을 열어 두었다. 그러므로 인간과 자연에 대한 지식은 인간과 자연 내부에서가 아니라 바로 신 안에 존재하는 명석판명한 개념을 획득할 때 인간에게 그 진리의 빛을 환히 밝혀 준다.

그런데 신의 창조물의 결함, 즉 세상에 악이 도입되었다는 점은 어떻게 설명할 수 있는가? 확실히 이 점으로부터 말브랑슈는 세상이 "존재할 수 있는 세계 중의 최선"의 세상이라고 확신하는 라이프니츠와 갈라선다. 신은 자신이 창조한 세상에 죄악과 결함이 들어오게 되리라는 점을 알지 못했는가? 혹은 미처 깨닫지 못한 이 죄악과 결함을 자신의 의지로 제거할 수 있을 만큼 전능하지 못했던가? 말브랑슈 철학에서의 신은 천지 창조 시기에 자신의 창조물에 완전성을 기하고자 하는 일반의지를 갖는다. 그러나 세상을 아름답게 만드는 단순성과 다양성의 조화를 기하기 위해 그는 자연의 법칙의 수를 무한히 늘릴 수 없으며, 세상에서 일어날 수 있는 우연한 사고를 그의 개별적 의지로 막을 수 없다는 것이다.

> 질서는 신이 세상에 저 무한한 다양성을 산출하게 되는 자연의 법칙들이 실제로 그렇듯이 대단히 단순하고 대단히 적은 수여야 한다고 본다. 이런 태도에는 무한한 지혜의 성격이 간직되어 있다. 그런데 바로 일반법칙의 단순성으로 인해 어떤 개별적인 경우에 주체의 배치로 인해 불규칙한 운동들을 산출하거나 더 정확히 말하면 괴물처럼 끔찍한 배열이 생기기도 한다. 결과적으로 괴물들이 존재하는 것은 신이 질서를 의지하기 때문이다. 그런 식으로 신은 괴물들이 존재하기를 적극적으로 또 직접적으로 원하는 것은 아니지만, 결국 필연적으로 괴물을 만들게 되는 어떤 운동 전달의 법칙들을 적극적으로 의지한다. 그가 이 법칙들을 의지하는 까닭은 그 법칙들이 단순하기는 해도 끊임없이 감탄할 수밖에 없는 다양한 형상들을 산출할 수 있기 때문이다.
>
> —5권 107쪽

신은 천체의 운행부터 눈에 보이지도 않는 작은 곤충들의 번식과 생장에 이르기까지 이를 주재하는 법칙을 한결같은 의지로 불리지 않으려 했다. 이로써 그는 자신의 대문자의 지혜la Sagesse로써 세상을 창조했던 것이다. 다만 신은 자신의 일반의지가 개별적인 경우들에서 모순될 수 있음을 모르지 않았다.

예를 들면 산모의 뱃속에 있는 아이는 어머니의 상상력으로부터 비롯된 급류처럼 쏟아지는 동물정기의 힘을 피해갈 수 없다. 그렇게 신은 세상에 괴물이 출현하는 것을 막을 수 없었다. 신은 이를 예방하기 위해 태아의 신체를 단단하게 만들 수는 없는 것이다. 자연재해 같은 것도 이와 같은 방식으로 설명할 수 있다. 많은 사람들을 죽거나 다치게 하는 자연재해는 필경 신이 세상에 도입되도록 방치한 악이라고 볼 수 있다. 그러나 이런 자연재해들은 인간에게 분노한 신의 처벌이 아니라, 그가 단순한 방식으로 창조한 세상을 이루는 부분들의 전혀 특별하지 않은 운동 과정으로 보아야 할 것이다.

말브랑슈의 일반의지와 개별의지의 구분

그렇다면 신은 자신의 일반의지를 통해 세상을 창조한 뒤, 더는 세상의 질서에 개입하지 않는 존재인 것일까? 그는 자신의 일반의지를 지키기 위해 지상을 황폐하게 만드는 자연재해와 악의 창궐을 방치할 수밖에 없는 무력한 신인 것일까?

확실히 18세기의 이신론자들은 말브랑슈의 입장을 따르고 있다. 특히 볼테르는 말브랑슈에 대한 한 논평에서 이 철학자의 사상을 "모든 것은 신 안에Tout en Dieu"로 요약했다. 신은 능숙한 장인匠人과 같아서 세상에 대문자의 질서l'Ordre를 부여했다. 그러나 그는 개별적 의지를 내세워 세상을 운행하도록 하는 질서를 거슬러 위반하는 존재가 아니다. 바다에 비를 내리고 사막은 뜨겁게 달구는 것은 그의 의지와는 무관하다. 또한 우리가 살고 있는 세상은 낙관주의적인 라이프니츠식으로 설명될 수 없다. 그 세상이 고통스럽다면 신은 그 고통을 덜어 주기 위해 자신의 일반의지를 위반할 수 없기 때문이다. 말브랑슈에 따르면 이는 신의 무력함과는 무관하다. 신이 인간을 위해 창조한 세계는 완전하고 조화로운 세계였다. 그러나 신의 의도를 거부하고 스스로 타락에 몸을 던진 것은 인간이었다. 이것이 말브랑슈가 말하는 원죄이다. 세상에 악이 들어선 것은 그러므로 신의 불완전한 창조가 아니라 인간이 스스로 포기한 자신의 자유 때문이었다.

그러므로 말브랑슈의 신은 그의 악착같은 적들이 비난하듯이 세상으로부터 완전히 물러서 있는 존재가 아니다. 세상 어디에나 편재遍在하는 신은 우리가 그의 창조물들의 관념을 물을 때 언제나 명석판명하게 답한다. 진리를 발견하고 선을 실천하기 위해서는 우리를 언제나 오류에 빠뜨리는 감각과 상상력, 개별선에 대한 성향과 정념의 목소리에 더 이상 귀 기울여서는 안 되고, 그 왁자지껄한 목소리가 더 이상 들리지 않는 우리의 내부로 들어가 그 안에서 늘 우리의 물음에 답하는 신을 만나야 한다.

말브랑슈의 신은 세상을 주재하는 보편 원리이며, 신의 목소리는 우리가 깨닫는 그 보편 원리에 대한 지식과 같다. 신은 우리가 개별선을 추구한대도 개의치 않는다. 그러나 신이 우리에게 부여한 보편선을 향한 성향으로 인해 우리는 몇몇 개별선을 향유하면서 불만과 두려움을 느끼게 된다. 우리는 신의 완전한 진리를 제대로 찾기 위해 어떤 태도를 취해야 할까? 신이 우리에게 부여한 감각과 상상력, 그리고 정념으로부터 벗어나야 한다. "정념이 침묵할 때dans le silence des passions" 비로소 우리는 이미 자기가 창조한 세상에서 퇴장했다고 생각한 신이 끊임없이 우리에게 말을 걸고 있음을 깨닫는 것이다.

신이 창조한 단순한 길

그러나 말브랑슈에게 이 진리의 탐색은 복잡하거나 어려운 것이 아니다. 신이 창조한 세계는 가장 단순한 방법으로 구축되었음을 확신하고 이를 이해하는 것이 중요하다. 그것이 세상이 신의 무한한 지혜를 따라 이루어졌음을 확신해야 하는 이유이다.

> 데카르트가 했던 것처럼 연장의 속성들을 순차적으로 고려하려면 가장 단순한 관계들로부터 시작하고, 가장 단순한 것에서 가장 복잡한 것으로 나아가야 한다. 이 방법이 자연적이고, 이렇게 실행할 때 이 방법은 정신을 돕기 때문일 뿐 아니라, 신은 항상 질서 있게, 가장 단순한 길을 통해 작용하므로 이렇듯 우리 관념들과 그 관계를 검토하는 방법을 통해서 신의 창조물들을 더 잘 이해할 수 있게 된다.
>
> —4권 112쪽

신은 물론 인간을 오류에 빠뜨리고 미혹시키는 감각과 상상력을 부여했다. 그러나 오류를 범하지 않기 위해 신이 우리에게 마련한 능력들이 충분하지 않다고 불평할 이유가 없다. 그것은 초자연적 계시나 기적을 통해 우리에게 전해지는 특별한 능력이 아니라, 신이 창조한 세계의 단순성을 정확히 이해하는 데 필요하기 때문이다. 이때 단순성은 결코 신이 창조한 세상이 복잡하지 않다는 뜻이 아니라, 인간의 불완전한 이해력으로 이를 판단해서는 안 된다는 뜻이다. 인간은 자신의 이해력을 벗어나는 모든 현상들에 당혹스러워하고 이를 부조리한 것으로 간주한다. 그러나 신이 창조한 전체가 지극히 단순한 방식으로 이루어져 있음을 이해할 때 비로소 신의 창조의 경이로움을 경험할 수 있다.

신은 불필요한 것을 창조하지 않았으며, 자신의 능력과 기교를 과시하는 일 없이도 충분히 세상을 아름답고 조화롭게 이루었다. 인간은 그런 신의 창조에서 자신의 능력을 월등히 넘어서는 작업만을 보고자 한다. 화려함과 새로움이 그의 정신을 온통 차지하고 그로 하여금 세계의 질서를 보지 못하도록 만든다. 그러나 신의 창조의 경이로움은 반대로 그것이 너무도 단순하게 이루어져 있음에 있다. 그 경이로움은 인간이 이기심을 내려놓고 신의 무한한 지혜를 있는 그대로 발견하는 데서 찾을 수 있는 것이다.

찾아보기

지은이 · 옮긴이 소개

지은이 | 니콜라 말브랑슈 (Nicolas Malebranche, 1638~1715)

17세기 프랑스 철학자이자 신학자로, 데카르트 철학을 아우구스티누스 신학의 사유 안에서 재해석한 독자적 인식론을 전개했다. 파리의 부르주아 가문에서 태어나 가정교육을 받았고, 파리의 콜레주 드 라 마르슈에서 철학을, 소르본대학에서 신학을 공부했다. 이후 베륄이 창시한 오라토리오회에 입회해 1664년 사제로 서품되었다. 《인간론》을 계기로 데카르트 철학에 천착하였고, 그 사유의 결실이 1674~1675년에 걸쳐 출간된 그의 대표작 《진리의 탐구》이다. 말브랑슈는 생애 말년까지 이 책을 지속적으로 수정·보완해 1712년에 결정판을 완성했다. 말브랑슈는 성 아우구스티누스의 신학 전통을 계승하면서도 데카르트의 방법론을 적극적으로 수용해, 신학의 진리를 근대 이성의 언어로 재구성한 사상가로 평가된다. 대표 저서로는 《기독교 대화》, 《자연과 은총의 논고》, 《기독교 성찰과 형이상학》, 《도덕론》, 《기독교 철학자와 중국인 철학자의 대담》 등이 있다.

옮긴이 | 이충훈

서강대학교 불어불문학과를 졸업하고 같은 학교 대학원에서 불문학을 공부했다. 프랑스 파리 제4대학에서 《단순성과 구성: 루소와 디드로의 언어와 음악론 연구》로 문학박사 학위를 받았다. 현재 한양대학교 글로벌문화통상대학 교수이다. 디드로의 《미의 기원과 본성》, 《백과사전》, 《듣고 말하는 사람들을 위한 농아에 대한 편지》, 《자연의 해석에 대한 단상》, 라 메트리의 《인간기계론 / 인간식물론》, 장 스타로뱅스키의 《장 자크 루소. 투명성과 장애물》, 《자유의 발명 1700~1789 / 1789 이성의 상징》, 사드의 《규방철학》, 모페르튀의 《자연의 비너스》, 장 자크 루소의 《정치경제론·사회계약론 초고》, 필립 피넬의 《정신이상 혹은 조광증의 의학철학 논고》 등을 번역했고, 저서로 《자연의 위반에서 자연의 유희로》 등이 있다.